EL DESARROLLO DE UN LÍDER

JOYCE MEYER

CASA CREACIÓN

El desarrollo de un líder por Joyce Meyer
Publicado por Casa Creación
Una división de Strang Communications Company
600 Rinehart Road
Lake Mary, Florida 32746
www.casacreacion.com

A menos que se indique lo contrario, todos los textos bíblicos han sido tomados de la Versión Reina-Valera de 1960.

Originalmente publicado en inglés por Harrison House, Tulsa, Oklahoma,EE.UU. Bajo el título "A Leader in the Making".

Traducido por Nolita Warren de Theo
Disponible en otros idiomas a través de Access Sales International (ASI)
P.O. Box 700143
Tulsa, Oklahoma 74170-0143, EE.UU.
FAX 918-496-2822

ISBN: 0-88419-854-5

45 BP 87654
Impreso en los Estados Unidos de Norteamérica

CONTENIDO

INTRODUCCIÓN

Algunos líderes tienen habilidades naturales. Otras personas que quizá no tienen las mismas habilidades, se convierten en excelentes líderes a través del desarrollo. Pero aun líderes natos no llegan a ser Buenos líderes sin algo de trabajo.

Aunque Dios me llamó al ministerio hace mucho años, no salí de la cama una mañana lista para asumir una posición de liderazgo, ni preparada para ascender en una semana a la cima. Claro, creí estar lista, pero no lo estaba. El problema era que el fruto del Espíritu no era visible en mi vida[1]—el fruto no era evidente en mi carácter. No había estabilidad, fidelidad, paciencia, gozo, amor, benignidad, mansedumbre ni templanza. No existía en mí la humildad. Estaba llena de mí misma—ocupada con mis propios deseos, comportándome de la manera que deseaba. Si me hubiera encontrado en una posición de liderazgo a esas alturas de mi vida, en lugar de hacer crecer lo bueno en las personas, como debe hacer un líder, hubiera hecho que todos a mi alrededor se sintieran miserables juntos conmigo. Sin embargo, Dios me llamó a ser una líder. Antes me preguntaba porqué Dios no llamaba a personas preparadas y listas para ser líderes. Creo que la razón que no sucede así es porque no puede encontrar a nadie así.

Es increíble ver cuantas personas que tienen talentos y dones no están haciendo nada. Quizá tú eres una de ellos. Te puedo decir que si Dios te usa o no depende de mucho más que del don que Él te haya dado. Tiene todo que ver con carácter—con madurez, con el fruto del Espíritu, con la manera que nos comportamos y con la actitud de nuestro corazón.

En este libro, al hacer referencia al **corazón** de alguien, me estoy refiriendo a su acercamiento a Dios, a las personas y a las circunstancias. Casi podríamos intercambiar la palabra **corazón** con la palabra **actitud**. Yo creo que Dios usa a las personas que tienen la mejor actitud en su corazón, un corazón recto (correcto) hacia Él, no necesariamente usa a las que cuenten con la mayor cantidad de dones y habilidades.

Muchas personas tratan de ser líderes sin haber pasado por el proceso de preparación. No han madurado, ni han desarrollado su carácter, y tienen una actitud incorrecta en su corazón. No es para decir que ellas nunca podrán ser líderes según el corazón de Dios, sino que para ser líderes fuertes, es preciso mantener una actitud correcta mientras pasemos por las pruebas.

¿Por qué desearíamos pasar por lo que desarrollará el potencial que Dios ha puesto en nosotros? Una razón es la de que nunca nos sentiremos realizados si no desarrollamos ese potencial.

Algunas personas que desean cumplir con su potencial no saben por dónde comenzar. Otras saben por donde comenzar, pero no saben cuál debe ser su meta final. Si te encuentras en cualquiera de estas dos categorías, aprenderás en este libro como llegar a tus metas y como cumplir con los planes tan buenos que Dios tiene para ti. Y aprenderás como desarrollar las cualidades de un líder según el corazón de Dios.

Antes de escribir este libro, leí el libro *The Making of a Leader* por Frank Damazio y fue de tanta ayuda la información que encontré el él,—especialmente lo que trata con las áreas de la condición del corazón, desarrollo de carácter, preparando para liderazgo, pruebas de liderazgo y cualidades de liderazgo—que fui inspirada a profundizar los temas en esta enseñanza. Creo que su libro sería de mucho beneficio para ti. Te lo puedo recomendar.

Aunque este libro se dirige más bien a líderes o a personas que desean ser líderes. Contiene dirección práctica para el diario vivir, y puede ser aplicada por toda persona que desea experimentar todo lo que Dios tiene para ellas. Aun si piensas que **no** quieres estar en el liderazgo, Dios quizá tenga otros planes para ti. ¡Quizá tenga más planeado para ti de lo que pienses! ¡Al fin y al cabo la mayoría de nosotros queremos ser el líder de alguien, aun si solo es del perro! Tenemos el deseo natural de estar en control.

Un líder no es necesariamente aquella persona con un ministerio enorme o alguien que ocupe una posición donde puede influir en las vidas de miles de personas. Un líder es aquella persona que tiene a su cargo las cosas que se encuentran en su área de influencia. En este libro comparto lo que Dios me ha enseñado a través de los años que me han llevado desde mis comienzos impacientes en mi primer lugar de influencia—el de ministrar a unas cuantas personas en un estudio bíblico en mi hogar—, hasta el lugar mucho más grande que hoy ocupo al ministrarles a miles de personas a través de nuestras conferencias y diversos ministerios. Mi esposo, Dave, y yo estamos haciendo lo que Dios nos dio para hacer. Al desarrollar los dones que Dios nos ha dado, estamos cumpliendo con nuestro potencial. Estoy viendo realizados mis sueños y mis visiones. No creo que esto sea algo que Dios tiene para sólo algunas personas. Creo que es su voluntad que todos cumplan con su potencial en Él.

Dios desea hacer más de lo que puedas imaginar con tu vida. Conforme vayas leyendo este libro, te animo a que mantengas completamente abierta tu mente y tu corazón a lo que Él desea decirte.

PARTE 1

Preparación para el liderazgo

Capítulo 1

Desarrolla tu potencial: Nadie comienza por el final, parte 1

"Aquella persona nació para ser líder."

Escuchamos esto tan seguido.

¿Los líderes nacen o se hacen?

Es cierto que algunas personas parecen haber nacido con una abundancia de dones y cualidades para ser líderes. Pero también es cierto que algunos de los mejores líderes en el reino de Dios, son aquellos que el mundo no tomaría en cuenta para el liderazgo. Lo único que necesitan esta clase de personas es que alguien reconozca su potencial y les ayude a desarrollarlo.

Mi propósito al escribir este libro es ayudar tanto a los líderes natos como a los que no lo son, a que reconozcan su potencial para ser líder y enseñarles cómo desarrollarlo.

Algunas de las personas que trabajan con mi esposo y conmigo se podrían considerar líderes natos. Tienen esa habilidad natural de conseguir que se hagan las cosas. Tienen la clase de personalidad fuerte y agresiva que parece saber por instinto cómo motivar al trabajo en equipo. Pero también tenemos en nuestro equipo personas que en lo personal nunca pensé pudieran lograr ser organizadores. Sin embargo, al vernos con una necesidad en cierta área, parecían ser las personas indicadas por Dios, así que les dimos esa oportunidad. Continuamos trabajando con ellos hasta que se convirtieron en los mejores administradores que tenemos.

Una de estas personas es una mujer que se llama Charlotte. Cuando en un principio vino a trabajar con nosotros, era tan temerosa que no podía ni hablar con ella sin que comenzaran a brotar sus lágrimas. Cada vez que la animábamos a que hiciera algo fuera de lo que estaba acostumbrada, se asustaba diciendo: "No creo poder hacer eso. Tengo miedo de cometer un error".

Finalmente, un día sentí que el Señor me estaba dirigiendo a llamarla a mi oficina y decirle: "Charlotte, Dios quiere que te diga que es tiempo de madurar, de crecer. Tienes que dejar de tener miedo y llorar por todo".

Después ella me comentó que ese día se fue llorando a su casa porque la había ofendido con mis palabras. Pero cuando oró al respecto, Dios le dijo: "Joyce tiene razón. Es tiempo de que madures y aceptes mayor responsabilidad".

Ella le dijo sí al Señor y a nosotros, y ahora se ha convertido en una de nuestros mejores líderes. Ha aprendido a aceptar más y más responsabilidad —todo porque dejó de tener miedo y comenzó a desarrollar su potencial—.

Eso sucedió porque nosotros habíamos decidido no darnos por vencidos con ella. Así como Charlotte, hay muchas personas que tienen tremendo potencial y sólo necesitan de alguien que no se dé por vencido y trabaje con ellas.

¿No te alegras de que Dios no se dio por vencido contigo? Pero, ¿adivina qué? Quizá Él ponga a otra persona en tu vida con quien no te debes dar por vencido.

En ocasiones las personas que parecen ser nuestras molestias más grandes son precisamente aquellas que Dios nos ha dado para tenerles paciencia y ayudarles en su desarrollo así como Él fue paciente con nosotros y nos está ayudando a ser todo lo que Él quiere que seamos.

NUESTRO DEBER PRINCIPAL

El desarrollo del potencial personal es el deber principal de cada uno de nosotros como personas.

Todos tenemos potencial que no ha sido desarrollado, y nunca lo veremos si no creemos en Dios y en que podemos hacer cualquier cosa que Él nos ha dicho que podemos hacer en su Palabra. Si no tomamos un riesgo y damos un paso de fe creyendo que con Dios nada es imposible[1], Él no podrá hacer lo necesario para desarrollar nuestro potencial.[2]

Yo creo que el que tú estés leyendo este libro es una cita divina. Si ninguna otra persona cree en ti, Dios sí cree. Con esa confianza, puedes hacer todo lo que Él quiere que tú hagas. Sin esa confianza, no importando lo que Él desee que hagas, no podrás lograrlo porque no estás de acuerdo con Él.

Si no estamos de acuerdo con Dios, estamos, esencialmente, poniéndonos de acuerdo con el diablo. Estamos diciendo que el diablo tiene la razón en lo que nos dice a través de pensamientos negativos o comentarios de otros declarando que no podemos hacer nada y que no valemos nada.

Es muy importante con quien estamos de acuerdo. Jesús nos dijo que si dos personas se pusieran de acuerdo tocante a algo, les sería hecho por su Padre en el cielo.[3]

En una ocasión, estaba pasando una época difícil de mi vida y el Señor me recordó este verso, y me dijo que si no me podía poner de acuerdo con nadie, me podía poner de acuerdo con el Espíritu Santo[4], siendo que habita en nosotros aquí en la tierra. Nos ponemos de acuerdo con Él cuando nos ponemos de acuerdo con lo que sabemos que es verdad en la Palabra para alguna situación.

DALE FORMA A TU POTENCIAL

El *Diccionario enciclopédico Larousse* define *potencial* así: "Posible, que puede suceder o existir".[5]

El potencial no se puede manifestar sin tomar alguna forma. Así como el concreto, tiene que haber un molde al que pueda ser echado, algo que le dé forma y lo haga útil. ¿Cuál es el molde del potencial? Las decisiones. Para lograr que nuestro potencial tome la forma adecuada necesitamos un plan y orar tocante a este plan, necesitamos tener un propósito y tenemos además que estar haciendo algo.

Creo que muchas personas se encuentran descontentas porque no están haciendo nada para desarrollar su potencial. De hecho, muchas nunca desarrollan su potencial porque no hacen sino quejarse de que no están haciendo nada.

Si quieres ver tu potencial desarrollado al máximo, no esperes hasta que todo sea perfecto. Haz algo **ahora**. Extiende tu mano para hacer lo que se encuentra ante ti en este momento. No puedes comenzar por el final. Tendrás que comenzar en el lugar de inicio como todos los demás.

Muchos quieren comenzar en la *A* y en un abrir y cerrar de ojos encontrarse en la *Z*. No funciona así.

Dale algo de forma a tu potencial, y haz algo con él. Nunca sabrás de qué eres capaz si nunca intentas hacer algo. Que el temor al fracaso no te detenga. No te quedes en tu zona de comodidad pensando que mientras te quedes allí estarás a salvo. Quizá estarás a salvo pero nunca desarrollarás todo tu potencial y no te sentirás realizado. Lánzate a lo que sientas que Dios te está dando para hacer, y pronto descubrirás lo que sí y lo que no puedes hacer.

Mucha gente se encuentra frustrada por no saber cuáles son sus dones o lo que Dios les ha llamado hacer con sus vidas. Lo único que tienes que hacer para saber cuáles son tus dones es comenzar a hacer algo que te interese. Dios no te pondrá a hacer algo que detestas por toda tu vida. Aunque tengo hijos y nietos y los disfruto mucho, he descubierto que mi don y llamado no es trabajar con niños pequeños. Pero hay personas que les fascina hacer eso. Mi hija Sandra, es una de ellas.

Existe alguien con la unción para hacer cada cosa. **El líder inteligente sabe lo que sí y lo que no puede hacer y se rodea de personas que pueden hacer bien lo que él no puede hacer.**

HAZ CRECER TU SEMILLA

Yo creo que Dios pone semillas dentro de cada uno de nosotros. Aun a Jesús se le menciona como la Semilla en la Biblia.[6] Oímos mucho sobre los derechos, privilegios y victorias que son nuestras en Cristo, así como de todas las bendiciones como paz, justicia y gozo. Yo creo que todas estas cosas llegan a nuestro espíritu en forma de semilla cuando aceptamos a Jesús como nuestro Salvador. (Si tú no has hecho esto, y te gustaría realizarlo, hay una oración que se encuentra al final del libro que puedes hacer).

Una de las razones de que en muchas personas no se aprecian todas las cosas que la Biblia nos dice que podemos tener, es porque no han desarrollado su semilla. Su semilla nunca pasa de esa etapa porque simplemente se queda allí; no hacen nada con ella.

Yo he experimentado mucha victoria en mi vida. Provengo de un trasfondo abusivo donde sufrí abuso sexual, verbal y mental; relaciones desintegradas; heridas y dolor emocional por muchos años antes de casarme con mi esposo, Dave. Me encontraba bastante mal cuando me metí en serio con Dio, pero puedo decir que lo que leo en la Biblia se hizo una realidad en mí. Pero también puedo decir que tuvo que ser fomentado por mí. Ninguna cosa cayó sobre mí como una fruta madura que cae del árbol. Me fue necesario tomar el potencial y hacerlo una realidad —desarrollando y fomentándolo—.

LA NECESIDAD DEL DESARROLLO

El *Diccionario enciclopédico Larousse* define *desarrollo* así: "Extender, desplegar lo que está arrollado. Ampliar, aumentar, acrecentar".[7]

Sin duda, es grande lo que tú y yo tenemos dentro, pero no servirá de nada si no lo tomamos para darle algo de forma y beneficiar a los demás.

En I Pedro 4:10 se nos dice que debemos desarrollar y usar nuestros dones para bendecirnos unos a otros. Dios nos dio dones precisamente para ser de bendición a otros.

No hay razón para estar aburridos o solos, siempre hay alguien que necesita lo que nosotros podemos dar. Sólo tenemos que encontrar a alguien que tenga necesidad y comenzar a ejercitar nuestros dones para su beneficio.

Un arquitecto puede tener planos en su oficina para la construcción de un fraccionamiento nuevo, pero nunca se harán una realidad si no sale y hace algo con ellos. Lo mismo se puede decir de la Iglesia. ¿Cuántos de nosotros tenemos muy buenas ideas y grandes planes, pero nunca hacemos algo al respecto? Muchos somos muy buenos para soñar, pero no servimos para hacer un esfuerzo concentrado y específico con el propósito de desarrollar nuestro potencial y hacer realidad los sueños de nuestra vida.

¿Qué se encuentra entre el potencial a desarrollar y el potencial actual? No son factores fuera del alcance de personas normales: tiempo, determinación y mucho trabajo.

Nadie puede ser determinado en lugar nuestro. Nosotros tenemos que ser determinados, decididos. Si no es así, el diablo nos despojará de todo cuanto tenemos. Pero es necesario llegar a un balance y no ir a los extremos. Necesitamos ser balanceados en esta área del trabajo, así como en todas las áreas de nuestra vida.

Más adelante, les contaré cómo el Señor habló a mi esposo, Dave, y le dijo que era tiempo de entrar al ministerio a través de la televisión, apenas nos estábamos acostumbrando a la radio. Obviamente teníamos potencial para desarrollar un ministerio en la televisión, pero no lo habíamos hecho y ¡esa clase de desarrollo no sucede estando sentados en las sillas mecedoras!

Tengo un dicho: "Si te vas a juntar con Dios, no pienses en la jubilación". Cualquiera que sea nuestra edad o situación, tomar el potencial y hacerlo una realidad requiere de una inversión de tiempo, determinación y ánimo de trabajar.

NO HAY GANANCIA SIN INVERSIÓN

Muchas personas no están dispuestas a invertir en el presente con la esperanza de recibir algo en el futuro. Su filosofía dice: "Si hago algo **ahora**, quiero recibir mi pago y recompensa **ahora,** no en el futuro".

En mi propia vida, comencé dando estudios bíblicos a unas 25 personas sentadas en mi sala. Invertí cinco años de mi vida enseñando a aquellos hermanos con ninguna, o poca, recompensa financiera y muy poco aprecio, sólo mucho trabajo. Pero aquellos años fueron años de desarrollo para mi ministerio de enseñanza hoy.

Hace poco, mi hijo mayor, David, quien ha comenzado a enseñar y a predicar un poco, me preguntó si tendría algunos apuntes o notas sobre un tema. Tengo tres archiveros grandes, con cajones muy largos llenos de mensajes sobre una variedad de temas. Aquellos archivos representan 22 años de mucho trabajo. Tantas veces me topo con personas que ven algo como mi ministerio y desean tenerlo. Pero no estarán dispuestas a invertir el tiempo y trabajo que se requiere para tenerlo.

TIENES MUCHO POTENCIAL

Es triste ver la cantidad de potencial que se ha echado a perder en este mundo. Todos fuimos creados para hacer algo grande —grande en su propio ambiente—. Todos tenemos el potencial de ser un gran "algo" —una gran madre, una gran esposa, una gran costurera, un gran esposo, un gran padre, un gran hombre de negocios—. Sea cual sea el trabajo, no debemos limitarnos con ideas, sueños ni visiones pequeñas.

Las cosas pequeñas son importantes, y no debemos despreciar el día de pequeños comienzos.[8] Debemos tener grandes ideas, sueños y visiones porque servimos un Dios muy grande. Prefiero tener un gran sueño y ver que se realice aunque sea una parte a tener un pequeño sueño y ver que todo se realice.

Yo creo que cuando Dios creó, formó y diseñó a cada persona, sopló aliento de vida [9] y puso una pequeña parte de sí mismo en cada uno de nosotros.[10] Uno quizá tenga un don en la música, otro un don para hablar y otro un don para escribir. El problema surge cuando tomamos el don que Dios nos ha dado y queremos hacer lo que otra persona está haciendo en lugar de desarrollar nuestro propio potencial.

Cada persona está llena de potencial. Contenemos una parte de Dios. No somos un error. No somos demasiado jóvenes o demasiado viejos. Tenemos sueños y visiones que Dios nos ha dado. Pero esos sueños y visiones que Dios nos da son posibilidades, no los podemos dar por hecho. Con Él, nada es imposible, pero también requiere de toda nuestra cooperación y ánimo. Él desarrollará lo que ha puesto en nosotros a través de la determinación, obediencia y trabajo nuestro.

TODO COMIENZA CON UNA SEMILLA

La evidencia de los sueños y visiones dadas por Dios no aparece de un día para otro. Comienza como una semilla plantada por Dios en nuestro corazón y recibe cuidado y nutrición por nosotros día a día hasta que crece y da fruto en nuestras vidas.

Es parecido a lo que sucede cuando una semilla es plantada en el útero de la mujer en el momento de la concepción. El bebé no aparece de inmediato. Hay un período de desarrollo que dura nueve meses.

En muchas ocasiones vemos que Dios usa patrones y uno de los que más usa en las áreas de la vida, es el del nacimiento. Comienza con una semilla, plantada en nosotros en forma de un pensamiento, un sueño, un deseo. Para que esa semilla crezca y madure, tenemos que nutrirla y cuidarla, teniendo cuidado de ella porque el diablo es experto en robar semillas. Un día aquella semilla brotará y veremos el cumplimiento de aquellos sueños.

Es lo que quería decir Jesús cuando dijo que el diablo viene sólo para hurtar, matar y destruir.[11] También dijo Jesús que Satanás es mentiroso y padre de mentira.[12] Con robar y mentir, mantiene a la mayoría de la humanidad sin hacer nada.

Yo soy una prueba de que cualquier persona puede cumplir el llamado de Dios en su vida si lo desea. En lo natural no tengo muchos dones o talentos, pero tengo una boca y la estoy usando para la gloria de Dios. Como resultado, disfruto de una realización porque he dedicado tiempo y esfuerzo al desarrollo de lo que puso Dios en mí.

Todos tenemos potencial pero no todos contamos con las ganas de trabajar duro. Cuando escuchas a un pianista de veinte años, y toca hermosamente, de inmediato sabes que ha pasado años ensayando mientras sus compañeros jugaban y se divertían. Ha fomentado algo que le producirá gozo por el resto de su vida.

Muchos nunca experimentarán esa clase de gozo porque no están dispuestos a pagar el precio por él. Prefieren disfrutar un tiempo de alegría en el momento.

Me preocupa que tantas personas se dedican a complacer a la carne y, como resultado, terminan vacíos por dentro. Disfrutarás lo que produce tu potencial si te dedicas a desarrollarlo y fomentarlo. Y eso se logra con determinación y no con darte por vencido.

Siguiendo adelante

> *No nos cansemos, pues, de hacer bien; porque a su tiempo segaremos, si no desmayamos.*
>
> Gálatas 6:9

En una ocasión me frustré porque me parecía que la semilla del sueño que llevaba dentro nunca la llegaría a ver hecha una realidad. Me encontraba enseñando un pequeño estudio bíblico y no mucho más. Fue un tiempo de mucho desánimo para mí, pero en cada momento, al parecer, Dios me recordaba esta escritura en Gálatas 6:9.

Me llegaba en tarjetas. La veía en mi calendario. El pastor predicaba sobre ella. Quiero decir, que en cada momento veía o escuchaba este versículo.

Durante este tiempo, tuve un encuentro con un profeta que llegó a ministrar a nuestra iglesia. Durante su presentación me señaló y dijo: —El Señor te dice que no te canses de hacer bien, porque a su tiempo segarás, si no desmayas.

Me enojé con el Señor. Pensé: **No quiero volver a escuchar esa escritura. Ya estoy cansada, y no quiero segar algo más adelante; ¡quiero segarlo ahora mismo!**

Después de la reunión me había calmado un poco y caminaba por el estacionamiento aventando las piedras con mis zapatos. Finalmente me detuve y dije: —Bueno, Dios. ¿Qué me estás diciendo?

Él me dijo (no en voz audible sino en mi corazón): —Joyce, sólo sigue adelante y llegarás a tu destino.

Nadie te puede prometer que arribarás a tu destino dentro de una semana o un año o después de una sola vuelta a la montaña. Los israelitas se pasearon por el desierto dándole vueltas a una montaña llamada el monte de Seir por cuarenta años, en un viaje que pudiera haber durado sólo once días.[13]

Quizá tengas que pasar una prueba difícil, o quizá sean 10 o 20 de ellas. Quizá tengas que soportar a una persona desagradable o tratar con tres personas difíciles de amar. Pero no lo tienes que enfrentar con tus propias fuerzas o habilidades. Dios te dará Su gracia para ayudarte a pasar por toda situación. Su gracia es la habilidad y fuerza que nos da para hacer lo que no podríamos hacer sin Él, y es repartida liberalmente a todos los que han recibido a Su hijo Jesús en su corazón.[14]

Aunque nunca desarrollaras el potencial que Dios ha puesto en ti, tienes que decidir que no te darás por vencido a pesar de todo, hasta que veas manifiesto lo que Dios puso en ti.

¿Te has convencido de que tu vida nunca cambiará? Recuerda, el diablo te dirá eso porque quiere que dejes la lucha y creas que siempre tendrás los mismos problemas. Pero no te dejes atrapar por las mentiras que te llevan al error. Hay una clase de persona que él nunca podrá derrotar, ¡una que no se da por vencida!

CORRE LA CARRERA PARA GANAR

> *¿No sabéis que los que corren en el estadio, todos a verdad corren, pero uno solo se lleva el premio? Corred de tal manera que lo obtengáis. Todo aquel que lucha, de todo se abstiene: ellos, a la verdad, para recibir una corona corruptible, pero nosotros, una incorruptible.*
>
> 1 Corintios 9:24, 25

¿Cómo estás corriendo tu carrera? Necesitas correr para ganar.

El diablo no quiere que ganes porque sabe que si ganas te convertirás en un agente de cambio mundial. Tu vida cambiará, y eso causará que muchas otras vidas sean cambiadas. Si desarrollas tu potencial no sólo afectarás positivamente tu vida sino la vida de otras personas también. Y esas personas luego desarrollarán su potencial y afectarán a otros, y así sucesivamente.

En este pasaje, el apóstol Pablo dice algo tocante a la carrera que nos incomoda. Primero, dice que los que corren como para ganar **de todo se abstienen**. Eso quiere decir que no se permiten hacer todo lo que desean hacer. Viven una vida en balance. No existe un área de su vida sobre la que no tengan control.

Para algunos de nosotros, vivir una vida balanceada puede ser algo tan sencillo como dormir temprano para no estar cansados al día siguiente. Quizá sea limpiar nuestra casa aunque no tengamos ganas de hacerlo. Estas son cosas sencillas y prácticas, pero revelan cuánto estamos en control de nuestras vidas.

En el Cuerpo de Cristo hoy en día existen muchas personas que tratan de echar fuera demonios y nunca han tomado autoridad sobre un montón de loza sucia.

Según la Biblia, un líder tiene que poner en orden su propia casa (o vida) antes de salir a poner en orden las casas (o vidas) de otras personas. [15]

Hay muchas maneras de prepararse para ser un líder. Poner en orden tu vida es una de ellas. Implica hacer algunos cambios. Pero con la ayuda de Dios y tu trabajo y determinación, puedes romper con viejos hábitos que te lastiman y detienen y puedes formar hábitos nuevos—unos sanos, que te ayudarán a progresar en el desarrollo de tu potencial y a alcanzar tus metas—.

El potencial es un tesoro sin precio, como el oro. Como veremos a continuación, todos tenemos escondido oro adentro, pero tenemos que escarbar para sacarlo.

Capítulo 2

Desarrolla tu potencial: Nadie comienza por el final, parte 2

Hay una mina de oro escondida en la vida de cada persona. Un joven encontró oro en una montaña. Intentó sacarlo solo, pero sufrió fracaso tras fracaso. Tenía ganas de tirar la toalla, pero decidió ir al pueblo y preguntar en la agencia de minería si podría venir alguien a ver su mina. Llegó la compañía y al ver el oro ofreció comprar la mina. Se le ofreció al joven una gran cantidad de dinero por su mina de oro.

Aquel joven lo pensó y decidió quedarse con su mina, proponiéndose aprender todo lo posible sobre la extracción del oro. Durante el siguiente año estudió prácticamente de día y de noche. Estudió cada libro sobre la minería que pudo encontrar, tomó todos los cursos que pudo sobre el tema y habló con cada persona que le podía dar información al respecto. No hizo otra cosa por todo un año mas que aprender del oro y cómo sacarlo de la tierra. Dejó todo lo demás y se dedicó al aprendizaje de la minería del oro.

Al finalizar el año, regresó a su montaña y comenzó a extraer el oro. Era un trabajo sumamente difícil, pero al terminar, se encontró con muchos millones de dólares.

Ésta es la lección. Muchas personas, quizá la mayoría, al ver aquella montaña y el trabajo tan difícil que sería sacar el oro, hubieran elegido el camino fácil de venderla por la cantidad que ofrecía la compañía de nuestra historia. No hubieran querido la molestia, la frustración; no hubieran dado un año de su vida para estudiar cuando pudieran estar disfrutando de otras cosas. Hubieran elegido la opción del "ahora mismo".

¿Cuántas personas no han tenido lo que podrían tener por esta manera de pensar? Aquel joven también pudo haber hecho lo mismo, pero de haberlo hecho nunca hubiera gozado de todo el valor de su oro.

¿Esto te habla? ¿Prende algo dentro de ti? ¿Te mueve a deshacerte de todo lo que te estaba estorbando para desarrollar y fomentar tu potencial? Como aquel joven, tomará algo de esfuerzo, pero si no pierdes el enfoque, tarde o temprano llegarás al oro—el oro de disfrutar los beneficios que llegan al vivir una vida completamente realizada.

NO PIERDAS EL ENFOQUE

Por tanto, nosotros también, teniendo en derredor nuestro tan grande nube de testigos, despojémonos de todo peso y del pecado que nos asedia, y corramos con paciencia la carrera que tenemos por delante, . .

Hebreos 12:1

Este verso nos dice que si vamos a correr nuestra carrera, tenemos que dejar a un lado todo peso y correr con paciencia. He escuchado que se dice de esta manera: Correr sin obstáculos significa desnudarse antes de la competencia.

Cuando este verso fue escrito, el escritor usó este ejemplo que en aquellos días era entendido perfectamente por todos. En aquel tiempo, los corredores condicionaban sus cuerpos para una carrera así como se hace hoy en día. Pero, en el momento de la carrera, se quitaban toda la ropa para que nada les estorbara a la hora de correr. También se untaban aceites finos. [1]

De la misma manera necesitamos tener la unción del aceite del Espíritu Santo[2] si queremos ganar nuestra carrera. También necesitamos remover todo aquello de nuestra vida que nos pudiera impedir al correr la carrera que tenemos por delante.

Existen muchos impedimentos al correr la carrera. Demasiados compromisos nos podrán detener de fomentar nuestro potencial. Permitir que otros nos controlen, también detendrá el desarrollo de nuestro potencial. Si no sabemos decir no, esto nos detendrá de desarrollar nuestro potencial. El llegar a enredarnos demasiado con la visión y meta de otras personas y sus problemas en lugar de mantener nuestra mirada en nuestras metas, nos llevará lejos del cumplimiento de nuestro potencial.

Se me hace que el diablo puede inventar mil cosas con el propósito de hacerme perder el enfoque en lo que debo estar haciendo. Todas parecen ser emergencias, y al parecer sólo pueden ser resueltas por mí.

Si queremos hacer lo que Dios nos ha llamado a hacer, tendremos que mantener nuestro enfoque porque el mundo donde vivimos está lleno de distracciones y enredos.

Tratamos de leer nuestra Biblia, y alguien llega de visita. Tratamos de orar, y timbra el teléfono. Hay distracción tras distracción. Tarde o temprano tendremos que aprender a decir no. Tendremos que poseer la determinación de que nada nos detendrá de cumplir el plan y propósito de Dios para nosotros.

En ocasiones quizá tendremos que manifestar algo de ira santa al decir: **¡No, mundo! Ya no me vas a hacer esto. No viviré esta vida de carrusel sin bajada. Sé lo que tengo que hacer, y lo haré. Si no te gusta, habla con Dios. Él es quien puso esta visión en mí, y no me frustraré toda la vida sólo para complacerte a ti.**

SÉ COMO LA HORMIGA

Así que, yo de esta manera corro, no como a la ventura; de esta manera peleo, no como quien golpea el aire, sino que golpeo mi cuerpo, y lo pongo en servidumbre, no sea que habiendo sido heraldo para otros, yo mismo venga a ser eliminado.

1 Corintios 9:26, 27

Pablo dice aquí, que si queremos ganar la carrera, tendremos que poner en servidumbre nuestro cuerpo. En este contexto, el cuerpo se refiere a todas las pasiones carnales.

En el verso 27, Pablo está hablando del control y abnegación personal, control de los apetitos y muerte de la carne. Dice que golpea su cuerpo, no que lo consiente.

La auto-disciplina es la cualidad más importante de cualquier vida. ¿Sabes lo que es la auto-disciplina? Es mantener nuestro rumbo sin que alguien nos obligue a hacerlo. Es levantarnos de mañana porque sabemos que debemos hacerlo. ¿Cómo pretende alguien ser líder si no puede salir de su cama cada mañana? ¿Cómo pensamos guiar a alguien si ni podemos limpiar nuestra propia casa?

Me preocupa que hay tantas personas hoy en día que desean ocupar posiciones importantes sin querer aceptar las responsabilidades y trabajo que acompañan dichas posiciones.

Muchos viven frustrados por no haber desarrollado su potencial. Si no logran el desarrollo de su potencial, nunca verán hechos realidad sus sueños y visiones.

Hay tantas personas frustradas en la iglesia que casi es imposible creerlo. Nosotros los cristianos debemos ser, se supone, las personas más realizadas y contentas del mundo. Deberíamos ser una luz en el mundo, cartas vivas leídas por todos.[3] Las personas deberían decir de nosotros:—Así debe ser la vida.

Deberíamos provocarles hambre al vernos—hambre de lo que poseemos. El problema está en que, de alguna manera, hemos recibo la idea de que todo en la vida debería ser fácil. Nos hemos acostumbrado a la tecnología actual y pensamos que sólo con oprimir un botón bastaría para recibir lo que deseamos. Aun así nos quejamos de lo trabajoso que es tener que oprimir el botón indicado y seguir las instrucciones correctas.

Proverbios 6 nos habla de la hormiga que no tiene "capitán, ni gobernador, ni señor, prepara en el verano su comida, y recoge en el tiempo de la siega su mantenimiento" (vs. 7,8).

Necesitamos ser como la hormiga. Necesitamos ser personas auto-motivadas y auto-disciplinadas, que hacen lo correcto porque es correcto, no porque alguien les puede estar mirando o porque alguien les está obligando a hacerlo.

CONTROLA TUS EMOCIONES

> *Mejor es el que tarda en airarse que el fuerte; Y el que se enseñorea de espíritu, que el que toma una ciudad.*
>
> Proverbios 16:32

Como nos dice esta escritura, una persona que opera con auto-control, es muy poderosa. Pero jamás podrá ser un líder alguien que no puede controlar sus emociones, especialmente la ira.

La Biblia nos habla bastante sobre este tema. Por ejemplo, en el Antiguo Testamento leemos: *El que fácilmente se enoja hará locuras. . .* (Proverbios 14:17). *La cordura del hombre detiene su furor, Y su honra es pasar por alto la ofensa* (Proverbios 19:11). *No te apresures en tu espíritu a enojarte; porque el enojo reposa en el seno de los necios* (Eclesiastés 7:9).

En el Nuevo Testamento leemos en Santiago 1:19, 20 esto: *Por esto, mis amados hermanos, todo hombre sea pronto para oír, tardo para hablar, tardo para airarse; porque la ira del hombre no obra la justicia de Dios.*

Parte de la justicia, la forma correcta de ser lo que Dios desea y quiere que seamos, es que alcancemos nuestro potencial, y a menos que controlemos nuestro enojo, nunca lo alcanzaremos.

Moisés, por ejemplo, debió haber guiado a los israelitas desde Egipto hasta la Tierra Prometida, pero Dios le negó ese privilegio porque reaccionó con ira descontrolada, desobedeciendo así a Dios.[4]

Todos queremos tener grandes ministerios, pero no siempre queremos obrar bajo el reglamento del auto-control. Preferimos ser dirigidos por nuestra naturaleza carnal. Si queremos llegar a ser líderes, tendremos que controlar nuestras pasiones. Eso no significa que tendremos que ser perfectos o que nunca podremos cometer errores. Aunque el Espíritu Santo nos dé poder para controlar nuestras emociones, en ocasiones quizá todavía nos vayamos a enojar. Pero en cuanto esto suceda, debemos confesarlo de inmediato y arrepentirnos de ello y esto es decir: *Me arrepiento, Dios. Perdóname.* Y entonces seguir adelante.

Una vida disciplinada y controlada no requiere únicamente de tiempo, decisión y mucho trabajo sino también requiere de abnegación, y esto implica dejar las maneras pasadas de hacer las cosas. Pero el esfuerzo vale la pena.

VÍSTETE DE UNA NATURALEZA NUEVA

En cuanto a la pasada manera de vivir, despojaos del viejo hombre, que está viciado conforme a los deseos engañosos . . .

Efesios 4:22

Aun cuando pensamos tener bajo control nuestras emociones negativas, algo puede suceder que las saque a la luz. Nadie nos puede garantizar que jamás aparecerán. Podemos pensar que hemos logrado una victoria en cierta área y que nunca perderemos de nuevo el control—y luego hacemos exactamente eso, normalmente cuando menos lo esperabamos.

Cuando recibimos a Jesús como nuestro Salvador, recibimos la naturaleza de Dios. Lo que la Biblia llama "el viejo hombre", muere juntamente con Cristo en la cruz. Los que han recibido a Jesús como su Salvador consideran haber muerto con Jesús por medio de su fe en Él. Se les da una nueva naturaleza y son instruidos a operar y vivir en ella.[5]

La "antigua naturaleza" representa nuestra manera anterior de hacer las cosas, y la "nueva naturaleza" representa la nueva manera de comportarnos por medio de la ayuda del Espíritu Santo. Sigue siendo nuestra decisión; la "antigua naturaleza" no desaparece por completo, pero se nos ofrece otra opción mucho mejor.

Puedo tener dos abrigos en mi guardarropas: uno que es viejo, gastado y de mal gusto; y otro nuevo, moderno y hermoso. Puedo ponerme el viejito si así lo deseo, pero tengo la opción de ponerme el abrigo nuevo y hermoso. ¿Por qué optaría por ponerme el abrigo feo y gastado?

Antes de aceptar a Jesús como Salvador, como quien dice, no teníamos opción. Teníamos una sola naturaleza: carnal y egoísta. Después de haber aceptado a Jesús, se nos da otra opción. El "viejo hombre" no muere, pero estamos muertos a él. Nuestros deseos cambian y queremos agradar a Dios comportándonos de una manera que le traerá honra. Para adquirir un mejor entendimiento de este asunto de la "antigua" y "nueva naturaleza", recomiendo la lectura de Romanos capítulo 6.

Otra cosa que debemos tener para llegar a nuestro potencial es paciencia.

SÉ PACIENTE

Hermanos míos, tened por sumo gozo cuando os halléis en diversas pruebas, sabiendo que la prueba de vuestra fe produce paciencia. Mas tenga la paciencia su obra completa, para que seáis perfectos y cabales, sin que os falte cosa alguna.

Santiago 1:2-4

¿Por qué nos enojamos? Muchas veces es porque las personas no hacen lo que queremos que hagan con la rapidez que quisiéramos. Sin paciencia, nunca alcanzaremos el cumplimiento de nuestro potencial.

Si nos falta paciencia, debemos permitir que Dios la haga crecer en nosotros. En este libro, veremos cómo los líderes son perfeccionados por medio de pruebas y maduran conforme Dios edifica carácter en ellos.

Santiago nos dice en la Biblia, que debemos tener mucho gozo cuando nos encontremos en diversas pruebas, porque sabemos que la prueba de nuestra fe produce paciencia.[23]

En mi experiencia he visto que antes de que la prueba produzca paciencia, son producidas también muchas cosas no deseables. Pero precisamente esas cosas, son las que necesitan salir de nosotros. De otra manera, aparentaríamos algo que no somos porque portaríamos todo aquello malo que nunca ha surgido para ser quitado de nuestra vida. La razón de esto, es que en lugar de **atravesar** las dificultades hemos buscado la manera de evitarlas.

En Isaías 43:2 el Señor nos dice que Él estará con nosotros al pasar por en medio del agua y el fuego. Esto significa que hay algunas pruebas y luchas de las que no nos podremos escapar, algunas cosas difíciles que tendremos que sobrellevar.

La Biblia habla de la purificación, la santificación, el sacrificio y el sufrimiento. No son palabras muy agradables, sin embargo, estemos preparados para pasar por algunas de estas situaciones.

Pasé tiempos de soledad y mucho trabajo, tiempos cuando se me antojaba darme por vencida. Mientras Dios seguía poniendo personas en mi camino con las que yo no deseaba lidiar; Él las mandaba porque yo las necesitaba. Eran las lijas que me iban suavizando.

¿Ha puesto Dios en tu vida a alguien o algo que es como una lija para ti? Si es así, algún día verás que lo que veías como tu peor enemigo, resulta ser tu mejor amigo porque fue lo que Dios usó para cambiarte.

Es necesario que Dios nos cambie para poder usarnos—es necesario que lleguemos a ser como Cristo en nuestro carácter y tenemos que seguir Su ejemplo y aprender Sus caminos.

Yo batallé con el proceso del cambio por muchos años, pero finalmente me di cuenta que Dios no iba a hacer las cosas a mi manera. Él no deseaba escuchar mi argumentación; sólo deseaba oírme decir: Sí Señor, hágase tu voluntad.

Aprendí que podía huir de una persona o situación difícil, sólo para toparme con dos más en la siguiente esquina. Te animo a aprender rápidamente esta lección. Si es así, te ahorrarás mucha angustia, ya que si luchas con Dios, siempre te encontrarás perdiendo.

Nos conviene más a ti y a mí calmarnos y lidiar con lo que Dios ha puesto ante nosotros. Decimos amar al repugnante, pero ninguno desea estar a su lado. Sin embargo, es parte de nuestro entrenamiento en paciencia, y esto también tiene su propósito.

CON LOS LIMONES, HAGAMOS LIMONADA

No perdáis, pues, vuestra confianza, que tiene grande galardón: porque os es necesaria la paciencia, para que habiendo hecho la voluntad de Dios, obtengáis la promesa.

Hebreos 10:35, 36

¿Con quién tenemos que ser pacientes? Con nosotros mismos porque en ocasiones somos lentos para aprender. Con Dios, porque no siempre se rige por nuestro reloj. Y además ocupamos la paciencia con los demás porque ellos no son los culpables de nuestras deficiencias.

En ocasiones, cuando nuestros sueños han sido frustrados, nos impacientamos con todos y con todo. Aprendamos a practicar la paciencia en nuestra propia vida, tomándola un día a la vez, viviéndola al máximo.

Esta es una característica de un líder: la habilidad de tomar los limones que la vida le da y hacerse una jarra muy grande de limonada. Esto es sabiduría.

UN EQUILIBRIO ENTRE EL TRABAJO Y LA DIVERSIÓN

Y Jesús les respondió: Mi Padre hasta ahora trabaja, y yo trabajo.

Juan 5:17

Jesús comentó que Él y Su Padre han trabajado y siguen trabajando. Más adelante, en Juan 9:4 les dijo a Sus discípulos: *Me es necesario hacer las obras del que me envió, entre tanto que el día dura; la noche viene, cuando nadie puede trabajar.*

Si en realidad creemos que Jesús regresará pronto, entonces, ¿por qué buscamos pasar la mayor parte de nuestro tiempo entreteniéndonos?

Quizá pregunten: ¿Joyce, no estás de acuerdo con la diversión?

Sí, creo en la diversión. Yo estoy muy de acuerdo con la necesidad de reír, pasar tiempo ameno, descansar y llevar una vida en balance. De hecho, enseño seguido sobre estos temas, especialmente a los ministros que tienen dificultad en llevar una vida en equilibrio. No estoy diciendo que debemos estar afanados por el trabajo. Lo que estoy diciendo es que en ocasiones nos salimos de balance pero hacia el otro extremo.

OPORTUNIDAD EQUITATIVA

> *Entonces el reino de los cielos será semejante a diez vírgenes que tomando sus lámparas, salieron a recibir al esposo. Cinco de ellas eran prudentes y cinco insensatas. Las insensatas, tomando sus lámparas, no tomaron consigo aceite; mas las prudentes tomaron aceite en sus vasijas, juntamente con sus lámparas. Y tardándose el esposo, cabecearon todas y se durmieron. Y a la medianoche se oyó un clamor: ¡Aquí viene esposo; salid a recibirle! Entonces todas aquellas vírgenes se levantaron, y arreglaron sus lámparas. Y las insensatas dijeron a las prudentes: Dadnos de vuestro aceite; porque nuestras lámparas se apagan.*
>
> Mateo 25:1-8

Las diez vírgenes gozaron de las mismas opciones. La mitad llevó aceite consigo, pero las otras cinco no lo hicieron.

Las personas perezosas no hacen ninguna cosa adicional. Harán lo necesario para sobrevivir, pero nunca se esforzarán más allá de lo básico.

Cuando no llegaba el novio, las vírgenes se quedaron dormidas. A la medianoche se escuchó el grito de que se venía acercando el novio. Se levantaron para salir a su encuentro, pero las cinco vírgenes necias no tenían aceite y les pidieron a sus compañeras.

Esto sucede tan seguido. Los necios siempre están pidiendo lo que tanto trabajo les ha costado a los sabios. Normalmente, si no consiguen lo que piden sienten auto-lástima.

Por muchos años yo sentí auto-lástima porque había sido una niña abusada, porque no recibía todo cuanto deseaba, porque no tuve la oportunidad de estudiar una carrera y así seguía la lista. Finalmente, Dios trató conmigo diciendo: "Joyce, puedes ser alguien que da lástima o puedes ser una persona poderosa, pero no puedes ser las dos cosas".

Cinco de las vírgenes en Mateo capítulo 25 eran indignas, y se perdieron de todo por no mantener sus lámparas llenas de aceite. Las diez tuvieron la misma oportunidad, pero en el momento en que llegó el novio, cinco de ellas no se fueron con él porque salieron a buscar aceite.

A Dios no le importa nuestro trasfondo; qué clase de padres o familia tuvimos, de qué color o género somos o cuales pudieran ser nuestras deficiencias físicas. Para Él, nada de eso es importante. En Él todos tenemos la misma oportunidad. Cualquiera que sigue Sus preceptos y hace lo Él dice puede ser bendecido y usado por Él.

Dios ha puesto el mismo potencial en cada uno de nosotros. Si nos proponemos cooperar con Él en el desarrollo de nuestro potencial, podremos hacer cosas tan importantes como cualquier persona.

Todos podemos soñar. Todos gozamos de la misma oportunidad, y cada uno puede tener esperanza. Recuerda, servimos a un Dios que nos dice que todas las cosas son posibles con Él. Cada día podemos despertar llenos de la esperanza de que en ese día las cosas pueden mejorar. Podemos decir: "Yo cambiaré, mi vida cambiará y mis finanzas cambiarán".

Sé paciente contigo mismo. Sigue adelante, creyendo que cada día traerá nuevos cambios. No te quedes satisfecho siendo sólo un poco de todo lo que puedes llegar a ser.

SÉ TODO LO QUE PUEDES SER

> *Porque el reino de los cielos es como un hombre que yéndose lejos, llamó a sus siervos y les entregó sus bienes. A uno dio cinco talentos (como 5,000 dólares), y a otro dos, y a otro uno, a cada uno conforme a su capacidad; y luego se fue lejos.*
>
> Mateo 25:14,15

Jesús relata esta historia en el mismo capítulo donde encontramos la parábola de las diez vírgenes. Se trata de un hombre que sale de viaje y reúne a sus siervos para repartir sus bienes, **según sus habilidades**.

No todos tenemos las mismas habilidades o talentos. No todos podemos hacer las mismas cosas, pero todos podemos hacer aquello para lo que Dios nos ha llamado. Yo no puedo ser lo que tú eres, y tú no puedes ser lo que yo soy, pero todos podemos ser todo lo que Dios desea que seamos.

Cuando Dios le dio a Moisés hombres para ayudarle a gobernar a los israelitas, algunos eran gobernantes sobre miles, otros sobre cientos, y aun otros sobre grupos de cincuenta y de diez.[7]

No todos tienen la unción del poder del Espíritu Santo para dirigir a miles. Algunos son ungidos para dirigir a cien, cincuenta o diez personas. Sin importar cual sea tu unción, si eres obediente a Él, encontrarás satisfacción personal. Y sabiendo esto, no te compararás con nadie; no tendrás que competir con nadie.

Haz con excelencia la obra a la que has sido llamado. Desempéñalo de manera superior. Si tu llamado es guiar a cincuenta, hazlo con excelencia; no intentes ser líder de mil porque sólo quedarás en ridículo. Así mismo, si tu llamado es dirigir a mil, no evadas el trabajo y responsabilidad siendo líder de cincuenta. Nunca encontrarás satisfacción si lo haces.

Si yo intentara seguir con un pequeño ministerio en Fenton, Missouri, no me sentiría feliz ni realizada. Sí, existe muchísimo trabajo y responsabilidad en un ministerio como el mío.

Hablar a miles de personas cada día a través de la televisión es una enorme obligación. Sé que no siempre digo correctamente las cosas. Tengo que estar segura de usar *bien la palabra de verdad*[8] para todos. No quiero enseñar algo equivocado o fuera de balance. Ya que es una responsabilidad tan enorme, tengo que confiar siempre en Dios. Sin embargo, me sentiría muy mal si yo rehusará hacerlo por hacer algo más fácil. Puede ser que fuera más fácil para mi carne, pero sería más difícil para mi espíritu, o mi corazón. Andaría siempre enferma por dentro.

Existen tantas personas enfermas de su espíritu porque no se sienten realizadas. No son todo lo que pudieran ser y no están haciendo todo aquello que Dios les ha dado para hacer. Quizá están permitiendo que el diablo y/o las personas los persuadan de dejar su llamado y su bendición.

Esto mismo le sucedió a uno de los siervos de este pasaje en Mateo 25. El hombre entregó talentos a tres de sus siervos antes de salir. Mientras estaba de viaje este hombre, uno de los siervos invirtió sus talentos y terminó con una ganancia, y al regresar, viendo lo que el siervo había hecho le dijo: "Bien hecho, buen siervo, fiel. Has sido fiel con poco y ahora te pondré sobre mucho".

El segundo siervo hizo lo mismo y se le dijo lo mismo. Pero el tercer siervo salió y enterró su talento porque tuvo miedo. Cuando el dueño supo lo que este hombre había hecho, se molestó y le quitó el talento que tenía y se lo dio al que tenía diez talentos.[9]

Se encuentran muchas personas como aquel siervo injusto. Esconden su talento por temor— temor a la responsabilidad, temor al juicio, temor al "qué dirán". No toman un solo paso porque le temen al fracaso, a la crítica, a la opinión de otros, a ser malentendidos. Le temen al sacrificio y al trabajo duro que implica.

No quiero que tengas miedo de tomar el talento que Dios te ha dado y lo uses para Su gloria. No quiero que termines triste, sin satisfacción porque has dejado a medias lo que Dios ha puesto en ti.

Espero estar prendiendo un fuego dentro de ti por el poder del Espíritu Santo para que tomes tu posición en contra del enemigo y determines en tu corazón seguir hacia el supremo llamamiento de Dios en Cristo Jesús,[10] siempre abundando en Su servicio, sabiendo que tu labor no es en vano.[11]

CAPÍTULO 3

LA ESTABILIDAD FACILITA LA HABILIDAD, PARTE 1

En los primeros capítulos vimos que fomentar y desarrollar nuestro potencial personal es nuestra prioridad. Todos tienen más potencial del que usan. El que sea una posibilidad no significa que algo ciertamente se dará por hecho. Significa que algo puede suceder, si le añadimos los otros ingredientes necesarios.

Me gusta pensar en el potencial en términos de una mezcla para hacer pastel. Sólo con tener la caja de mezcla en mi cocina no quiere decir que tendré un pastel. Hay algunas cosas que tengo que hacer antes de que aquella mezcla cumpla su potencial y llegue desde la caja a ser un pastel sobre mi mesa.

Todos tenemos potencial porque Dios se comparte con nosotros. Coloca dones y talentos dentro de nosotros. Pero, al igual que el potencial contenido en la caja del pastel, se tiene que desarrollar aquel don o talento.

Dave y yo tomamos muchas fotos, pero no somos tan buenos para mandar los rollos a revelar. En ocasiones nos encontramos tantos rollos por toda la casa que ya ni me acuerdo qué fotos contienen. ¿De qué me sirven así? Si no los llevo a revelar, son un malgasto de tiempo y dinero.

Se echa a perder mucho potencial en la Iglesia porque las personas no están fomentando lo que Dios les ha dado. Toma y desarrolla los dones y talentos que tienes porque puedes ser de bendición para otras personas.

También vimos en los primeros dos capítulos que entre el potencial y la evidencia del potencial queda el **esfuerzo**. Yo soy un buen ejemplo de lo que Dios puede hacer con alguien que, en lo natural, no aparenta tener mucho a su favor pero que está dispuesto a producir el esfuerzo necesario para desarrollar su potencial.

No me estoy menospreciando, pero en verdad no poseo mucho talentos y dones. No soy creativa, ni artística, ni musical. Pero puedo hablar. Tengo el don de la comunicación, tanto verbal como escrita. Como consecuencia estoy tomando este don y lo estoy ejercitando en el servicio de Dios. Estoy haciendo lo que Dios puso en mi corazón.

Ocasionalmente, Dave y yo platicamos de lo que vemos en el futuro para Life In The Word Minsitries y lo que vemos en el futuro para nosotros. Sentimos que Dios sólo quiere que sigamos haciendo lo que estamos haciendo, que sigamos aumentando lo que hacemos y que lo sigamos haciendo bien y con excelencia.

Tengo muchas metas e ideas de cómo llevar el evangelio con más eficiencia, pero sin salirme de mis dones y llamado. Si así lo hiciera, terminaría frustrada.

Escucho la voz de Dios regularmente; habla a mi corazón y a través de Su Palabra tocante a una variedad de temas. Pero a veces pasa mucho tiempo sin que reciba una palabra directa para hacer algo específico en el ministerio.

Pero eso no me molesta, porque sé que estoy haciendo lo que Dios quiere. Si Él desea que siga haciendo esto hasta que venga Jesús[1], entonces es lo que haré. Mi propósito es mantenerme estable—sencillamente seguir haciendo lo que Dios me ha mandado hacer.—

Veremos más adelante que para alcanzar este punto, será necesario un proceso de pruebas para madurar nuestro carácter y desarrollar estabilidad.

Cualquiera puede adquirir estabilidad; no es solamente para los que están en el ministerio. **Es de la suma importancia que cada persona sea estable, esté en el ministerio o no, ya que Dios desea hacer más con nuestras vidas de lo que jamás pudiéramos imaginar.**

EXPRESA ESTABILIDAD

> *. . .trayendo a la memoria la fe no fingida que hay en ti, la cual habitó primero en tu abuela Loida, y en tu madre Eunice, y estoy seguro que en ti también. Por lo cual te aconsejo que avives el fuego del don de Dios que está en ti por la imposición de mis manos. Porque no nos ha dado Dios espíritu de cobardía, sino de poder, de amor y de dominio propio.*
>
> 2 Timoteo 1:5-7

Siento que en estos postreros días[2] habrá una resurrección de una enseñanza que no ha sido muy popular pero que, sin embargo, necesitamos escuchar. Creo que necesitamos que se nos recuerde (así como Pablo lo está haciendo con su joven discípulo Timoteo) que debemos estar dispuestos a sacrificarnos o a sufrir para cumplir el llamado de Dios en nuestras vidas. Todo lo que tenemos que hacer no tiene porqué ser siempre placentero.

La Biblia nos enseña sobre un sufrimiento bueno. Obviamente no estamos hablando de pobreza, enfermedad o desastre personal. Pero si tú y yo pensamos cumplir con lo que Dios pide de nosotros, será necesario que nuestra carne sufra para hacerlo.

Timoteo era un joven ministro que estaba por tirar la toalla. El fuego que antes había sentido, se estaba apagando. El apóstol Pablo le escribía para animarle y aun darle corrección tocante a la actitud que estaba permitiendo gobernarle.

Esto sucede mucho en la iglesia de hoy en día. En aquel tiempo hubo mucha persecución. Timoteo sintió temor, y esto comenzó a afectarle.

Todos pasamos por tiempos de frustración y temor en nuestra vida y ministerio. Sentimos que todo se nos viene abajo. Sentimos que no podemos seguir adelante.

¿El diablo te ha dicho en alguna ocasión que simplemente no puedes seguir haciendo lo que estás haciendo?

Quiero que sepas que yo también escucho eso —y muy seguido—, en especial cuando estoy viajando de ciudad en ciudad, viviendo en los hoteles y acostándome hasta muy noche por estar ministrando y preparándome para el día siguiente. Ocasionalmente cuando despierto en las mañanas tan cansada de predicar y estudiar, escucho la voz del enemigo en mi mente: "Ya no puedes hacer esto. Simplemente no puedes seguir haciendo esto".

Me dio gusto cuando supe que era el diablo quien me decía aquellas frases porque por mucho tiempo pensé que era yo. Ahora que sé que es él y que, como vimos antes, *es mentiroso . . . y el padre de mentira,* puedo decirle: **"Satanás, eres mentiroso. Yo puedo hacer esto porque Dios es mi fuerza".**

Al regresar a casa y después de haber descansado algunos días, estoy lista para salir de nuevo.

Timoteo se encontraba en el lugar donde me encuentro yo en ocasiones. Estaba cansado y a punto de darse por vencido. Así que, Pablo escribió este pasaje de 2 Timoteo 1:5-7 para recordarle de su herencia de fe por parte de su abuela Loida, y su mamá Eunice. Le animó a que avivara el fuego de los dones. Le dijo en el versículo 7 que Dios no le había dado un espíritu de temor sino *de poder, de amor y de dominio propio.* Otras traducciones dicen que ha recibido un espíritu calmado, una mente bien balanceada, disciplina y auto-control.

En realidad, ¿qué le decía Pablo al joven Timoteo? Le estaba diciendo: "Timoteo, compórtate. No te puedes guiar por como te sientes. Puedes tener ganas de dejar todo, pero yo quiero ver **estabilidad** en ti".

Si no mostramos estabilidad, nunca veremos el desarrollo completo de nuestro potencial.

ESTABILIDAD A TRAVÉS DE LA OBEDIENCIA

El *Diccionario Larousse* define *estabilidad* de la siguiente manera: 1. Equilibrio; 2. Firmeza, resistencia; 3. Permanencia, duración; 4. Seguridad.[3]

Si somos estables, hacemos lo correcto cuando nos sentimos bien y cuando no; oramos cuando sentimos hacerlo y cuando no; damos cuando sentimos hacerlo y cuando no; regalamos no sólo lo que queremos regalar, sino también lo que no tenemos ganas de regalar, si es que Dios así nos lo indica.

Si tú y yo vamos a ser estables, tendremos que ser obedientes cuando sí y cuando no tengamos ganas de serlo.

No sé tú, pero yo he decidido ser estable y firme. Pase lo que pase, yo haré lo que Dios ponga en mi corazón y lo que me diga por Su Palabra.

Ya vimos que la Biblia nos dice que Dios no nos ha dado un espíritu de temor o cobardía, sino de poder, de amor y una mente sana y balanceada.

BÁJATE DEL BALANCÍN EMOCIONAL

> *Mas el fruto del Espíritu es amor, gozo, paz, paciencia, benignidad, bondad, fe, mansedumbre, templanza; . . .*
>
> Gálatas 5:22, 23

La templanza es fruto del Espíritu, según esta escritura. Si queremos ser líderes, tenemos que ser capaces de controlarnos. También tenemos que ser de confianza, y esto es producto de ser templados.

Nada me irrita más que un miembro de mi equipo ministerial siempre esté arriba y abajo. Les llamo empleados de "mucho mantenimiento". Esta clase de personas me irrita porque tengo que lidiar con ellos constantemente.

La razón de que esto suceda es porque esta clase de personas se dejan llevar por sus emociones en lugar de seguir la guía del Espíritu Santo. Nunca llegarán a ser las personas que Dios quiere que sean si no aprenden a obedecer al Espíritu Santo por medio del sentir interior que da y por medio de leer y obedecer la Palabra.

Para el líder es esencial poseer auto-control y disciplina. Es necesario que pueda discernir cuando va hacia un rumbo equivocado y corregirlo sin necesidad de que alguien lo haga por ellos.

Esta clase de estabilidad emocional, auto-control y moderación no sólo es importante en los líderes; todos deberíamos fomentar estas características.

Recuerdo haber sido por años lo que llamo un "cristiano balancín".

Continuamente me encontraba arriba y luego abajo. Si Dave hacía lo que me gustaba, estaba feliz. Si no lo hacía, me enfadaba.

He madurado desde entonces. Dave aun hoy, no siempre hace las cosas de la manera que me agradan, pero ahora no me molesta como antes. La razón de esto es que he aprendido a gobernar mis emociones.

Quizá tú tengas un matrimonio excelente, como el mío (después de haber sufrido yo muchos cambios con la ayuda del Espíritu Santo), pero jamás tendrás una pareja que haga lo que tú quieres siempre. Si eres feliz cuando tu pareja hace las cosas como a ti te gustan y te enfadas cada vez que hace las cosas de manera diferente, te encontrarás arriba y abajo así como yo estaba antes.

Dios no quiere que estemos arriba y abajo siempre. Quiere que tengamos estabilidad. Espero que tengas ganas de ser estable porque si es así, este libro te podrá ayudar.

ENFÓCATE EN LO QUE CREES

Si tú y yo decidimos ser personas estables, nuestra carne sufrirá porque llegarán momentos cuando tendremos que decidir hacer lo correcto aun sin sentir hacerlo.

Mis hermanos en Cristo me comentan sus sentimientos más que cualquier otra cosa:

"Siento que nadie me ama".

"Siento que mi pareja me trata mal".

"Siento que nunca seré feliz ni tendré éxito en mi vida".

"Siento. . . siento. . . no siento. . .", y nunca termina.

Parece que siempre estamos conscientes de sentir algo o no sentir algo. Como cristianos, debemos de enfocarnos en lo que **creemos** en lugar de enfocarnos en lo que **sentimos.**

No puedo decir honestamente que siempre me siento ungida, pero creo que soy ungida. No siempre tengo ganas de levantarme a predicar y enseñar, pero de todas formas lo hago. ¿Por qué? Porque es mi responsabilidad. Soy un líder. Hay personas que dependen de mí.

¿Cómo pensamos ser líderes si nos dejamos llevar por nuestras emociones? Tenemos que ser guiados por lo que creemos ser lo correcto. Si esperamos **sentir** hacer lo correcto, quizá nunca lo hagamos.

Si pretendemos ser líderes, no podemos ser guiados por sentimientos; estamos obligados a hacer lo correcto.

Ya que todos contamos con nuestra carne, es importante poder discernir entre el alma y el espíritu.[4] Es necesario poder distinguir si es nuestra alma—mente, voluntad y emociones—que nos está guiando o si es el Espíritu Santo quien nos guía. Si es que nuestra alma trata de gobernar nuestras acciones, es indispensable tener la fuerza y determinación para decir "no" y entonces optar por seguir al Espíritu Santo.

Eso es lo que quiere decir la Biblia cuando habla de la estabilidad—la habilidad para practicar auto-disciplina y control—.

GOBIERNA TUS EMOCIONES

Al considerar las cualidades necesarias para el liderazgo, es sorprendente la cantidad de veces que se encuentran referencias a la disciplina personal y al dominio emocional. De hecho, escribí un libro completo sobre el tema llamado *Controlando sus emociones*.[5]

En ese libro explico que debido a que nunca seremos libres de nuestras emociones, es necesario aprender a gobernarlas y no permitir que sea al revés.

Siempre es nuestro deseo que las cosas problemáticas o no placenteras se vayan. Al experimentar algo semejante, pedimos oración y queremos que alguien eche fuera de nuestra vida esas cosas para ya no batallar con ellas.

Sin embargo, Dios quiere que maduremos y nos demos cuenta de que hay ciertas cosas en nuestra vida que tenemos que controlar nosotros mismos. Una de estas cosas es nuestro estado emocional.

Por ejemplo, solamente con sentir golpear a alguien no significa que lo puedo hacer. No puedo hacer todo lo que siento ni lo que me nace hacer.

Hace poco le dije a mi esposo: "Dave, ¿sabes qué es lo que me gustaría hacer? ¡Me gustaría huir de casa!"

En ese momento sentía que todo se me venía abajo. Existían problemas en la oficina, problemas en el hogar, problemas por todos lados. Pensé: "**Quiero salir de aquí. No quiero escuchar a nadie. Me quiero ir a un lugar donde nadie me conozca. Sólo quiero que todos me dejen en paz. Quisiera huir de mi casa**".

Pero sabía que no lo iba a hacer ya que no podía. **Soy un líder, y los líderes no huyen de las situaciones desagradables. Se quedan para lidiar con ellas.**

Si queremos ser líderes, hay que reconocer que no podremos hacer o decir todo cuanto sentimos hacer o decir.

Esto se aplica en especial al matrimonio.

Mi esposo, Dave, y yo somos un equipo; llevamos adelante nuestro hogar y ministerio juntos. Y aunque tenemos personalidades completamente opuestas, tenemos que vivir en armonía y andar en amor como ejemplo a seguir. Creo que nuestra relación es bastante buena considerando la cantidad de tiempo que pasamos juntos y todas las decisiones que tomamos como equipo.

Nuestro matrimonio no es de aquellos que se dejan de ver cada mañana después de haber pasado unos 15 minutos juntos. No llegamos en la noche para estar juntos unas cuantas horas más antes de dormir y comenzar de nuevo al día siguiente. No, estamos constantemente juntos. Más vale que tengas una pareja con la que puedas compartir una buena relación si piensas pasar la mayor parte de tu tiempo junto a ella.

A decir verdad, por mucho que amo a mi esposo, yo creo que unas cincuenta veces por semana tengo que cerrar mi boca aunque **siento** decir algo que provocaría problemas. Por medio del Espíritu Santo en mí, sé que si le digo algo a mi esposo en ese momento, tendremos un problema. A consecuencia, practico auto-control y me mantengo callada. Sé, sin lugar a duda, que Dave hace lo mismo en muchas ocasiones.

Los dos hemos aprendido que como personas no podemos decir y hacer todo lo que quisiéramos, mucho menos como líderes en el reino de Dios podemos hacerlo.

Si vas a ser un líder, no podrás decir o hacer todo lo que se te antoje. No podrás decir todo lo que quisieras, hacer todo lo que quisieras, ir al lugar que quisieras, comer todo lo que quisieras, no dormirte hasta la hora que quisieras o despertar a la hora que quisieras.

Tendrás que practicar el dominio propio.

Le dirás a tu carne: "Te someterás a lo correcto, ¡te guste, o no!"

Para el líder existe un destino mayor. Existe algo más importante que el satisfacer siempre la carne, existe algo más importante que el siempre sentirse bien.

Para seguir la dirección del Espíritu en lugar de seguir los deseos de la carne, es preciso realmente **querer** ser un líder.

EL DESEO PARA LIDERAZGO ES BUENO

Palabra fiel: Si alguno anhela obispado (superintendente, inspector), buena obra desea.

1 Timoteo 3:1

Es algo bueno desear ser un líder. Ninguna falta hay en este deseo. Pero sí existen algunas condiciones, según la siguiente escritura, para aquellos que buscan ser líderes en el reino de Dios.

Veamos algunos de los requisitos espirituales para el liderazgo espiritual.

SER IRREPRENSIBLE

Pero es necesario que el obispo (superintendente, inspector) sea irreprensible, marido de una sola mujer, sobrio, prudente, decoroso, hospedador [mostrando amor y amistad a los creyentes, especialmente desconocidos o extranjeros], apto para enseñar.

1 Timoteo 3:2

El líder no deberá dar ningún motivo para acusación. Debe ser irreprensible. Esto significa que su comportamiento debe ser tal, que las personas no podrán encontrar algo en su contra.

Dave y yo no podemos ocupar posiciones de liderazgo espiritual, siendo maestros de cómo deben vivir sus vidas, si andamos exhibiendo comportamiento pecaminoso en público. Cuando se es guía, es obligatorio ser ejemplo para otros. No podemos enseñar que las personas hagan una cosa si nosotros no la hacemos. Esa era la práctica de los fariseos, y por eso Jesús les llamó hipócritas. A las personas les decían lo que tenían que hacer, pero ellos no lo practicaban.[6]

Me gusta que la prudencia sea un requisito para el liderazgo espiritual. Parece que muchas personas al ser nacidas de nuevo y llenas del Espíritu Santo pierden toda cordura. Lo opuesto debe de ser la realidad. Si una persona va a edificar un ministerio requerirá mucha prudencia, sentido común. En Proverbios 24:3 se nos dice que "con sabiduría se edificará la casa, y con prudencia se afirmará".

Debemos ser hospedadores y amables, especialmente con personas de otro lugar y con los marginados. Por ejemplo, en cualquier función social de la iglesia o reunión, nos toca esforzarnos para asegurar que todos aquellos que no son familiares o amigos se sientan agusto y en casa.

Finalmente, este verso nos dice que un obispo deberá ser una persona apta para enseñar. Esto incluye la enseñanza con el ejemplo. Las personas quieren ver cristianos que vivan una vida limpia y sin reproche. Necesitan poder confiar en alguien, y es nuestro deber pasar los principios para una vida santa a los demás.[7] El hogar es una de las áreas que necesita estos principios.

VELAR POR SU CASA (CUIDAR SU CASA)

. . . no dado al vino, no pendenciero, no codicioso de ganancias deshonestas, sino amable, apacible, no avaro; que gobierne bien su casa, que tenga a sus hijos en sujeción con toda honestidad (pues el que no sabe gobernar su propia casa, ¿cómo cuidará de la iglesia de Dios?

1 Timoteo 3:3-5

Esto nos da mucho por hacer. Simplemente mantener respetuosos a nuestros hijos es un trabajo de tiempo completo. Tenemos que trabajar mucho. De continuo tenemos que decirles: "No toleraré esa clase de actitud y comportamiento. Mostrarás respeto".

La verdad es que es más fácil y cómodo tolerarles ciertas cosas a los hijos que aguantar corregirles.

Antes, cuando Dave castigaba a nuestros hijos diciéndoles que no podían salir por dos semanas, sentía que yo era la castigada, no ellos. Y decía: "¿No podemos retenerles su domingo o, algo por el estilo? Si no pueden salir por dos semanas, tú te marchas al trabajo, pero yo soy la que tiene que quedarse aquí con ellos".

Para criar de manera correcta a los hijos, en veces tendremos que sufrir. Hay que atravesar por algunas cosas difíciles, que preferiríamos no tener que enfrentar. Creo que porque los padres de hoy en día se encuentran demasiado ocupados como para disciplinar a sus hijos, es porque existen tantos problemas con los jóvenes de hoy.

Pablo dice que si una persona no puede gobernar su propia casa, ¿cómo esperamos que gobierne bien la iglesia de Dios? Ahora, cuando Pablo habla de gobernar nuestra casa no está hablando de algo autoritario o déspota. **El líder exitoso es capaz de guiar, lidear y criar a los de su casa con sabiduría santa, amor y comprensión**.

PASAR LA PRUEBA

> *... no un neófito, no sea que envaneciéndose caiga en la condenación del diablo. También es necesario que tenga buen testimonio de los de afuera (de la iglesia), para que no caiga en descrédito y lazo del diablo. Los diáconos asimismo deben ser honestos, sin doblez, no dados a mucho vino, no codiciosos de ganancias deshonestas; que guarden el misterio (la verdad del Evangelio esta escondida para el injusto) de la fe con limpia conciencia. Y éstos también sean sometidos a prueba primero, y entonces ejerzan el diaconado, si son irreprensibles.*
>
> 1 Timoteo 3:6-10

Pablo advierte acerca de poner muy rápido a una persona en el liderazgo porque necesitamos preparación. Pasar por algunas pruebas, algunos lugares difíciles y áridos, es parte de la preparación. Somos cambiados por los tiempos difíciles. Nos obligan mirar a Dios y no a nosotros mismos, o a otras personas o cosas. Sin la preparación indicada terminaremos llenos de orgullo y con resultados desastrosos.[8]

Pablo dice que las personas que pasan las pruebas, pueden ejercer y cumplir el llamado de Dios sobre sus vidas.

Si te encuentras frustrado por un llamado sobre tu vida que no se está cumpliendo, puedo decirte dónde te encuentras: Estás en la prueba. Lo que Dios haga contigo más adelante depende completamente de tu reacción ante la presente situación.

Después consideraremos con más detalle algunas de las pruebas que tenemos que pasar para ver el carácter que Dios desea desarrollar en nosotros. Una de ellas es la prueba de la estabilidad, y no es fácil pasarla.

Para ser estable, es preciso decidir si haremos lo correcto, sintamos hacerlo o no. Tendremos que leer la Biblia y hacer lo que nos manda aunque no nos guste, queramos hacerlo o no, sintamos hacerlo o no.

Si pensamos quedarnos dentro del fluir del Espíritu Santo, es imprescindible hacer lo que nos diga en nuestro corazón y a través de Su Palabra. No es opcional, requiere de nosotros la obediencia.

Capítulo 4

La estabilidad desata la habilidad, parte 2

Porque Jehová el Señor me ayudará, por tanto no me avergoncé; por eso puse mi rostro como un pedernal, y sé que no seré avergonzado.
Isaías 50:7

Hemos visto que es imprescindible que Dios pueda confiar en nosotros. Si no somos personas estables, ni Dios ni alguna otra persona podrá confiar en nosotros.

En nuestro ministerio, queremos personas en las que podemos confiar. Personas que harán lo que se les pida. Personas probadas y que conozco y que sé cuál será su reacción en toda clase de situación.

Por ejemplo, en una ocasión a causa de la cancelación de nuestro vuelo, tuvimos que concluir el viaje en carro, mi equipo y yo. Esto nos dejó sólo dos horas para preparar el sonido y equipo en el lugar de la reunión.

En todo el tiempo de carreras y presión, no escuché una sola palabra de queja de mi equipo. No vi evidencia de malas actitudes. De hecho, estábamos riendo y divirtiéndonos. Esto era posible porque las personas que nos ayudaban sabían lo que tenían que hacer y cómo hacerlo con una buena actitud, eran personas estables.

Le doy muchas gracias a Dios por haberme dado empleados y colaboradores estables, amigos estables, una familia estable y un esposo estable. La estabilidad es, yo así lo creo, la característica más sobresaliente de Dave. Durante los primeros años de matrimonio y ministerio me encontraba arriba y abajo emocionalmente hablando. Le gritaba a Dave y a mis hijos y me frustraba muchísimo con nuestras deudas y situación financiera. Pero Dave era estable, siempre firme, con los pies en la tierra, una roca de estabilidad.

De hecho, a mí me fastidiaba su estabilidad. Me quejaba: "No sientes nada. No tienes emociones. No sabes lo que es una emoción".

Cuando nosotros nos encontramos inestable y voluble, nos frustran las personas estables a nuestro alrededor. Queremos que se enojen junto con nosotros. Su simple estabilidad nos acusa de no tenerlo.

En aquellos días me sentaba a la mesa para hacer las cuentas y contar el dinero que teníamos, y siempre debíamos más de lo que teníamos. Entonces yo me enojaba.

Dave usualmente se encontraba en la sala con los niños, viendo televisión y jugando con ellos. Me enfadaba tanto con él que le decía: —¿Por qué no vienes y haces algo?

—¿Qué quieres que haga, —me preguntaba—. —Ya me dijiste cuanto debemos y cuanto dinero tenemos. Dejaste tu trabajo para prepararte para el ministerio porque es lo que Dios quiere. Nos hemos comprometido a hacer lo que Él dicta y a confiar en Él. Estamos diezmando. Él cuida de nosotros. Cada mes provee lo necesario. ¿Tenemos que hacer todo esto de nuevo?

Luego me decía: —Joyce, quieres que llegue a sentirme miserable junto contigo, y no lo haré. Te enfada el hecho de que me esté divirtiendo. Tú puedes venir a divertirte también, si así lo deseas. Si te quieres quedar allá para sentirte miserable y triste, es tu decisión. No puedo hacer nada para contentarte, y no permitiré que me hagas sentirme miserable.

Hasta la fecha me acuerdo del coraje que sentía. Lo sentía tan fuertemente que tenía que hacer **algo**. Pero lo único que podía hacer, era estar atufada.

Si queremos ser líderes, esa clase de actitud tiene que morir. Tenemos que dejar de darle vueltas a la misma montaña. Es necesario pasar la prueba en lugar de siempre reprobarla vez tras vez. Y aunque Dios nunca nos expulsará de su escuela, sí tendremos que volver a tomar la misma prueba hasta que nos salga bien.

Dios me estaba diciendo que Él había puesto un llamado sobre mi vida y tenía grandes cosas para mí, pero me era necesario llegar a la estabilidad. Dios no quiere ver desequilibrio en nosotros cada que cambian nuestras circunstancias. Quiere que seamos invariables, así como Él lo es.

En la estabilidad no existe variación

Jesucristo es el mismo ayer, y hoy, y por los siglos.

Hebreos 13:8

¿Qué es lo que nos gusta más que cualquier otra cosa de Jesús? Naturalmente existen muchas respuestas a esta pregunta, por ser el que murió en la cruz para recibir nuestro castigo por el pecado; luego resucitar al tercer día.[1] Pero una de las cosas que más apreciamos de Él en nuestra relación diaria es el hecho de que nunca cambia, y podemos contar que ello.

Amamos a Jesús y confiamos en Él porque nunca cambia. Dice en Su Palabra: "Así era yo, y así seré para siempre".[2] Puede cambiar lo que necesita ser cambiado, pero en Él nunca habrá variación.

Quiero esta clase de amigos, esta clase de empleados y quiero ser esta clase de persona. También quiero ser esta clase de líder. Quiero tener este tipo de estabilidad en mi vida, para que la gente sepa que puede contar conmigo.

Hubo un tiempo en mi vida cuando mis emociones me gobernaban. No las controlaba; ellas me controlaban. No sabía entonces lo que sé ahora. Mis emociones me controlaban a tal grado que las personas no podían contar conmigo, ni yo misma contaba conmigo. Nunca sabía lo que iba a hacer. Me levantaba cada día preguntándome qué haría ese día, cómo sería.

Jesús no es así. Se puede decir que Él tiene madurez emocional. Parte de esa madurez se debe a que siempre es igual— estable, no cambia, digno de confianza. Esa clase de madurez emocional debe ser nuestra meta.

Ser maduro, emocionalmente hablando, significa tomar decisiones basadas en lo que el Espíritu Santo dicta, no en lo que dictan nuestras emociones. Pero eso no es lo que nos nace hacer.

El solo hecho de saber estas cosas no hará que desaparezcan nuestras emociones. Pero tenemos un Dios que sí puede hacer todo. Cuando lleguemos al punto de desear madurez emocional, podemos estar seguros que Él nos ayudará a alcanzar esa estabilidad emocional que tuvo Jesús.

No quiere decir que entonces no tendremos emociones. Dios nos dio las emocione para gozar la vida. Una vida sin emociones sería sumamente aburrida. Tener estabilidad emocional solamente significa que gozamos de una vida emocional balanceada. Como creyentes tenemos este derecho; es parte de nuestra herencia espiritual cuando rendimos nuestra vida a Él.[3]

Así que, la siguiente vez que tus emociones se exciten, te animo que te levantes y digas: **"No, me has gobernado por demasiado tiempo. Ahora yo tomo el control de ti en la fuerza y poder del Espíritu Santo".**

DIOS ES BUENO—SIEMPRE

Toda buena dádiva y todo don perfecto desciende de lo alto, del Padre de las luces, en el cual no hay mudanza, ni sombra de variación.

Santiago 1:17

¿Qué nos está diciendo Santiago en este versículo? Está diciendo que

Dios es buen, punto. No es bueno a veces; siempre es bueno. No es bueno más otras cosas; simplemente es bueno.

Santiago también nos está diciendo que no hay variación en Dios. Ya vimos que su Hijo Jesús nunca cambia. En Juan 10:30 vemos que Jesús y Dios son el mismo. Si Jesús nunca cambia, Dios nunca cambia; ya sea que tome la forma del Padre, de su Hijo Jesús o del Espíritu Santo, nunca cambia.

Dios es siempre igual—siempre es bueno—. Si estamos pasando un tiempo difícil, Dios sigue siendo bueno. Si algo malo nos sucede, Dios es bueno. Dios es un Dios bueno, y desea hacer cosas buenas por nosotros. No quiere hacer cosas buenas por nosotros porque somos buenos y las merecemos; hace cosas buenas por nosotros porque Él es bueno.

El mundo todavía necesita aprender esta verdad, y también algunos que se encuentran en la iglesia.

LA ESTABILIDAD ES PROGRESIVA

> *Y: Tú, oh Señor, en el principio fundaste la tierra, y los cielos son obra de tus manos. Ellos perecerán, mas tú permaneces; y todos ellos se envejecerán como una vestidura, y como un vestido los envolverás, y serán mudados; Pero tú eres el mismo, y tus años no acabarán.*
>
> Hebreos 1:10-12

Es muy alentador saber que aunque todo cambia, Dios siempre permanece igual. No podríamos depositar nuestra confianza en Él, así como lo desea, si no pudiéramos creer que siempre es fiel, y siempre, de alguna manera, suple nuestra necesidad, cualquiera que sea.

El amor de Dios **siempre** es incondicional. No nos deja de amar si nos portamos mal. Siempre nos ama. Siempre es bondadoso, siempre tardo para airarse, siempre lleno de gracia y misericordia, siempre listo para perdonar.

¿Qué sucedería en nuestra vida y en la vida de las personas que nos rodean si todos fuéramos como Dios? ¿Qué pasaría si siempre fuéramos amorosos, siempre tardos para airarnos, siempre llenos de gracia y misericordia, siempre listos para perdonar? ¿Qué pasaría si nosotros, al igual que Dios, siempre fuéramos positivos, apacibles y generosos?

De recién casados, Dave y yo enfrentamos muchos problemas a raíz del abuso que yo había sufrido de niña. Siendo que yo nunca había disfrutado de ninguna clase de estabilidad, no sabía qué era eso.

Quizá fuiste criado por personas inestables. Si es así, tú tendrás que aprender, como lo hice yo, que la vida inestable y emocional a la que estabas acostumbrado no es lo normal. No es lo que Dios tiene para ti.

Dios desea que tú llegues a un lugar de equilibrio. No podrás disfrutar de la vida planeada para ti si no encuentras equilibrio.

Dave me cuenta sus memorias de cómo era yo antes de llegar a tener algo de estabilidad emocional. Dice que recuerda lo que pensaba mientras iba llegando del trabajo: "**Me pregunto cómo estará Joyce hoy**".

Tú quizá eres como Dave. Quizá tu pareja es una persona inestable. Si es así, sabes que es difícil vivir con esta clase de personas. Las relaciones con personas a quienes les falta tanto equilibrio y estabilidad que de un momento para otro no se sabe como serán, tienden al sufrimiento.

No es para decir que nunca nos tocan días malos. No todos podemos ser como Dave. Pero él ha sido un ejemplo para mí, y viviendo con él he aprendido mucho, he cambiado mucho. Creo que ahora soy estable un 99 por ciento del tiempo. Todavía tardo más en contentarme que él. Pero ahora tardo 2 o 3 minutos en lugar de 2 o 3 semanas. Le doy gracias a Dios por mi mejora en esta área.

Si yo pude cambiar, sé que cualquier persona lo puede lograr. Seguí avanzando y progresando hasta ser una persona estable. La estabilidad es algo que Dios pide de todos nosotros. No espera la perfección de un día para otro, pero nos quiere ayudar a ser más y más como Él cada día.

El Señor es una roca

Él (Dios) es la Roca, cuya obra es perfecta, porque todos sus caminos son rectitud; Dios de verdad, y sin ninguna iniquidad en él; es justo y recto.

Deuteronomio 32:4

En el Antiguo Testamento leemos como Moisés no llegó a ser el líder usado por Dios para liberar a los israelitas de un día para otro. Después hablaremos más sobre él y su posición de liderazgo. Aquí, Moisés está hablando del Señor. Está compartiendo con los israelitas lo que ha aprendido sobre el carácter de Dios.

Les dice que Dios es un Roca, que no cambia, no se desvía, es estable, que Él es grande y no falla, que es fiel y justo, perfecto y recto en todo lo que hace.

A Dios se le designa como la Roca aquí y en otras escrituras porque es sólido y estable. No se mueve por las cosas que a nosotros nos mueven. En nosotros parece ser "natural" tener alti-bajas emocionales, ser movidos por nuestras circunstancias y sentimientos. Como ya vimos, el Señor no cambia; no puede ser movido. Tenemos que seguir su ejemplo si queremos llegar a ser grandes líderes.

LA ROCA ES NUESTRO EJEMPLO

Porque son nación privada de consejos, y no hay en ellos entendimiento. ¡Ojalá fueran sabios, que comprendieran esto, y se dieran cuanta del fin que les espera! ¿Cómo podría perseguir un a mil, y dos hacer huir a diez mil, si su Roca no lo hubiese vendido, y Jehová no lo hubiera entregado? Porque la roca de ellos no es como nuestra Roca, y aun nuestros enemigos son de ello jueces.

Deuteronomio 32:28-31

No hay seguridad igual a la que viene de nuestra Roca. La roca temporal del mundo no es como nuestra Roca de los siglos.

El que es nuestra Roca es un lugar de refugio. Él es estable, firme, fiel, siempre presente, siempre igual, siempre bueno y amoroso, siempre bondadoso y misericordioso. Nunca nos dejará ni desamparará. Y a nosotros nos toca ser moldeados a su imagen.[4] Él es nuestra Roca, pero también es nuestro Ejemplo. Debemos ser como Él es.

LA ROCA DE LA FE—UNA SIMIENTE FIRME

Viniendo Jesús a la región de Cesarea de Filipo, preguntó a sus discípulos, diciendo: ¿Quién dicen los hombres que es el Hijo del Hombre? Ellos dijeron: Unos, Juan el Bautista; otros, Jeremías, o alguno de los profetas. Él les dijo: Y vosotros, ¿quién decís que soy yo? Respondiendo Simón Pedro, dijo: Tú eres el Cristo, el Hijo del Dios viviente. Entonces les respondió Jesús: Bienaventurado eres, Simón, hijo de Jonás, porque no te lo reveló carne ni sangre, sino mi Padre que está en los cielos. Y yo también te digo, que tú eres Pedro (griego, Petros— *una grande piedra), y sobre esta roca (griego,* petra— *una enorme piedra, como peñón) edificaré mi iglesia, y las puertas del Hades no prevalecerán contra ella.*

Mateo 16:13-18

Al decir que Jesús era el Cristo, el Hijo de Dios, Pedro hizo una confesión de fe. Pedro demostró mucha fe al hablar estas palabras.

No creo que Pedro las haya dicho por casualidad o sin pensar lo que estaba diciendo. Creo que ha de haberlas dicho con tal sinceridad y firmeza que impresionó a Jesús ya que inmediatamente voltea y lo bendice. Entonces continuó diciendo que sobre esa roca, ese firme fundamento de fe, edificaría su iglesia.

Jesús le estaba diciendo a Pedro que si mantenía esa fe, sería una sustancia sumamente fuerte sobre la cual Dios podría edificar su reino en la vida de Pedro. Le decía que su potencial se desarrollaría a tal grado que ni las puertas del infierno podrían prevalecer contra él.

Pero esta promesa no es solamente para Pedro. Jesús nos dice lo mismo a ti y a mí. El problema es que no siempre tenemos fe. En ocasiones creemos y en ocasiones dudamos.

Estabilidad en la fe y confianza

Esperad en él en todo tiempo, oh pueblos; Derramad delante de él vuestro corazón; Dios es nuestro refugio.

Salmos 62:8

Es importante tener fe y confianza en Dios, no sólo de vez en cuando, sino **en todo tiempo.** Tenemos que aprender a vivir siempre en fe, confiando en el Señor cuando van bien las cosas y cuando van mal.

Es fácil confiar en Dios cuando todo va bien, pero cuando las cosas van mal y decidimos confiar en Dios, entonces se desarrolla nuestro carácter.

Entre más carácter se desarrolle en nosotros, más podremos desatar nuestra habilidad. Por eso digo que **la estabilidad desata la habilidad**. Esto sucede porque el carácter ayuda a mantener el esfuerzo de la habilidad.

Muchas personas cuentan con dones y talentos que les pueden llevar a lugares donde su carácter no los puede mantener. Los dones se **dan**, pero el carácter se **desarrolla**.

Siempre he tenido la habilidad de hablar. En la escuela hablaba tan bien que la maestra pensaba que yo sabía todo sobre todo lo que nos había enseñado, cuando la realidad era otra.

Siempre he sido una comunicadora y convencedora. Pero para que Dios pudiera confiar en mí para hablar a millones de personas cada día, tenía que tener carácter también, no sólo un don. Dios tenía que saber que no iba a decir una cosa un día y otra al siguiente, tenía que confiar en mí.

Por medio de disciplinar nuestras emociones, nuestros humores y nuestra boca podemos alcanzar una estabilidad que nos mantendrá en paz cualquiera que sea nuestra situación, para así caminar en el fruto del Espíritu—sintámoslo o no. Con mayor estabilidad viene la oportunidad de desatar más habilidad en nosotros.

En todo tiempo

Bendeciré a Jehová en todo tiempo; Su alabanza estará de continuo en mi boca.

Salmos 34:1

Fíjate que el salmista dice que bendecirá al Señor—**en todo tiempo.** Hay algunas otras cosas que la Biblia nos manda hacer en todo tiempo: resistir al diablo en todo tiempo,[5] creer en Dios,[6] amar a tu prójimo en todo tiempo[7]—no sólo cuando es conveniente o se sienta bien—.

Una de mis actividades preferidas después de una conferencia es ir a un restaurante y disfrutar de una buena comida. Trabajo duro y de esta manera me relajo. En una ocasión, hablé a un restaurante y, según yo, me dieron una reservación para unas 15 personas. Cuando llegamos, estaba llenísimo el lugar, y al entrar nos dijeron que no se hacían reservaciones.

Sentí frustración y pensé: —**Bueno, ¿por qué no nos dijeron cuando hablamos**? Luego me dije**: —Joyce, acabas de predicar una conferencia; simplemente sé agradable**.

Es sorprendente como el enemigo te prueba sobre algo que acabas de decir creer.

Nos esperamos cuarenta y cinco minutos por una mesa. Nos pusieron en una mesa grande y larga. La mesera nos tomó la orden de bebidas. En poco tiempo regresó con las bebidas sobre una bandeja, pero al intentar pasar entre la pared y la mesa, se atoró y se derramaron todas bebidas encima de mi esposo.

Dave portaba su mejor traje y ahora estaba empapado de agua y refresco. Podríamos haber explotado en ese momento con comentarios negativos como: "¿No puedes hacer bien tu trabajo?, ¿qué te pasa?, ya arruinaste nuestra ropa. ¡Nunca regresaremos!" Pero Dave se portó más que amable con la mesera después de todo. Le comentó que él había sido mesero y que algo similar le había sucedido.

Fue con el gerente y le dijo: "No quiero que la regañen. Hay demasiada gente y está haciendo un buen trabajo. No fue su culpa". Se pasó de amable, en verdad.

Ella regresó al poco tiempo con otra bandeja de bebidas y se notaba que había estado llorando. Nos dijo: "Me siento tan mal por haber hecho esto. Tengo apenas una semana trabajando y esta es mi primera mesa con mucha gente, y me siento tan apenada que les tiré las bebidas". Entonces se acercó un poco más y viéndome dijo: "Creo que también estoy un poco nerviosa porque usted está aquí. Veo su programa en la televisión todos los días".

En mi corazón les aseguro que éstas fueron mis palabras: **"¡Gracias Señor, gracias, gracias, gracias que no nos portamos mal tocante a esto!"**

¿Qué hubiera hecho, qué le hubiera dicho acerca de Dios, de líderes, de evangelistas, si oyéndome predicar cada día en la televisión nos hubiera visto enojarnos por un accidente como fue el tirar las bebidas?

Sentí coraje, no lo niego. La Biblia nunca dice que el pecado muere. Dice que si Cristo murió por nuestro pecado, nosotros debemos considerarnos como muertos al pecado.[8] Si esperamos a que muera el pecado, tendremos una larga espera. Lo que quiero decir con "que muera el pecado", es que esperemos ya no ser tentados por el pecado. Siempre seremos tentados—lo dice la Biblia—, pero a los discípulos, Jesús les enseñó que oraran para que cuando llegara la tentación, no cayeran en ella.[9]

La carne no muere, tenemos que hacerla morir como nos dice Colosenses 3:5: *Haced morir, pues, lo terrenal en vosotros: fornicación, impureza, pasiones desordenadas, malos deseos y avaricia . . .* Lo hacemos morir al no rendirnos a ello.

No pierdes el potencial que has desarrollado al caer en el pecado, pero sí detienes su progreso—no sólo el tuyo sino el de otros a tu alrededor también.

Dios, por eso, hace desarrollar su carácter en nosotros antes de soltarnos—porque si no tenemos estabilidad, traeremos daño a su prestigio en lugar de ayuda—.

Parte 2

El corazón de un líder

Capítulo 5

Las condiciones negativas del corazón, parte 1

Vuestro atavío no sea el externo de peinados ostentosos, de adornos de oro o de vestidos lujosos, sino el interno, el del corazón, en el incorruptible ornato de un espíritu afable y apacible, que es de grande estima delante de Dios.
1 Pedro 3:3,4

El corazón, lo interno, es para Dios una de las cosas más importantes de un líder.[1] Lo que vemos de las personas, no es necesariamente la realidad de las cosas. Podemos hablar y comportarnos como si todo estuviera muy bien, pero por dentro estamos dolidos, y quizá todo sea miserable en nuestra vida.

Creo que Dios se interesa más por nuestro corazón que por las cosas que hacemos porque si está bien el corazón, lo demás también estará bien. Pero si nos dedicamos a hacer las cosas correctas con un corazón que no está bien, nuestra actividad no le importará a Dios.

Para mí, una de las cosas más trascendentales como líder, ha sido lo que Dios me mostró sobre la vida interior, el hombre escondido en el corazón. ¿Qué pasa dentro de nosotros? ¿Qué clase de corazón tenemos? ¿Cómo somos de verdad, por dentro? ¿Cómo son nuestros pensamientos? ¿Cuál es nuestra actitud? ¿Qué sucede tras puertas cerradas? **Si nuestro deseo es ser un buen líder, tendremos que estudiar más a fondo aquellas cosas de las que nadie mas que nosotros y Dios, se da cuenta.**

Hace años, Dios comenzó a tratar conmigo sobre la importancia de la vida interior. Es fácil no captar la importancia de ella porque tendemos a ser orientados a lo exterior. Muchos pasamos toda nuestra vida tratando de mantener las apariencias, olvidando la otra parte desconocida, escondida, acerca de quiénes somos, pero esa parte es la que más le interesa a Dios y con la que Él tiene más contacto. Mientras todo el mundo se ocupa en conquistar el "espacio exterior", nosotros debemos interesarnos en conquistar el "espacio interior".

Cuando Dios comenzó a tratar conmigo sobre este asunto, hice un estudio, e hice una serie de lecciones sobre el tema. Me da tristeza que no se haya vendido muy bien esa serie. Las personas arrebatan enseñanzas sobre sanidad, prosperidad y éxito, pero no quieren enseñanza sobre madurez, humildad y obediencia.

En una ocasión grabé unos casetes de enseñanza sobre la obediencia pero les puse el título "Cómo ser radical y extremadamente bendecidos". Esos casetes se venden muy bien porque la gente quiere bendición; pero si le hubiera puesto "Cómo ser radical y extremadamente obediente" pocos lo hubieran comprado. La verdad es que para ser extremadamente bendecido tienes que ser extremadamente obediente.

A decir verdad, todos queremos ver resultados, sin embargo no queremos hacer lo requerido para ver dichos resultados. Por esta causa, muchas personas le dan vueltas a la misma montaña toda su vida, y nunca logran nada.

En su primera carta, el apóstol Pedro usa el ejemplo de la joyería y ropa, pero eso no es en realidad el corazón de lo que nos quiere decir. Nos quiere decir que no debemos preocuparnos tanto acerca de cómo nos perciben otras personas sino debemos preocuparnos por lo que hay muy dentro de nosotros. Es importante aprender a vivir más allá de la apariencia superficial, y enfocarnos hacia cómo vivir en lo profundo.

En el capítulo 5 de Lucas, encontramos la historia de cuando Pedro y sus hombres estuvieron pescando toda la noche sin recoger nada y cuando guardaban sus redes llega Jesús por la orilla del mar y les dice: "Boga mar adentro, y echad vuestras redes para pescar" (vs. 4).

Muchas personas que se encuentran en la iglesia están pescando pero no han sacado nada, como quien dice, porque no echan sus redes en lo profundo. Como resultado, viven una vida superficial y no pueden gozar de la satisfacción que viene al vivir una vida en la profundidad.

VIVE DE LA MANERA CORRECTA

Este pasaje de Lucas es una de las cosas que Dios usó para realmente comenzar a cambiar mi vida. Me dio a entender que a Él no le importan las cosas exteriores como títulos impresionantes o las veces que nos inviten a predicar. Él quiere que los líderes tengan en buen estado su corazón. Quiere que nuestro deseo de estar en el ministerio tenga su raíz en el deseo de ayudar a las personas y no en el deseo por la fama. El llamado de los líderes no es a la fama; nuestro llamado es a mucho trabajo, a la servidumbre, al sacrificio, etc. Ministerio se deletrea T-R-A-B-A-J-O.

Puedo decir junto con Pablo en su carta a los Corintios, que el ministerio sí lleva consigo muchos beneficios.[2] Sin embargo, todas nuestras obras pasarán por el fuego,[3] ya que no se trata de lo que hacemos, sino el porqué hacemos lo que hacemos.

Cuando dejemos esta tierra y pasemos por enfrente de los ojos de fuego de Jesús, creo que cada obra será sometida a prueba y será juzgada por su pureza, si nuestra motivación era la correcta o no. Así que, permitamos que el Espíritu Santo escudriñe nuestro corazón y que nos muestre cualquier actitud incorrecta—y permitámosle desarraigar lo que no tenga lugar en nosotros para nuestro cambio—.[4]

¿Para qué seremos cambiados? Seremos cambiados para vivir de la manera correcta, y así traeremos bendición y gloria a Dios, quien se alegrará con nosotros. De otra manera, cualquier otra cosa que estemos haciendo, será en vano.

Abrimos la puerta al enemigo si no permitimos que Dios trate con nuestras faltas. Satanás llega a nuestras vidas por medio de nuestras faltas. Dios desea prevenir que el diablo tenga alguna parte en nuestra vida, pero para eso necesita de nuestra cooperación. Cuando Jesús dice en Juan 14:30 que Satanás no tiene parte con Él, lo que está diciendo es que no le dará oportunidad por medio de faltas con las que no ha tratado. Jesús siempre obedeció al Padre pronta y completamente.

Encontramos un buen ejemplo en Efesios 4:26,27 cuando se nos manda no permitir que el sol se ponga sobre nuestra ira, y si lo permitimos, damos lugar al diablo. Los que viven según sus emociones se mantendrán enojados hasta que **sientan** dejarlo. Aquellos que viven según la palabra de Dios, rehusarán quedarse enojados simplemente porque Dios así lo manda en Su Palabra. No es difícil percatarnos de porqué algunas personas viven en victoria mientras otras viven en casi total derrota.

Un espíritu afable y apacible

En 1 Pedro 3:4, el apóstol Pedro nos dice que Dios desea que tengamos un espíritu afable y apacible, un espíritu sin ansiedad o agitación. No nos quiere ver agitados, sino caminando de continuo en paz y tranquilidad de espíritu y lograr esto en el mundo en que vivimos es un trabajo de tiempo completo. Pero sí es posible si estamos pidiendo que Dios ponga su corazón, su pensar y sentir en nosotros, sus deseos. También debemos pedirle que ponga en nosotros un odio por el pecado como el que Él tiene, sin dejar de amar al pecador.

En Hechos 13:22, leemos que David fue un hombre según el corazón de Dios. Sabemos que David cometió errores muy graves, sin embargo después de haber pecado, se arrepintió y restauró su relación con Dios.[5] Pagó el precio por sus pecados, pero todavía tenía un corazón conforme al de Dios.

A mí no me interesa ser conocida como una gran predicadora, pero sí como alguien que camina en amor y según el corazón de Dios.

Todos necesitamos tener esto. Es imperativo que un líder tenga bien su corazón porque ministra de ese corazón, y el corazón es el centro de su ser: su espíritu, su mente, su ser interior.

No es necesario ser perfecto para ministrar, pero no podemos darle a alguien algo que no poseemos.

¿Cómo podremos ministrarle victoria a alguien si no tenemos nosotros victoria? ¿Cómo ministraremos paz a las personas si nosotros no tenemos paz? Y aunque nuestras circunstancias no siempre serán pacíficas, Dios puede enseñarnos a estar en paz mientras las atravesamos.

PAZ EN LA TORMENTA

En Marcos 4:35-41 tenemos el relato de una tormenta que se levantó mientras Jesús y sus discípulos cruzaban el Mar de Galilea. Los discípulos se asustaron, pero Jesús con calma reprendió a la tormenta, hablando paz, y se calmó.

¿Sabes por qué Jesús pudo hablar paz a la tormenta? **Porque nunca permitió que la tormenta llegara a afectar su interior.** Los discípulos no pudieron calmar la *tormenta* porque se encontraban tan agitados como ella. Recuerda, no podemos dar algo que no poseemos. Jesús les dio paz porque tenía paz para dar. Su corazón estaba tranquilo y había paz dentro de él.

Quiero que sepas que mi deseo es ser alguien que traiga paz y tranquilidad a las personas con quienes esté. Quiero ser una persona que al entrar a un lugar lleno de conflicto, vea un efecto tranquilizante al cabo de minutos de mi arribo.

Cuando Jesús caminaba sobre la tierra, algo emanaba de Él—la unción o poder de Dios salía de Él—. Constantemente irradiaba de Él y traía sanidad y salvación a todos cuantos salían a su paso. Y esto tenía que ver más con el fundamento de cómo vivía que con algo que Dios le hubiera dado.

Claro que había recibido una unción, pero dicha unción no podría haberse desatado si su vida no la estuviera viviendo correctamente. Precisamente por eso nunca permitió que el enemigo le molestara, porque no permitía que las tormentas llegaran a su interior. Mantenía calmado, apacible y amoroso su corazón, y como vimos antes, debemos ser como Él.

Guarda tu corazón

Proverbios 4:23 nos dice: *Sobre toda cosa guardada, guarda tu corazón; Porque de él mana la vida.* Sabemos que esto es para todo creyente en general, pero para un líder es crucial. Tenemos que ser diligentes en guardar nuestro corazón. En Filipenses 4:6,7 encontramos la manera cómo podemos hacer esto: *Por nada estéis afanosos, sino sean conocidas vuestras peticiones delante de Dios en toda oración y ruego, con acción de gracias. Y la paz de Dios, que sobrepasa todo entendimiento, guardará vuestros corazones, y vuestros pensamientos en Cristo Jesús.*

Esto de guardar nuestro corazón es como cuando un soldado guarda una ciudad en peligro de invasión. Hay muchas cosas que han invadido nuestro corazón, es necesario repudiarlas. Dios puede mostrarnos, si se lo permitimos, cuáles son aquellas cosas que han invadido nuestro corazón y las puede expulsar para que podamos mantener un corazón en paz y sereno.

Condiciones del corazón

> *De veinticinco años era Amasías cuando comenzó a reinar, y veintinueve años reinó en Jerusalén; el nombre de su madre fue Joadán, de Jerusalén. Hizo lo recto ante los ojos de Jehová, aunque no de perfecto corazón.*
>
> 2 Crónicas 25:1,2

Al hablar Dios sobre nuestro corazón o al pedírnoslo, está pidiendo toda nuestra vida, toda nuestra personalidad, carácter, cuerpo, mente y emociones que se encuentran en nuestro espíritu. La realidad de quién eres se encuentra en tu corazón, y no es necesariamente lo que ven los demás. La iglesia y el mundo están buscando personas reales, sinceras.

En ocasiones cuando las cosas no se dan como quisiéramos, no nos damos cuenta que probablemente es porque nos hemos preocupado demasiado en lo exterior en lugar de fijarnos en aquello que concierne al corazón. En esta sección del libro veremos algunas de las condiciones del corazón, aquello que afecta nuestra vida interior.

De hecho, existen muchas condiciones del corazón, algunas positivas y otras negativas. Existen muchas personas que aman a Dios con todo su corazón, y realmente quieren hacer lo correcto en cada situación, tienen un corazón recto. Pero están también aquellas personas que hacen lo correcto con la motivación incorrecta.

En 2 Crónicas 25:1,2 vemos a un rey que en su corazón existía una condición negativa. El rey Amasías hizo todo lo correcto pero con la actitud incorrecta, así que, Dios no tuvo contentamiento en él. Esto da temor, porque podemos hacer lo correcto, y aún no ser aceptables a Dios porque la condición de nuestro corazón está mal. Vamos a tomar como un ejemplo el dar.

En 2 Corintios 9:7 vemos que Dios se agrada en un dador alegre, alguien que da, no por obligación o con una mala actitud, sino porque tiene un corazón dispuesto. De hecho, a Dios le gusta tanto un dador alegre que se las verá para que nunca le falte nada.

Alguien ha dicho que aunque a Dios le gusta que demos con alegría, tomará nuestra ofrenda aunque la demos de mala gana. Tomará nuestro dinero y lo usará para edificar su reino, pero pide otra clase de actitud cuando damos.

Existe un corazón físico y también un corazón espiritual y los dos son paralelos. En lo físico, el corazón es el órgano más importante, y creo que en lo espiritual también toma primer lugar de importancia. Como es lo más valioso que se le puede dar a Dios, la actitud y condición del mismo es de suma importancia.

La actitud del corazón debe tomar preeminencia en la vida de un líder, y debería ser así con cualquier creyente. En lo personal, creo que una actitud incorrecta del corazón impide más el progreso y realización de una vida que una falta de habilidad o potencial. Veamos algunas de estas actitudes incorrectas.

1. *Un corazón lleno de maldad*

> *Y vio Jehová que la maldad de los hombres era mucha en la tierra, y que todo designio de los pensamientos del corazón de ellos era de continuo solamente el mal. Y se arrepintió Jehová de haber hecho hombre en la tierra, y le dolió en su corazón. Y dijo Jehová: Raeré de sobre la faz de la tierra a los hombres que he creado, desde el hombre hasta la bestia, y hasta el reptil y las aves del cielo; pues me arrepiento de haberlos hecho. Pero Noé halló gracia (favor) ante los ojos de Jehová.*
>
> Génesis 6:5-8

Podemos ver tres cosas que desagradaban a Dios de las personas en este pasaje: la maldad, las malas imaginaciones y los malos pensamientos. Como esto describía la condición del corazón de toda la humanidad, Dios decidió destruir al hombre, pero Noé halló favor y gracia en los ojos de Dios.

Noé debió ser un hombre con un corazón recto; de otra manera, hubiera sido destruido junto con las personas de su época.

La lección que podemos recibir de este relato es que mucha gente hoy en día es destruida por el simple hecho de que su corazón está mal. No tienen cuidado de lo que hacen con su imaginación.

Es imposible saber cuántas áreas de nuestra vida se corregirían si sólo mantuviésemos bien nuestro corazón ante Dios. Quizá nuestros corazones no se encuentran llenos de las maquinaciones, malos pensamientos y perversión de las personas de Génesis 6, pero una mala actitud o manera equivocada de pensar se podría designar como malos pensamientos. Es muy importante mantener una actitud correcta ante Dios.

Es tan importante tener un corazón tierno, que después hablaremos más a fondo sobre este tema. Ser sensibles a la voz de nuestra conciencia es crucial, porque así nos daremos cuenta de inmediato si tenemos alguna mala actitud y podremos hacer algo al respecto. Por eso Dios nos manda guardar sobre todas las cosas nuestro corazón porque de él mana la vida.

En la mayoría de los casos, no guardamos lo suficiente nuestro corazón de las cosas que pueden contaminarlo. Es necesario reconocer que no produciremos gloria o algo bueno, si estamos permitiendo la entrada a cosas malas. Es esencial cuidar no sólo nuestras actividades sino también nuestra imaginación, nuestros pensamientos, intenciones, motivaciones y actitudes porque de no ser así podríamos terminar con un corazón lleno de maldad.

2. *Un corazón endurecido*

> *Por lo cual, como dice el Espíritu Santo: si oyereis hoy su voz, no endurezcáis vuestros corazones, como en la provocación, en el día de la tentación en el desierto.*
>
> Hebreos 3:7,8

Al parecer, según esta escritura, un corazón endurecido crea rebelión. Si una persona tiene un corazón duro, es difícil que le crea a Dios, y esto le puede llevar a la siguiente condición que les quiero compartir.

3. *Un corazón malo de incredulidad*

> *Mirad, hermanos, que no haya en ninguno de vosotros corazón malo de incredulidad para apartarse del Dios vivo.*
>
> Hebreos 3:12

En este capítulo de Hebreos alcanzamos ver dos condiciones erróneos del corazón—un corazón endurecido y un corazón malo de incredulidad—. Esta segunda condición es un problema muy grave ya que todo lo que recibimos de parte de Dios, viene porque creemos, teniendo una fe sencilla, como un niño.[6]

Nos designamos creyentes, pero a la verdad habemos muchos "creyentes incrédulos".

Compartiré algo contigo. Yo batallaba mucho en esta área. Había cosas en las que no me costaba trabajo creer, pero existían otras en las que simplemente no podía creer y no sabía qué era lo que me pasaba. Después de varios años, Dios me mostró que era por la dureza de mi corazón, mismo que se encontraba en dicha condición a raíz de los años de abuso sufrido en mi niñez.

Las personas que han sufrido abuso, comúnmente desarrollan cierta dureza como mecanismo de defensa propia. Es la única manera en que logran sobrevivir la situación que viven. Llegan al punto en que nada les afecta. Como han sido tan lastimados, toman la actitud de que nada les podrá lastimar, sea lo que sea.

Así me encontraba yo. Cuando Dios me tocaba para lograr que yo le creyera y confiara en Él, me era difícil hacerlo por la dureza de mi corazón. Por años había practicado no confiar en nadie—ahora Dios pedía que yo confiara en Él—.

Es tan importante llegar a un punto donde es fácil creer; sin ser lentos en creerle a Dios sino prontos en confiar en Él.

Moisés llegó a un punto cuando no le fue fácil creerle a Dios.[7] Podemos decir muchas cosas muy buenas sobre Moisés, y de ninguna manera lo quiero hacer menos. Era un líder increíble. No sé cómo logró guiar a esas millones de personas en el desierto por cuarenta años. Yo me hubiera dado por vencida a la primera vuelta de la montaña. Pero como vimos anteriormente, en un momento, Moisés desagradó a Dios y el Señor le prohibió la entrada a la Tierra Prometida.

Moisés llegó a un punto en donde su corazón era lento para creerle a Dios. Se encontraba cansado y agotado, y cuando nos encontramos así, es más difícil creer lo que Dios nos está diciendo. Por eso es tan importante que cada día nos mantengamos enfocados y lúcido espiritualmente para que nuestra fe sea pronta en creer e impidamos que alguna duda o incredulidad se mezcle con nuestro progreso de fe en fe.[8]

En muchas ocasiones, las visiones y sueños que Dios nos quiere revelar nunca llegan a ser cumplidos porque lo primero que hacemos es dudar que puedan ser posibles. En Hebreos 3:12 Dios le llama a esta falta de fe un corazón malo de incredulidad—y quiere librarnos de él—. Desea que seamos llenos de aquella fe sencilla como de niño.

Cuando comencé mi relación con Dios hace muchos años, el énfasis en la iglesia era la sanidad y manifestación de los dones, en especial la profecía individual. Parecía que todo mundo le profetizaba a todo mundo con las palabras, "Así dice el Señor . . ."

Me parecía que en ocasiones no era algo realmente de Dios; que era algo que no iba a suceder, que las personas intentaban de cierta manera forzar a que sucediera. Terminé con un corazón tan duro e incrédulo, que cuando Dios quiso comenzar a usarme en sanidad y en los dones del

Espíritu era muy difícil para mí. Las personas sanaban en mis reuniones, pero me era difícil creer aquello. Me preguntaba **si en realidad habían sido sanas.**

He avanzado mucho desde aquellos tiempos, pero porque yo no quería tener un corazón duro y lleno de incredulidad; oré por mucho tiempo, hasta que mi corazón creyó.

Una de las razones por las que batallé tanto para creer, es porque toda mi vida se me había dicho que no podía confiar en nadie y si alguien me daba algo era porque esperaban otra cosa a cambio. Al recibir esta clase de enseñanza durante los años formativos de la niñez es difícil deshacerse de ello de un día para otro.

Un persona con un corazón endurecido, por lo general, batalla en demostrar misericordia cuando alguien falla. Las personas con un corazón endurecido, tienden a ser personas legalistas y exigentes. Han sido lastimadas y heridas emocionalmente.

Recuerda que Jesús desea restaurar tu alma.[9] Parte de tu alma son tus emociones y te animo que permitas que Él entre a los lugares que nadie sino Jesús puede alcanzar. Finalmente yo permití esto, y aunque dificultoso, valió la pena.

Una cosa es segura: nunca llegaremos al lugar donde necesitamos estar si rehusamos reconocer dónde nos encontramos. Fingir y actuar como si tuviéramos algo con lo que no contamos no funcionará. La verdad es lo que nos trae libertad.[10]

Si tú tienes este problema, arrepiéntete y pídele a Dios que ponga su corazón en ti. Que te cambie para ser una persona según su corazón, según sus deseos.

4. Un corazón engañado o envanecido

> *Guardaos, pues, que vuestro corazón no se infatúe, y os apartéis y sirváis a dioses ajenos, y os inclinéis a ellos; y se encienda el furor de Jehová sobre vosotros, y cierre los cielos, y no haya lluvia, ni la tierra dé su fruto, y perezcáis pronto de la buena tierra que os da Jehová.*
>
> Deuteronomio 11:16,17

Existen muchas cosas que se pueden convertir en un dios para nosotros. Aun un ministerio se puede convertir en un dios. Tener un ministerio y verlo crecer puede llegar a tener la misma importancia que Dios mismo. Siempre recordemos que Dios es el que pone la visión para el ministerio en nuestros corazones, nos llama y pone en nosotros el deseo. Siempre mantengamos a Dios en su lugar de preeminencia e importancia en nuestras vidas ya que si ponemos aquello con lo que nos ha bendecido antes que Él, lo ofendemos.

En el pasaje anterior, Dios nos está diciendo que si no conservamos bien nuestro corazón ante Él, no podremos recibir sus bendiciones. No tiene nada que ver con reprender al enemigo. Nos gusta creer que si el diablo nos deja en paz, todo marchará bien y esto sencillamente no es verdad. Lo tenemos al revés. Si vivimos correctamente, el diablo no nos derrotará. Quizá nos moleste, pero no tendrá poder sobre nosotros, así como no lo tuvo sobre Jesús.

> *Por tanto, pondréis estas mis palabras en vuestro corazón y en vuestra alma, y la ataréis como señal en vuestra mano, y serán por frontales entre vuestro ojos. Y las enseñaréis a vuestros hijos, hablando de ellas cuando te sientes en tu casa, cuando andes por el camino, cuando te acuestes, y cuando te levantes, y las escribirás en lo postes de tu casa, y en tus puertas; para que sean vuestro días, y los días de vuestros hijos, tan numerosos sobre la tierra que Jehová juró a vuestros padres que les había de dar, como los días de los cielos sobre la tierra.*
>
> Deuteronomio 11:18-21

¿Te das cuenta de lo que debían hacer estas personas? Debían copiar las escrituras en las puertas de sus casas, en sus frentes, en sus manos y en sus brazos. Debían hablar todo el día de ellas, en todo lugar—sentados, acostados o caminando—. ¿Por qué se les mandó hacer todo esto? Porque Dios sabe que esta es la única manera, al conocer Su Palabra, en que las personas pueden cuidar su corazón para llegar a ser como dice Jesús en Juan 8:31,32: . . . Si vosotros permaneciereis en mi palabra, seréis verdaderamente mis discípulos; y conoceréis la verdad, y la verdad os hará libres.

Si no nos importa lo suficiente la palabra de Dios como para permanecer en ella, nos encontraremos en problemas en estos días. Lo insignificante de lo exterior no será suficiente para mantenernos. Es necesario tener seriedad en estudiar la Palabra. El conocer la palabra de Dios nos protege de ser engañados por falsas doctrinas.

Todos debemos pedirle a Dios que nos protege de ser engañados y nos deje saber cuáles son las áreas en las que podríamos estar equivocados. Somos engañados cuando creemos una mentira y Satanás de continuo nos está mintiendo; y sin un buen conocimiento de la palabra de Dios, no podremos reconocer sus mentiras.

Algunas personas se engañan a sí mismas.[11]

Existieron tiempos en mi vida, antes de estar rendida a Dios como lo estoy ahora, en que Dios me ponía el deseo de regalar algo que yo no deseaba regalar. Aprendí de haber cometido estos errores, lo fácil que es engañarme a mí misma cuando Dios me pedía algo que no quería soltar.

Inventamos muchas excusas, incluyendo la de que Dios no puede estar tratando con nosotros y decimos que es el enemigo tratando de hacernos sufrir pidiendo cosas que son preciosas para nosotros. Es fácil volvernos unos "sordos espirituales" cuando Dios nos habla algo que preferimos no escuchar.

Para los líderes que desean vivir una vida victoriosa, un corazón engañado o envanecido no es opción. Tenemos que aprender a vivir abierta y honestamente, siempre caminando en la luz de Su Palabra.

5. Un corazón orgulloso

. . . No sufriré al de ojos altaneros y de corazón vanidoso.

Salmos 101:5

¿Ha tratado Dios contigo en algún momento por cuestión del orgullo?

Hace algunos años, Dios me dirigió a un libro escrito por Andrew Murray sobre la humildad,[12] fue una tarea poco agradable para mí ya que tenía un corazón orgulloso. Aunque contaba con el llamado de Dios en mi vida, tenía el don de comunicación y mucho potencial, también tenía un problema con el orgullo, y una persona orgullosa nunca quiere reconocer que tiene un problema con el orgullo.

Hay muchas personas repletas de potencial, pero al no rectificar su corazón, vivirán sin desarrollarlo. Poseer potencial no significa que se caminará en ese potencial.

Dios nos usa, pero conforme desee ascendernos, tiene que cambiarnos. Nos muestra nuestras actitudes que no convienen y condiciones del corazón que necesitan ser cambiadas.

En una ocasión grabé unas enseñanzas tituladas "El orgullo y la humildad". Nadie compraba los audiocasetes por cuestión de su orgullo y por el temor de que alguien los viera con dichas grabaciones.

¿Cómo puedes saber que tienes un problema con el orgullo? Examínate. Si tienes una opinión sobre todo, tienes un problema con el orgullo. Si juzgas todo, tienes un problema con el orgullo. Si no te pueden corregir, tienes un problema con el orgullo. Si te rebelas contra la autoridad, si te quieres llevar la gloria por todo, si dices "yo" demasiado; entonces tienes un problema con el orgullo.

Es tan difícil permitir que Dios remueva todo lo incorrecto de nuestras vidas, pero es esencial para el liderazgo y ministerio. Es interesante que la mayoría de las personas que nacen con una habilidad de ser líderes, también cuentan con un espíritu orgulloso. Simplemente creen tener siempre la razón. Para lograr algo importante, sí es necesario tener una certeza de sí mismo, pero también es muy necesario poder reconocer que no siempre se tendrá la razón y aceptar corrección si se requiere. Sin una porción de humildad, nos encontraremos en problemas.

Controla tu orgullo

Así salvó Jehová a Ezequías y a los moradores de Jerusalén de las manos de Senaquerib rey de Asiria, y de las manos de todos; y les dio reposo por todos lados. Y muchos trajeron a Jerusalén ofrenda a Jehová, y ricos presentes a Ezequías rey de Judá; y fue muy engrandecido delante de todas las naciones después de esto.

2 Crónicas 32:22,23

En respuesta a las oraciones del rey Ezequías y del profeta Isaías, el Señor salvó al rey y Judá de sus enemigos y, como resultado, Ezequías fue engrandecido ante todos los pueblos. Dios no está en contra de esto. Si llegas a ser líder, las personas te honrarán y respetarán. Querrán hacer cosas amables para ti. No es del todo malo, pero es peligroso. Como podemos ver en este pasaje, la admiración que se tenga hacia un líder, o cómo percibe el líder esto, de no controlarse, puede llevar al orgullo así como pasó con Ezequías:

En aquel tiempo Ezequías enfermó de muerte; y oró a Jehová, quien le respondió, y le dio una señal. Mas Ezequías no correspondió al bien que le había sido hecho, sino que se enalteció su corazón, y vino la ira contra él, y contra Judá y Jerusalén. Pero Ezequías, después de haberse enaltecido su corazón, se humilló, él y los moradores de Jerusalén; y no vino sobre ellos la ira de Jehová en los días de Ezequías.

2 Crónicas 32:24-26

Creció el orgullo en el corazón de Ezequías, a consecuencia, se enfermó y casi muere, pero se humilló y arregló cuentas con Dios. Veamos en 2 Crónicas 32:27, 29-31 los resultados:

Y tuvo Ezequías riquezas y gloria, muchas en gran manera; y adquirió tesoros de plata y oro, piedras preciosas, perfumes, escudos, y toda clase de joyas deseables. . .Adquirió también ciudades, y hatos de ovejas y de vacas en gran abundancia; porque Dios le había dado muchas riquezas. Este Ezequías cubrió los manantiales de Gihón la de arriba, y condujo el agua hacia el occidente de la ciudad de David. Y fue prosperado Ezequías en todo lo que hizo. Mas en lo referente a los mensajeros de los príncipes de Babilonia, que enviaron a él para saber del prodigio que había acontecido en el país, Dios lo dejó, para probarle, para hacer conocer todo lo que estaba en su corazón.

Se me hace muy interesante que cuando Ezequías se volvió a Dios, fue prosperado y honrado, bendecido. Esto es lo que sucede cuando alguien se compromete de lleno con el Señor. Tarde o temprano, su ministerio será prosperado, las personas lo verán con respeto. Pero si cae en el orgullo, una de dos cosas tienen que suceder.

Dios trata con ellos y pueden, como Ezequías, volver en arrepentimiento y regresar a un lugar de humildad, y así Dios les puede seguir bendiciendo increíblemente. De lo contrario, rehusan arrepentirse, irán perdiendo las bendiciones de Dios y repentinamente perderán su lugar de honor.

Es un asunto vital. No hay persona que esté siendo usada por Dios que no sea atacada y tentada por un espíritu de orgullo. Un corazón recto ante Dios no llega automáticamente; requiere de esfuerzo mantener un corazón puro ante Él. Es de trabajo diario, y algo que tenemos que vigilar diaramente tiene su raíz en el orgullo: la auto-justificación.

Satanás usará cualquier medio a su alcance para lograr que nuestro corazón tenga malas actitudes, por eso es tan importante responder de inmediato a Dios cuando trata con nosotros sobre alguna cosa.

Si queremos estar delante de Dios algún día y decir, así como lo hizo Jesús en Juan 17:4, Yo te he glorificado en la tierra; he acabado la obra que me diste que hiciese, tendremos que mantener un corazón recto ante Dios. Salmos 101:5 nos dice que Dios no tolerará al de ojos altaneros, orgullosos ni al de corazón vanidoso, arrogante.

6. Un corazón presuntuoso

> *Y el hombre que procediere con soberbia, no obedeciendo al sacerdote que está para ministrar allí delante de Jehová tu Dios, o al juez, el tal morirá; y quitarás el mal de en medio de Israel. Y todo el pueblo oirá, y temerá, y no se ensoberbecerá.*
>
> Deuteronomio 17:12,13

En el Antiguo Testamento, Dios trataba de una manera muy distinta con su pueblo a como lo hace hoy en día. Estoy tan contenta porque vivo bajo la gracia. Al estudiar cómo trataba Dios con el pecado bajo el Antiguo Pacto, podemos captar la importancia de éste y así nos servirá de advertencia cuando le damos menos importancia o hasta ignoremos el pecado entre nosotros.

Dios les está diciendo a sus líderes que si actúan con presunción, serán muertos. Como líderes, con nuestras acciones estamos diciendo que está bien seguir nuestro ejemplo, pero Dios está diciendo que no permitirá la presunción entre sus líderes, no quiere que todos piensen que está bien actuar de una manera presuntuosa.

Precisamente por eso es tan importante mantener correcto nuestro corazón ante Dios porque el liderazgo es una gran responsabilidad, y no sólo consiste en pararnos frente a una congregación para ejercer los dones espirituales. Nuestras vidas detrás del escenario necesitan estar bien; tenemos que guardarnos constantemente de la presunción.

La presunción provoca la falta de respeto y una actitud rebelde hacia las autoridades. Una persona presuntuosa cree que no tiene que escuchar o hacerle caso a los que han sido puestos sobre de él.

La *presunción* se define como "fatuidad, engreimiento, vanagloria, suposición".[13] Las personas presuntuosas hablan cuando deberían callar. Intentan dictar instrucciones a aquellos de quienes deberían recibir ordenes. Además, hacen las cosas sin pedir permiso.

La presunción es un grave problema y tiene su raíz en un corazón que no está bien, como leemos en 2 Pedro 2:10,11 donde habla de aquellos que, siguiendo la carne, andan en concupiscencia e inmundicia, y desprecian el señorío. Atrevidos y contumaces, no temen decir mal de las potestades superiores, mientras que los ángeles, que son mayores en fuerza y en potencia, no pronuncian juicio de maldición contra ellas delante del Señor.

Dios no quiere presunción, quiere humildad.

7. Un corazón hipócrita

> *Por lo cual eres inexcusable, oh hombre, quienquiera que seas tú que juzgas; pues en lo que juzgas a otro, te condenas a ti mismo; porque tú que juzgas haces lo mismo.*
>
> Romanos 2:1

La única manera en que una persona puede juzgar y condenar a alguien por hacer las cosas que ella misma hace, tiene que ser viviendo en engaño. Sin embargo, hasta cierto punto, todos hacemos esto. Nuestra tendencia es vernos a través de lentes de color de rosa y a todos los demás a través de una lupa. Hacemos excusas por nuestro comportamiento mientras declarando juicio sobre otro que haga lo mismo; esta es la actitud de un corazón hipócrita.

Un hipócrita es una persona falsa, se hace pasar por algo o por alguien mientras su corazón no está bien.

Hay personas que hacen cosas realmente necias, sin embargo Dios las sigue usando. La razón de esto es que a pesar de sus errores humanos, sus corazones están bien ante Él. Por eso dice que aunque nosotros juzgamos por la apariencia, Él juzga viendo el corazón[14] y dice que David fue un hombre según Su corazón.

El Hijo de Dios, Jesús, también miraba el corazón, y por eso dijo a los fariseos y escribas de Su tiempo:

En la cátedra de Moisés se sientan los escribas y los fariseos. Así que, todo lo que os digan que guardéis, guardadlo y hacedlo; mas no hagáis conforme a sus obras, porque dicen, y no hacen. Porque atan cargas pesadas y difíciles de llevar, y las ponen sobre los hombros de los hombres; pero ellos ni con un dedo quieren moverlas.

Mateo 23:2-4

¿Qué estaba diciendo Jesús de estas personas? Estaba diciendo que sus corazónes estaban muy mal, estaban podridos. Antes, hacen todas sus obras para ser vistos por los hombres. Pues ensanchan sus filacterias, y extienden los flecos de sus mantos; y aman los primeros asientos en las cenas, y las primeras sillas en las sinagogas, y las salutaciones en las plazas, y que los hombres los llamen: Rabí, Rabí.

Mateo 23:5-7

Jesús dijo que estas personas eran hipócritas porque hacían una gran representación de ser santos mientras negaban ayudar a su prójimo, aunque ayudar a los demás es la esencia de lo que los ministros y líderes debieran hacer.

Estas personas eran orgullosas y altivas. Hacían buenas obras sólo para ser vistos por las multitudes, para que pensaran que eran grandes e importantes personajes. Jesús nos habló de todos sus hechos fingidos en Mateo 6:1,2,5, diciendo: . . . de cierto os digo que ya tienen su recompensa.

En una ocasión, me estaba haciendo un manicur en un local que frecuentaba. Se dio el caso que traía puesto un prendedor con el nombre "Jesús" y Dios me dijo que se lo diera a una enfermera que se encontraba allí platicando de como cuidaba a pacientes sufriendo de cáncer, y no podía compartirles de Dios pero tenía el deseo de poder hacer algo por ellos.

El Señor habló a mi corazón para darle ese prendedor y así ella podría usarlo y por lo menos el nombre de Jesús daría algo de consuelo y aliento a sus pacientes. Me detuve porque sentía que el Señor quería que lo hiciera en privado, y no podía ya que la muchacha que me hacía manicur se encontraba allí.

De pronto, la muchacha se paró y dijo: "Se me terminó algo. Voy al lado por más, luego vengo".

Sabía que Dios me estaba dando la oportunidad de regalar el prendedor privadamente, pero mi carne quería recibir algo de gloria. Así que, en lugar de obedecer al Señor, no lo hice, diciéndome a mí misma que la chica sería bendecida al ver mi generosidad al regalar mi prendedor.

Esperé el regreso de la chica, entonces me quité el prendedor y con mucho escándalo, se lo regalé a la enfermera. Tal como me imaginé, hicieron de ello la gran cosa debido a mi generosidad. Al salir del local, pensaba en "mi generosidad! y el Espíritu Santo habló a mi corazón diciendo: "Bueno, espero que hayas disfrutado esa recompensa, porque es la única que recibirás. Cualquier recompensa que te fuera a dar Yo, la acabas de cambiar por aquella".

A menudo me pregunto lo que Dios hubiera hecho por mí, si hubiera sido obediente al hacer lo que Él me mandó permitiendo que Él se llevara toda la gloria.

Creo que todos tenemos estas oportunidades de ser bendecidos, pero las cambiamos por los momentos de carnalidad que nos hacen sentir cierta importancia personal. Por ejemplo, cuando un predicador habla de cierta escritura, nos encanta abrir nuestra Biblia y ver cuán marcada tenemos dicha escritura. Quizá hasta tengamos notas al margen y secretamente deseemos que las personas de al lado se den cuenta y piensen que hemos estudiado mucho nuestra Biblia. Queremos que las personas piensen que somos muy espirituales, pero es necesario reconocer que a Dios no le impresionan nuestros versos subrayados.

Esa clase de gloria carnal no le importa en lo más mínimo a Dios. Él busca personas con un corazón recto para bendecir. Nuestra madurez espiritual no se mide por nuestras escrituras subrayadas, ni por cuánto leemos la Biblia, sino por qué tan pronto obedecemos la palabra de Dios y por cómo tratamos a las personas.

En cuanto nos comenzamos a enorgullecer de nuestros hechos y acontecimientos, Dios se ve obligado a recordarnos nuestras fallas. No lo hace por avergonzarnos o para hacernos sentir mal, lo hace para mantenernos en un lugar donde dependamos de Él y conservarnos en misericordia en nuestro trato con las personas que también tienen faltas.

8. *Un corazón despreciativo*

> *Y digas: ¡Cómo aborrecí el consejo, y mi corazón menospreció la reprensión!*
>
> Proverbios 5:12

Tú y yo, como líderes, debemos ser enseñables, porque si llegamos a creer que lo sabemos todo, seguramente estaremos probando que no sabemos nada. Aun es necesario dejar de decir cosas como: "Detesto ir de compras", "aborrezco este tráfico", "detesto mi trabajo". Lo único que debemos odiar es el pecado.

Como líderes, deberíamos caminar en el amor de Dios, sin embargo, pasamos gran parte de nuestra vida mezclando algo de odio con ese amor. De nuestra vida debe emanar algo puro, y cualquier otra cosa que se mezcle con el amor en nuestra vida debe ser eliminada.

Pablo escribió que para los puros, todas las cosas son puras.[15] En Mateo 5:8, Jesús dijo que los de corazón limpio verán a Dios. Yo creo que eso significa que los de limpio corazón gozarán de una revelación especial al conocer a Dios, sabrán lo que Dios quiere que hagan, y recibirán dirección muy clara de parte de Él. Escucharán claramente la voz de Dios debido a su corazón limpio y puro.

No debemos tener un corazón que deteste cosas, ni personas. Es una mala actitud y no deberá tener parte en nosotros.

No desprecies o detestes tu trabajo; alégrate que tienes trabajo. Dale gracias a Dios que tienes para comer y no te has quedado sin hogar. Dios bendice a los que tienen un corazón agradecido con Él.

En Filipenses 4:6 encontramos las siguientes palabras: Por nada estéis afanosos, sino sean conocidas vuestras peticiones delante de Dios en toda oración y ruego, con acción de gracias. Lo que yo creo respecto a este pasaje es que al comenzar a dar gracias por lo que estás pidiendo a Dios, liberas tu fe para ver la manifestación o respuesta a tu oración. Al orar por algo, debes dar gracias a Dios porque ya viene en camino.

Un día, Dios me reveló algo más profundo en este versículo. Me dijo: "No, lo que realmente estoy diciendo a través de estas palabras es que cuando me pidas algo, asegúrate que la petición proviene de un corazón agradecido". Continuó diciendo: "Si no estás agradecida con lo que ya tienes, ¿por qué darte otra cosa de la que te puedes quejar?"

En esa época, tenía un corazón que se quejaba de todo, buscaba faltas y murmuraba. Me era fácil encontrar muchas cosas de las cuales quejarme, pero Dios no quiere que tengamos un corazón así. Dios desea que lleguemos a ser aquellas cartas, leídas por todos los hombres. Nuestra manera de vivir les mostrará que tenemos algo distinto y preguntarán: "¿Por qué estás tan contento? ¿Por qué tienes tanta paz? ¿Por qué eres tan amoroso?" Se supone que debemos ser la sal y la luz del mundo[16] y nuestras vidas deben hacer que las personas quieran lo que nosotros tenemos.

La condición de nuestro corazón tarde o temprano, revela la verdad sobre quiénes somos. Podemos portar una camiseta con un mensaje cristiano, asistir a la iglesia y comportarnos de una manera muy santa. Podemos cargar con la Biblia más grande, escuchar más casetes de enseñanza, cantar más fuerte y saltar más alto en la reunión, pero lo que revela la verdadera actitud de nuestro corazón es lo que sucede a puerta cerrada.

Hace años escuche hablar a un conocido maestro de la Biblia. Dijo lo siguiente: "Si lo que quieres es encontrar a una persona espiritual, no la busques en la iglesia". Dijo esto porque en la iglesia no se sabe quién es real y quién es falso.

Siguió diciendo: "Si quieres saber si las personas son verdaderamente espirituales, visita sus casas. Fíjate como se comportan en la mañana al despertar. Cómo son con su familia cuando las cosas no están bien. Observa cómo tratan a las personas que les tratan mal".

Para mí, todo esto es tan fundamental. No me importa cómo me vean los demás o si soy una persona famosa o no, me interesa saber si Dios se complace conmigo y eso se basa en la actitud de mi corazón. Es importante que aprendas a guardar tu corazón con toda diligencia.

En Salmos 26:2, David le dice a Dios: *Escudríñame, oh Jehová, y pruébame; Examina mis íntimos pensamientos y mi corazón.* Necesitamos tener el valor de orar esto cada día y pedirle a Dios que remueve cualquier cosa que pudiera impedirnos llegar a donde Él quiere. El deseo de trabajar junto con Dios para mantener limpio nuestro, corazón es una de las señales que muestran nuestra preparación para el liderazgo.

Capítulo 6

Condiciones negativas del corazón, parte 2

A estas alturas de la lectura de este libro, te has de haber dado cuenta de lo importante que es la condición del corazón de un líder. Para Dios, no existe algo más importante que ir removiendo condiciones negativas de nuestro corazón, tanto de líderes como de cada creyente; su voluntad para cada uno de sus hijos es que tengan la condición correcta de su corazón.

Ya sabemos que no podemos dar lo que no poseemos, y de la misma forma, quizá lo que tenemos no es algo que debamos dar a otros sino algo que debe ser removido. Y con la ayuda de Dios, conforme nos mantengamos abiertos a Él, podemos ir cambiando lo que es preciso cambiar.

Si tú tienes condiciones negativas en tu corazón, esto te detendrá de llegar al nivel que Dios quiere para ti. Quizá no tengas cada una de las condiciones que vemos aquí, pero es una guía para revisar tu corazón constantemente buscándolas.

Vamos a continuar con algunas otras condiciones negativas del corazón.

9. Un corazón resentido, amargado, ofendido y falto de perdón

> *El corazón conoce la amargura de su alma; Y extraño no se entremeterá en su alegría.*
>
> Proverbios 14:10

Esta condición es quizá la más peligrosa que podemos tener ya que la Biblia nos dice claramente que si no perdonamos a otros, Dios no nos perdonará.[1] Al no perdonar a otros, nuestra fe no funciona, recordemos que todo lo que recibimos de parte de Dios viene por la fe. Si nuestra fe no funciona, estamos en serios problemas.

Cuando comparto sobre el perdón, siempre pido que se pongan de pie los que han sido ofendidos y necesitan perdonar; nunca he visto menos del 80 por ciento ponerse de pie.

No es difícil saber porqué falta poder en el Cuerpo de Cristo. El poder proviene del amor, no del odio, ni de la amargura o falta de perdón.

Las personas siempre me dicen: "Es que no sabes lo que me hicieron", tratando de excusar su amargura, resentimiento y falta de perdón. Si nos basamos en lo que dice la Biblia, realmente no es importante qué tan grande fue la ofensa. Servimos a un Dios que es más grande, y si manejamos correctamente una ofensa, Él se encargará de hacer justicia si se lo permitimos.

En Isaías 61:7 el Señor nos dice que *En lugar de vuestra . . . deshonra. . . . poseerán doble honra. . . .* El Señor me dijo en una ocasión que si yo trabajaba para Él, si recibía daño, Él me recompensaría por los daños.

En Romanos 12:19 leemos, *No os venguéis vosotros mismos, amados míos, sino dejad lugar a la ira de Dios; porque escrito está: Mía es la venganza, yo pagaré, dice el Señor.* No trates de pagar a las personas por lo que te han hecho, déjalo en las manos del Señor.

Jesús nos enseña que debemos perdonar a los que nos lastiman, orar por los que nos calumnian y bendecir a los que nos maldicen.[2] Esto no es nada fácil. Pero hay algo aún más difícil: estar llenos de odio, amargura y resentimiento. No malgastes tu vida odiando a alguien que probablemente está gozando la vida mientras tu odio no le afecta a él sino a ti.

JOSÉ MANTUVO UN CORAZÓN RECTO

En el Antiguo Testamento, los hermanos de José le trataron mal por causa de sus celos. Cuando se dio la oportunidad, lo vendieron como esclavo. Fue llevado a Egipto donde terminó en la cárcel por algo que no había hecho. Parece que José hacía lo correcto en cada lugar, pero siempre lo trataban mal.[3]

Esto nos sucede en ocasiones a muchos de nosotros, y cuando pasa, creo que son pruebas que debemos superar en preparación para el liderazgo. Es la prueba del perdón, y hablaremos más a fondo de ella después. La verdad es que habrá personas que nos hieran y ofendan y si queremos lograr el siguiente nivel en Dios, tendremos que perdonar.

—Pero no es justo, —es nuestra respuesta. Hay que recordar que servimos a un Dios de justicia que prometió reponer lo robado y hacer justicia a favor nuestro si confiamos en Él y no tomamos en nuestras manos la situación.

A José se le trató injustamente; sus propios hermanos le trataron mal y la esposa de su dueño lo acusó falsamente y echándolo en la cárcel.

Estando en ese lugar, ayudó a algunos a salir y se olvidaron de él. Esto del maltrato parecía ser un problema de por vida para José. Pero después, Dios lo redimió de la prisión y lo estableció como el segundo en poder sobre toda la nación de Egipto.[4]

Durante el tiempo de hambre, los hermanos de José llegaron desde su hogar para comprar comida. Cuando José se reveló a ellos, tuvieron miedo porque ahora él se encontraba en una posición de poder y temían su venganza.[5]

Debió haber sido una tentación grande para José, pero en ello logramos ver su corazón. En el relato encontramos la razón porqué José en todos lados fue ascendido, y en cualquier lugar que trabajaba, terminaba en posición de importancia. No fue porque era el más listo o guapo, fue porque su corazón era recto.

Para Dios nuestra educación, trasfondo, o etnia no son tan importantes como lo es la condición de nuestro corazón. La Biblia nos dice que los ojos de Dios están buscando un corazón perfecto para mostrar su poder a favor de él.[6] José era un hombre de estos.

> *Y enviaron a decir a José: Tu padre mandó antes de su muerte, diciendo: Así diréis a José: Te ruego que perdones ahora la maldad de tus hermanos y su pecado, porque mal te trataron; por tanto, ahora te rogamos que perdones la maldad de los siervos del Dios de tu padre. Y José lloró mientras hablaban.*
>
> Génesis 50:16,17

Es obvio que José tenía un corazón muy tierno por la forma como les respondió a sus hermanos:

> *Vinieron también sus hermanos y se postraron delante de él, y dijeron: Henos aquí por siervos tuyos. Y les respondió José: No temáis; ¿acaso estoy yo en lugar de Dios? Vosotros pensasteis mal contra mí, mas Dios lo encaminó a bien, para hacer lo que vemos hoy, para mantener en vida a mucho pueblo.Ahora, pues, no tengáis miedo; yo os sustentaré a vosotros y a vuestros hijos. Así los consoló, y les habló al corazón.*
>
> Génesis 50:18-21

Así que, vemos a José dando aliento y ánimo a las personas que tanto daño le habían hecho. En lugar de pagar mal por mal, fue caritativo y generoso, les habló palabras bondadosas a quienes le habían lastimado, hizo el bien a los que no lo merecían. Este es el corazón de un verdadero líder.

ESTEBAN PERDONÓ A SUS PERSEGUIDORES Y ATORMENTADORES

En los capítulos 6 y 7 de Hechos encontramos la historia de Esteban, quien fue llamado por el concilio judío y acusado falsamente, de haber blasfemado a Dios y a Moisés al predicar el evangelio. Después de haber predicado un mensaje que airó al concilio, lo sacaron de la ciudad y lo apedrearon; pero en medio de todo, Esteban oró por sus enemigos diciendo: *Señor Jesús, recibe mi espíritu. Y puesto de rodillas, clamó a gran voz: Señor, no les tomes en cuenta este pecado. Y habiendo dicho esto, durmió.*[7]

Me temo que si yo hubiera estado en la misma situación, hubiera levantado una piedra para regresárselas, pero no fue lo que hizo Esteban. Él perdonó a los que le atormentaban y oró que el Señor les perdonara porque no sabían lo que hacían.

En su gran mayoría, las personas que nos ofenden no entienden lo que están haciendo. Simplemente están operando en el egoísmo. Hace años alguien me dijo algo que me ha ayudado. Me dijo que el noventa y cinco por ciento del tiempo los que nos lastiman, no tuvieron la intención de lastimarnos u ofendernos.

Se nos hace fácil ofendernos, aunque la Biblia nos dice que el amor no se ofende fácilmente.[8] Dios no quiere que tengamos un corazón ofendido porque de tenerlo no podremos ministrar a otros.

Recuerdo ocasiones hace años que intentaba ministrar mientras estaba muy ofendida y enojada con Dave y sentía que la muerte me rodeaba. Es muy desagradable tratar de ministrar cuando te sientes así. Por eso debemos aprender a someter nuestras emociones y así desarrollar un corazón amoroso y perdonador; sin importar el precio o cuanto nos duela en la carne, o qué difícil sea, tenemos que arreglar las cuentas con quienes nos han ofendido antes de poder ministrar a otras personas.

Quizá pienses que esto no es para ti porque no ministras detrás de un púlpito, pero cada creyente es un ministro. Es posible que no te encuentres en una plataforma, pero tienes un ministerio hacia tus hijos, tu pareja, tu familia, tu Dios. ¿Cómo podremos alabar en verdad a Dios si nuestro corazón no está bien?

En Mateo 5:23,24 y Marcos 11:25,26 Jesús nos enseña que si tenemos algo contra alguien, debemos ir con esa persona y arreglar el asunto antes de orar o adorar al Señor.

También en 2 Timoteo 4:14-16, el apóstol Pablo le escribió a su joven discípulo:

Alejandro el calderero me ha causado muchos males; el Señor le pague conforme a sus hechos. Guárdate tú también de él, pues en gran manera se ha opuesto a nuestras palabras. *En mi primera defensa ninguno estuvo a mi lado, sino que todos me desampararon;* no les sea tomado en cuenta.

Pablo sufrió mucho para poder llevar el evangelio al mundo. Fue perseguido, azotado y echado en la cárcel por predicar las buenas nuevas. En muchas ocasiones sufrió oposición como la que describe en este pasaje, pero lo que aquí está diciendo en efecto es que no permitiría que esta clase de cosas le desanimara. Dejó todo en las manos de Dios y Él se encargaría de ello totalmente.

Nuestra vida sería mucho más fácil si tomáramos esta misma actitud tocante a todo, si pudiéramos echar nuestras cargas sobre el Señor y permitiéramos que se encargara de todo.

Por si fuera poco, Pablo relata que nadie fue a defender su causa. Me pregunto cómo nos sentiríamos, si al haber sufrido como Pablo después de traer tanta bendición, termináramos sin ninguna persona que nos defendiera ante los demás.

¿Cuál fue la reacción de Pablo ante todo esto? Oró que no se les tomara en cuenta esta falta. Esto nos muestra su corazón.

Al ver a los grandes hombres y mujeres de Dios en la Biblia no es difícil percibir porqué se les designa como los héroes de la fe. No es porque fueran los más listos o inteligentes o porque contaran con más dones naturales. Es porque todos eran de gran corazón.

10. Un corazón necio

> *La boca de los sabios esparce sabiduría; No así el corazón de los necios.*
>
> Proverbios 15:7

La Biblia no nos dice únicamente que debemos tener un corazón sabio, sino también nos dice que es incorrecto tener un corazón necio.

Los que tienen un corazón sabio usan sus labios para repartir sabiduría y conocimiento, pero un corazón necio habla lo primero que se lo ocurre. Creo que uno de los problemas más grandes para las personas es hacer cosas necias.

En una ocasión, después de una reunión en donde había hablado de cómo sentía yo que una mujer de Dios se debe vestir, una hermanita se acercó a mí y me dijo que sentía una palabra de parte del Señor para mí.

—¿Cuál es? —le pregunté.

—Bueno, —dijo ella—, sé que quizá no te has dado cuenta, pero usas la ropa un poco apretada.

Miré a la mujer y pensé: **Pobre hermana, cree que ha oído la voz de Dios.**

Quizá te preguntes cómo sé que no había recibido una palabra de parte de Dios.

Lo sé porque si Dios deseaba corregirme en cuanto a mi vestimenta, lo hubiera hecho a través de mi esposo, de uno de mis hijos o de uno de los líderes de mi ministerio. Hubiera escogido a alguien conocido, en quien yo tuviera confianza, al que respetara, no una persona a la que nunca había conocido.

Fue necio de aquella mujer el haber querido darme una palabra tan personal del Señor, y también fue presuntuoso.

Esto fue lo que hicieron Aarón y Miriam al decirle a Moisés que él no era el único que podía oír la voz de Dios.[9]

Yo sé que de vez en cuando necesito corrección y sé a quien puede usar Dios para proporcionármelo. Por ejemplo, hace poco nuestro pastor compartió algunas cosas con nosotros respecto a nuestro ministerio, y lo recibimos porque le conocemos y apreciamos. Oral Roberts, en una ocasión, compartió algunas cosas con nosotros y le hicimos caso porque no hacerlo hubiera sido necio.

Al hacer cosas necias, tantas personas echan a perder relaciones y su ministerio y demuestran que no están preparadas para estar en el liderazgo que desean. Una de las cosas más necias que puedes hacer, es pensar que eres ungido para decirle a todo mundo lo que debe estar haciendo.

Proverbios 8:15,16 nos habla sabiduría diciendo: *Por mí reinan los reyes, Y los príncipes determinan justicia. Por mí dominan los príncipes, Y todos los gobernadores juzgan la tierra.* La sabiduría es lo que nos exalta a posiciones de liderazgo. Esto me dice que si quiero ser un líder, es necesario que tenga sabiduría, pero también necesito tener otra cosa.

Cuando las personas me preguntan cómo pude edificar un ministerio como el mío, les comparto el principio del éxito en el ministerio, algo muy positivo, lo que nos ha traído hasta este punto: ¡tener mucho sentido común!

Lo más importante no es tener mucha preparación o diplomas, aunque estos son muy buenos. Necesita haber un equilibrio en nuestra vida espiritual, tiene que haber sentido común.

Dave y yo practicamos el sentido común en cada aspecto de nuestro ministerio. No compramos cosas si no contamos con el dinero para pagarlas. No contratamos a alguien si no contamos con los recursos necesarios para pagar su salario. Nos deshacemos de personas que causan división en nuestra organización. Sabemos lo que se requiere para no caer en problemas, y realmente no es tan dificultoso; simplemente hacer a los demás lo que nos te gustaría que otros nos hicieran.[10] Paga a tiempo tus cuentas, comunícate efectivamente, mezcla la corrección con un tanto de ánimo para no desalentar a la persona, etc.

Si los cristianos actuáramos con un poco más de sentido común, las cosas marcharían mucho mejor. A veces, cuando alguien es salvo y lleno del Espíritu Santo, cree que todo le vendrá por medio de un milagro. Ser salvo es simplemente ponerse en las manos de Dios, confiar que Él cuidará de nosotros. Dios sí hace milagros, pero también espera que nosotros hagamos nuestra parte.

Es tiempo de ser sabios y dejar de ser necios, y una de las maneras más prácticas para lograr esto es usar el sentido común que Dios nos dio.

11. Un corazón de doble ánimo

> *De Zabulón cincuenta mil, que salían a campaña prontos para la guerra, con toda clase de armas de guerra, dispuestos a pelear sin doblez de corazón.*
>
> 1 Crónicas 12:33

En este pasaje, el escritor está nombrando a los hombres valientes que llegaron a pelear con David al ser declarado rey de Israel. Como vemos, estos hombres no eran de doble ánimo, eran nobles y confiables.

La Biblia dice que así debemos ser nosotros. En Mateo 6:24, Jesús dijo: *Ninguno puede servir a dos señores; porque o aborrecerá al uno y amará al otro, o estimará al uno y menospreciará al otro.*

Hace algunos años estaba trabajando en una iglesia en Saint Louis (E.U.A.). Me gustaba mucho mi trabajo y apreciaba a mi pastor, pero el Señor me dijo que era tiempo de salir y comenzar mi propio ministerio.

Yo sabía que si uno recibe un llamado de parte de Dios y no obedece, todo se va secando en su vida, así que más vale obedecer.

También sabía que lo que había estado haciendo con mucho gusto ya no me traía el gozo y la satisfacción de antes porque Dios había terminado con eso. Y cuando Dios termina con algo, es mejor dejarlo también; pero me quedé en esa posición por un año más y durante ese tiempo experimenté muchas cosas desagradables para mí. Ya no era feliz y no sabía porqué. Ya nada salía bien.

Por fin, el Señor me habló estas palabras: "Toma tu ministerio y llévalo al este, al al oeste, al norte y al sur". Y así lo hice, pero por tres años, cada vez que asistía a la iglesia sufría. Al oír de algún retiro pastoral, me desanimaba. Me preguntaba si me había salido de la voluntad de Dios.

Seguía involucrada en mi iglesia. No quería dejar por completo mi cargo en ese lugar y mi pastor me ayudaba a planear mis actividades para acomodar todo.

Dios trató fuertemente conmigo durante todo ese tiempo y me dijo que Él no podía hacer nada a través de mi ministerio si no me comprometía de lleno con su llamado. Pero aún así, seguía sin entender porqué me sentía tan mal si estaba haciendo lo que debía estar haciendo.

Cuando compartí mi problema con un hombre con un ministerio profético, me dijo que era muy sencillo lo que me pasaba. Le pregunté, —¿Cuál es mi problema? —Él me dijo que en mi alma seguía atada a mi antiguo trabajo.

Reconocí que él tenía razón. Acababa de invertir cinco años de mi vida en un trabajo, y mi alma se veía profundamente afectada e involucrada en él. Dios me había dicho que debía salir, pero mi alma seguía atada al lugar que había dejado atrás. Mi problema era que tenía un corazón de doble ánimo, y mientras siguiera con un corazón de doble ánimo, no encontraría paz.

Por eso, cuando Dios llamó a Abraham, le dijo que saliera de su país, lejos de su familia, parientes y todo lo conocido, y se dirigiera al lugar que Él le mostraría.[11] Pablo habló de esto cuando nos dijo que era necesario olvidar lo pasado y proseguir a la meta.[12] Fue lo que el Señor le dijo a Israel cuando habló por medio del profeta Isaías: *No os acordéis de las cosas pasadas, ni traigáis a memoria las cosas antiguas. He aquí que yo hago cosa nueva; pronto saldrá a luz; ¿no la conoceréis?. . .*[13]

Nuestro problema es que queremos quedarnos en el pasado mientras avanzamos hacia el futuro, esto es lo que significa tener doble ánimo.

Santiago 1:8 nos dice que *el hombre de doble ánimo es inconstante en todos sus caminos.* Es un hombre que vacila, duda; es inestable e incierto en todo lo que piensa, siente o decide.

No creo que debamos ser de doble ánimo, al contrario, debemos ser personas decididas. Los líderes deben tener la habilidad de tomar decisiones sin vacilar después. Si tomamos una decisión y luego vacilamos acerca de si hicimos lo correcto o no, entonces somos inconstantes en nuestros caminos. Lo mejor es buscar la voluntad de Dios, tomar una decisión basada en lo que nos haya dicho, y una vez tomada, hacerlo con todo nuestro corazón y ánimo.

El apóstol Pablo nos habla en Romanos 12 tocante a varios dones de gracia que se les han dado a los individuos del Cuerpo de Cristo. Nos dice que si somos maestros, debemos entregarnos a eso; si nuestro don es dar, debemos dar con generosidad; si nuestro don es exhortar, debemos ocuparnos de exhortar. En otras palabras, no te permitas ser absorbido por el llamado o don de otras personas si no es el llamado para ti. Esfuérzate para enfocarte en lo que Dios te ha llamado a hacer.

Si crees tener un llamado, entonces créelo—con consistencia—. No lo creas el lunes y el martes lo dudes, y de nuevo llegues a creerlo el miércoles pero al llegar el viernes te encuentres por tirar la toalla porque no son óptimas las circunstancias. Cualquiera que sea tu llamado, síguelo lo mejor posible, creyendo que has oído la voz de Dios.

12. *Un corazón herido*

Porque yo estoy afligido y necesitado, y mi corazón está herido dentro de mí.

Salmos 109:22

¿Es malo tener un corazón herido? No, no es malo sufrir, pero es necesario sanar y seguir adelante.

En el Antiguo Testamento cuando un sacerdote sufría de una herida abierta que seguía sangrando, no podía ministrar.[14] Pienso que hoy en día existen muchos sanadores heridos. Lo que quiero decir con esto es que hay muchas personas en el Cuerpo de Cristo intentando ministrar a otros cuando ellos aún tienen heridas del pasado, siguen sangrando y doliéndose por ellas.

No estoy diciendo que ellos no puedan ministrar sino que es necesario que sean sanados. Jesús dijo que un ciego no puede guiar a otro ciego o los dos terminarán en el hoyo.[15]

El mensaje de esto es, ¿cómo puedo ministrar victoria a los demás si yo no la tengo? ¿Cómo puedo impartir sanidad emocional a otros si yo todavía tengo situaciones emocionales de mi pasado que no han sido resueltos? Para ministrar efectivamente, es importante llegar con Dios y permitir que Él nos sane primero.

Yo he descubierto que cuando estoy herida, cuando alguien me ha ofendido o cuando Dave y yo tenemos conflictos, no puedo ministrar efectivamente hasta no arreglar el asunto ya que me resta fuerza y afecta mi fe. Cuando hay problemas sin resolver en mi vida, no soy tan fuerte como pudiera o debiera ser sin ellos.

Ya es tiempo de reconocer que Dios no busca sanadores heridos, quiere personas con heridas que lleguen con Él para ser sanados y luego puedan traer sanidad a otros. A Dios le fascina usar personas que hayan sido heridas y dolidas porque son las que mejor le pueden ministrar a otras personas con la misma clase de problema o situación.

Nuestro director de alabanza, una vez compartió conmigo que tenía un dolor muy fuerte en la espalda porque estaba dirigiendo cinco sesiones los domingos y no estaba acostumbrado a cargar una guitarra por tanto tiempo.

Yo había sufrido un dolor similar por más de un año, así que en cuanto supe de su problema comencé a orar por su sanidad porque sabía lo que era aquel dolor. El Señor le sanó.

Ahora bien, no estoy diciendo que es necesario pasar por cada problema para poder ministrar específicamente a ese problema, pero sí estoy diciendo que si seguimos heridos y dolidos a causa de nuestras propias heridas, no podremos llegar a los problemas de otras personas con la misma clase y fuerza de fe que tendríamos si ya hubiéramos tratado con el problema en nuestra vida.

13. Un corazón desmayado o desalentado

Cuando salgas a la guerra contra tus enemigos, si vieres caballos y carros, y un pueblo más grande que tú, no tengas temor de ellos, porque Jehová tu Dios está contigo, el cual te sacó de tierra de Egipto.

> *Y cuando os acerquéis para combatir, se pondrá en pie el sacerdote y hablará al pueblo, y les dirá: Oye, Israel, vosotros os juntáis hoy en batalla contra vuestros enemigos; no desmaye vuestro corazón, no temáis, ni os azoréis, ni tampoco os desalentéis delante de ellos; porque Jehová vuestro Dios va con vosotros, para pelear por vosotros contra vuestros enemigos, para salvaros.*
>
> Deuteronomio 20:1-4

Las personas que desmayan son aquellas que se dan por vencidas fácilmente.

¿Qué sucede cuando nuestro corazón desmaya? Deja de luchar, en nuestro interior decimos: "No puedo hacer esto. Es demasiado difícil".

Si nuestro deseo es ser un líder en el reino de Dios, no podemos tener un corazón así. No podemos ser alguien que lloriquea o se da por vencido y al mismo tiempo ser un líder del pueblo de Dios.

Quizá se te haga un poco extraño que en un lugar diga que tienes que ser de corazón sensible y en otro diga que debes tener un corazón fuerte, duro. Es posible ser tierno y duro a la misma vez. La clave es saber cuándo ser uno o el otro. Debemos ser tiernos hacia las personas y duros con el diablo.

Experimenté mucha confusión con dos escrituras que parecían contradecirse, y tuve que aprender cuál era la verdad. Una parecía decirme que debía ser dócil y tierna como una ovejita, mientras otra me decía que debía ser como un león.[16] Para mí no era difícil ser como león, pero sí me causaba problemas el ser como una ovejita. Necesitaba desarrollar más el aspecto de oveja.

Al parecer, muchas personas tienden a ser más como uno o el otro. Quizá tú eres así. Puede que seas tímido, tan dócil y manso como una ovejita, prefiriendo evitar el trato con algo difícil o controversial. Entonces, Dios tiene que poner algo de león en ti. O quizá eres como yo y cuentas con mucho de la personalidad del león, y Dios tiene que desarrollar las características de la oveja en ti.

Yo anhelaba tener más del carácter de la oveja. Ser dócil y dulce no era fácil para mí, en parte porque fui criada sin nada de eso, y mi carácter tampoco contaba con estas características.

Jesús dijo en Mateo 11:28-30:

> *Venid a mí todos los que estáis trabajados y cargados, y yo os haré descansar. Llevad mi yugo sobre vosotros, y aprended de mí, que soy manso y humilde de corazón; y hallaréis descanso para vuestras almas; porque mi yugo es fácil, y ligera mi carga.*

Jesús era humilde, dócil y manso; no era áspero, duro e importuno. Yo no era como Jesús, pero quería serlo, así que fui al extremo de comprar ovejitas de peluche y colocarlas por toda mi casa. Tenía cromos de ovejas y pinturas de ovejas. Tenía cuadros de Jesús cargando ovejitas, Jesús en medio de ovejas y llevándolas sobre sus hombros. Mi casa ya se veía ridícula con tanta oveja, llegó el momento en que tuve que tirar muchas de las cosas que tenía.

Así como escrituras en el refrigerador, las ovejitas me recordaban mi necesidad de ser dócil y afable. De igual manera tenemos que recordar que no debemos desmayar o desfallecer. Si somos en demasía como oveja, necesitamos llegar a ser más como león. Si somos muy parecidos al león, es tiempo de llegar a ser más como ovejita.

El Señor comenzó a revelarme una verdad muy profunda y relevante: necesitaba ser dócil, mansa y afable con las personas; pero agresiva, dura y valiente con el diablo.

De vez en cuando llega un momento en que debemos tomar la decisión de ceñirnos de valor, determinar que no dejaremos la lucha sin importar cuánto tiempo se tarde la batalla.

Leemos en Deuteronomio 20:8 lo siguiente: *Y volverán los oficiales a hablar al pueblo, y dirán: ¿Quién es hombre medroso y pusilánime? Vaya, y vuélvase a su casa, y no apoque el corazón de sus hermanos, como el corazón suyo.*

Una persona de poco ánimo no puede soportar mucho. Exige que las cosas sean de cierta manera o tira la toalla y se va. Se desanima y deprime fácilmente. Se ofende por todo. Todo le molesta. Si esto te describe, quiero que sepas que no tienes que quedarte en esa condición. El poder de Dios está a tu alcance para que puedas romper con ese espíritu pusilánime.

En este verso se le manda regresar a su casa al hombre medroso o de corazón desmayado antes de que comience la batalla, ya que puede contagiar a sus compañeros con su desánimo y sería fatal para ellos.

La Biblia nunca nos promete ser libres de la adversidad. Nos promete la fuerza necesaria para sobrellevar esa adversidad.[17] Con el poder de Dios, no desmayaremos en el momento de la adversidad, sin importar la magnitud de ella.

Todos experimentamos momentos en que nos gustaría rendirnos por causa de los ataques del enemigo. No me causa temor el diablo, pero sí respeto su poder y me he acostumbrado a luchar contra sus ataques. He llegado a la determinación que es parte de la vida cristiana.

Nos preguntamos cuándo seremos libres de esto, y la respuesta es **nunca.** Siempre habrá retos y luchas.

La calma y tranquilidad en medio de la adversidad y lucha es nuestra mejor arma contra nuestro enemigo. Esto es lo que mejor derrotará al enemigo, según lo que leemos en Filipenses 1:28: *. . . y en nada intimidados por los que se oponen, que para ellos ciertamente es indicio de perdición, mas para vosotros de salvación; y esto de Dios.*

Así que, cuando el diablo te moleste, simplemente mantente constante. No tengas temor, esa es señal de su pronta destrucción. Le dirá al diablo que sus días están contadas, y le servirá de señal a Dios para moverse a favor tuyo y traerte salvación.

Hebreos 12:3 nos dice: *Considerad a aquel que sufrió tal contradicción de pecadores contra sí mismo, para que vuestro ánimo no se canse hasta desmayar.*

¡Decide en este momento que no desmayarás!

Continúa diciendo en el verso 5: *. . .y habéis ya olvidado la exhortación que como a hijos se os dirige, diciendo: Hijo mío, no menosprecies la disciplina del Señor, ni desmayes cuando eres reprendido por él. . .*

Aquí encontramos que cuando el Señor nos corrige, debemos mantenernos fuertes. Cuando el Señor trata con nosotros y nos corrige, y en ocasiones lo tiene que hacer más de una vez, en esos momentos es fácil pensar que nunca cambiaremos y sería mejor dejarlo todo.

Recuerdo cuando el Señor trataba conmigo una y otra vez tocante a mis actitudes, mi orgullo y mi boca. Me desanimaba tanto que Dave me decía: "¿Por qué no dejas de hacer eso? Estás desanimada contigo misma y con nuestras circunstancias la mayor parte del tiempo".

Cuando recién había comenzado en el ministerio, el dinero no llegaba como yo pensaba que debería, me frustraba muchísimo.

Dave tenía un trabajo en el área de ingeniería y cada año le daban un bono en navidad. Ese dinero lo poníamos en el banco para cualquier emergencia durante el año, como una llanta para el carro, o algún otro imprevisto.

Siempre me preocupaba mucho por el dinero, trataba de mantener toda la cantidad en el banco para sentirme segura. Al comenzar el año no sentía tanta ansiedad, porque todavía estaba todo el dinero allí, pero llegando al otoño, me preocupaba mucho porque sólo nos quedarían unos cientos de dólares, y cada vez algo sucedía que nos forzaba a sacar ese dinero y yo me enojaba mucho.

Comenzaban mis quejas: "¡Siempre sucede lo mismo! Cuando tenemos algo de dinero ahorrado, algo sucede y nos quedamos sin nada. Estoy harta del mugre diablo robándose nuestro dinero". Y así seguía por buen rato, reprendiendo al diablo.

Por fin, Dave me comentó un día: "Te diré cuándo cambiará nuestra situación. Cambiará cuando no necesites dinero en el banco para sentirte segura, y confíes en Dios y no en la cuenta bancaria".

La verdad nos puede irritar a veces, y yo realmente me enojé pero en lo profundo sabía que él tenía la razón. No quería escucharlo, y seguramente no quería oírlo de Dave.

Entonces, fui al banco y saqué todo el dinero y llegando a casa le dije a Dave: "Bueno, espero que estén contentos, tú y Dios. No tenemos nada en el banco". Después de eso, Dios se encargó de suplir nuestras necesidades financieras.

Ahora nos da risa, pero no era así en ese momento. Tenía serios problemas y no era un buen ejemplo de liderazgo en esta área, pero ahora soy un excelente ejemplo de lo que Dios puede hacer si nosotros no nos damos por vencidos y confiamos en su obra.

Los líderes no nacen; yo creo que se hacen. Quizá tú y yo nacimos con potencial, pero ese potencial se tiene que desarrollar. La carne tiene que ser crucificada, y tenemos que ser moldeados al la imagen del Señor, como leemos en Romanos 8:29.

Ser moldeado no es divertido. De hecho, es doloroso, pero es tan agradable cuando se ha terminado la obra. Así que, hagamos lo que se nos dice en Gálatas 6:9 y no nos cansemos de hacer el bien, sabiendo que cosecharemos si no desmayamos.

Capítulo 7

Condiciones negativas del corazón, parte 3

Aprender sobre las condiciones negativas del corazón no es muy agradable, pero es muy necesario. Así podemos cerciorarnos de nuestras áreas problemáticas y con la ayuda del Espíritu Santo podemos superarlas. Si algunas de las condiciones mencionadas en este libro son cosas con las que tú batallas, te quiero animar porque no te encuentras sólo; todos tenemos áreas que necesitamos mejorar en nuestras vidas.

No siempre es posible evitar la tentación e impedir que se manifiesten estas condiciones negativas, pero podemos aprender a evitar tales situaciones. Y sabemos que como creyentes, contamos con la presencia y ayuda de Dios, y a través de mantenernos en su presencia y palabra somos fortalecidos cada día para cumplir su plan para nuestras vidas.

Antes de hablar de condiciones positivas para el liderazgo, hace falta mencionar unas cuantas condiciones negativas más.

14. Un corazón rencoroso

> *Cuando cayere tu enemigo, no te regocijes, y cuando tropezare, no se alegre tu corazón; No sea que Jehová lo mire, y le desagrade, y aparte de sobre él su enojo.*
>
> Proverbios 24:17,18

Ser rencoroso simplemente quiere decir que uno desea vengarse de como le ha tratado alguien.

El escritor de este pasaje en Proverbios dice que si alguien nos trata mal, y después nos regocijamos porque ha caído en problemas, pensando que se lo merecía, entonces la ira de Dios, que había sido dirigida hacia nuestro enemigo, ahora será dirigida hacia nosotros porque nuestra ofensa fue peor que la de él.

De nuevo comprobamos que a Dios le importa la actitud de nuestro corazón, más que cualquier otra cosa. Una actitud correcta producirá la acción correcta eventualmente, aunque la disciplina personal también puede producir la acción correcta sin la actitud correcta. Por eso, Dios sabe que si está bien el corazón, tarde o temprano, otras cosas se irán acomodando.

Realmente es una escritura impresionante ya que todos debemos admitir que cuando un enemigo sufre, se requiere de un corazón verdaderamente puro para no pensar que merecían esto o aquello. Podemos aparentar toda la santidad que queramos, pero todos tenemos un problema con esta clase de actitud rencorosa de vez en cuando.

En Ezequiel 25:15-17, podemos ver lo que el Señor piensa de todo esto:

> *Así ha dicho Jehová el Señor: Por lo que hicieron los filisteos con venganza, cuando se vengaron con despecho de ánimo, destruyendo por antiguas enemistades; por tanto, así ha dicho Jehová: He aquí yo extiendo mi mano contra los filisteos, y cortaré a los cereteos, y destruiré el resto que queda en la costa del mar. Y haré en ellos grandes venganzas con reprensiones de ira; y sabrán que yo soy Jehová, cuando haga mi venganza en ellos.*
>
> Ezequiel 25:15-17

El Señor tomaría venganza de los filisteos porque ellos habían tomado venganza de sus enemigos, mas si hubieran dejado la venganza en manos de Dios, Él la hubiera tomado; pero como ellos tomaron la venganza en sus propias manos, la ira de Dios se retiró de sobre los enemigos y vino sobre los filisteos.

Dejar cualquier ofensa en las manos de Dios y esperar que Él se encargue de la situación es una gran declaración de confianza en Dios, además, muestra sabiduría.

15. Un corazón apesadumbrado

> *La congoja en el corazón del hombre lo abate; mas la buena palabra lo alegra.*
>
> Proverbios 12:25

Creo que cada cristiano debe mantener un corazón alegre. No tenemos que seguir con un espíritu acongojado o triste porque una de las cosas que Jesús vino a hacer fue levantar la angustia de Su pueblo: . . .*a ordenar que a los afligidos de Sion se les dé gloria en lugar de ceniza, óleo de gozo en lugar de luto, manto de alegría en lugar del espíritu angustiado...*[1]

Jesús les dice a sus discípulos en Juan 14:1: *No se turbe vuestro corazón...*

De estas y otras escrituras, queda claro que el Señor no quiere que tengamos un corazón turbado o apesadumbrado. Cuando las cosas no vayan bien, recuerda que como líder debes mantener alegre tu corazón, eso es algo vital. No podemos permitir que la pesadumbre agobie nuestro corazón, porque lo que damos, lo que ministramos sale del corazón.

16. Un corazón que razona

Fíate de Jehová de todo tu corazón, y no te apoyes en tu propia prudencia. Reconócelo en todos tus caminos, y él enderezará tus veredas.

Proverbios 3:5,6

Las personas que quieren razonar todo batallan mucho porque el razonamiento no trae la fe, y sin fe es imposible agradar a Dios.[2]

Puedo hablar mucho tocante al razonamiento porque antes yo era la principal razonadora. Yo era una persona que tenía todo razonado. Era necesario tener un plan, y tenía que saber todo sobre mis asuntos y los asuntos de todos los demás—aun los de Dios. Siempre preguntaba: "¿Por qué, Dios, por qué? ¿Cuándo, Dios, cuándo?" Me parecía a los líderes religiosos conocidos por Jesús:

Estaban allí sentados algunos de los escribas, los cuales cavilaban en sus corazones: ¿Por qué habla éste así? Blasfemias dice. ¿Quién puede perdonar pecados, sino sólo Dios?

Y conociendo luego Jesús en su espíritu que cavilaban de esta manera dentro de sí mismos, les dijo: ¿Por qué caviláis así en vuestros corazones?

Marcos 2:6-8

¿Nunca has tenido una conversación dentro de ti? Lo más probable es que sí lo hayas hecho. La pregunta es, ¿qué hablas en tu interior?

Los escribas no estaban hablando en voz alta, pero de inmediato Jesús supo sus argumentaciones y cuestionamientos acerca de Él, y les llamó la atención. Sabía la condición de sus corazones porque su corazón estaba en paz.

Como líderes tenemos que estar conscientes de este problema y tratar con él, así como Jesús trató con la condición del corazón de sus seguidores.

EL DISCERNIMIENTO LLEGA CUANDO EL RAZONAMIENTO SE VA

Habían olvidado de traer pan, y no tenían sino un pan consigo en la barca. Y él les mandó, diciendo: Mirad, guardaos de la levadura de los fariseos, y de la levadura de Herodes. Y discutían entre sí, diciendo: Es porque no trajimos pan. Y entendiéndolo Jesús, les dijo: ¿Qué discutís, porque no tenéis pan? ¿No entendéis ni comprendéis? ¿Aún tenéis endurecido vuestro corazón?

Marcos 8:14-17

Aquí, de nuevo logramos ver el discernimiento de Jesús y como sabía cuál era el razonamiento de los corazones de sus discípulos; en ocasiones, tan torpes como nosotros. No lo digo para ofender; simplemente es la verdad.

Con todo su razonamiento, fracasaron (lo mismo que hacemos en muchas ocasiones), tratando de entender el verdadero significado de lo que el Señor intentaba decirles. No hablaba del pan en un sentido literal; hablaba de la levadura espiritual, de las enseñanzas y prácticas de los fariseos. Estaba dando una advertencia: la importancia de cuidarse de tendencias legalistas, porque de adoptarlas, contaminarían cada área de sus vidas. En otras palabras estaba diciendo: "Guárdense de la actitud de hipocresía mostrada por los fariseos. No practican lo que predican. Predican lo bueno, pero hacen lo malo".

En su esfuerzo por hacerlos entender, les recordó cuando dio de comer a los cinco mil hombres:

¿Teniendo ojos no veis, y teniendo oídos no oís? ¿Y no recordáis? Cuando partí los cinco panes entre cinco mil, ¿cuántas cestas llenas de los pedazos recogisteis? Y ellos le dijeron: Doce. Y cuando los siete panes entre cuatro mil, ¿cuántas canastas llenas de los pedazos recogisteis? Y ellos le dijeron: Siete. Y les dijo: ¿Cómo aún no entendéis?

Marcos 8:18-21

Jesús trataba de hacerles entender que no tenían que preocuparse por no haber traído pan, él podía proveer pan milagrosamente. Les estaba hablando de la condición de su corazón, no del estado de su estómago.

Te fijas que en el verso 17 les pregunta porqué están discutiendo, tratando de entender; les pregunta porqué no han discernido, entendido.

Esto es lo que yo siempre hacía. Siempre quería razonar todo, y trataba de entender todo. Un día el Señor habló algo muy interesante a mi corazón: "Si sigues razonando, nunca tendrás discernimiento".

El discernimiento tiene su principio en el corazón y sube a la mente, pero mientras mi mente se ocupaba en razonar, Dios no tenía entrada así como Jesús con sus discípulos.

Esto es importante ya que el razonamiento no lleva a la fe. Aquellas personas que fluyan en el Espíritu Santo gozarán de una vida de paz, pero el razonamiento pertenece a la mente carnal y no produce buen fruto. El "razonamiento" al que me refiero es aquel que no va de acuerdo a la verdad[3] de la Palabra de Dios. Como ya hemos dicho, ¡Dios quiere que usemos nuestro sentido común! Quiere que usemos la mente que Él nos dio, pero quiere que ese uso se alinee con lo que nos dice su Palabra.

Una de las razones por las que yo seguí buscando librarme del razonamiento es que siempre me sentía confundida. Pronto descubrí que no me encontraba sola en esta situación. En una de mis reuniones pregunté: "¿Cuántos de ustedes están sintiendo algo de confusión en este momento?", y de 300 personas, 298 levantaron la mano, sólo mi esposo y otra persona no la levantaron.

Sin embargo, Pablo nos dice que Dios no es el autor de la confusión.[4] Como hijos de Dios, no tenemos que andar por todos lados confundidos porque podemos **discernir** las cosas. Por eso el Señor habló a mi espíritu esto: "Dile a mi pueblo que deje de tratar de entender todo, y dejará de sentirse confundido".

Me gusta lo que le dice María al ángel cuando le anuncia que quedará embarazado por medio del Espíritu Santo, ya que no trata de razonar o entender, simplemente dice: ". . . hágase conforme a tu palabra".[5]

Nos dice la Biblia que María meditaba todas estas cosas en su corazón.[6] Está bien meditar las cosas, es una de las condiciones positivas del corazón que estudiaremos después; pero al momento de sentir confusión, de la meditación al razonamiento. Ahora, obviamente, no podemos vivir toda nuestra vida sin pensar o hacer planes.

Contar con una cantidad moderada de planes nos hace más fácil la vida, pero tener demasiados planes sólo nos complica la vida. El balance es la clave a la victoria mental.

Una de mis hijas era alguien que acostumbraba planear todo. Para lidiar con cada una de sus tareas, era necesario planear, pero llegó a ser algo fuera de balance para ella. Planeaba hasta el punto de sentirse frustrada y Dios tuvo que tratar con ella respecto a la paz en su corazón. Le mostró que tener planeado todo estaba bien, siempre y cuando no se dejara manejar o manipular por dichos planes. Hoy en día ha llegado lejos en su lucha contra el razonamiento de todo en la vida.

No tendrás paz si sientes la necesidad de razonar o entender todo en todo momento; y si te falta paz quizá sea porque quieres razonar y entender demasiadas cosas. Deja de preguntar "¿Por qué, Dios, por qué?", y sólo di: "Señor, Tú sabes, y tengo que estar conforme con eso. Cuando sea tiempo, muéstrame, explícame. Y hasta entonces, con Tu ayuda, podré reír y disfrutar mi vida, confiando en que Tú tienes todo en tus manos y te encargarás de todo en cuanto a mí se refiere".[7]

17. Un corazón envidioso y contencioso

. . . porque aún sois carnales; pues habiendo entre vosotros celos, contiendas y disensiones, ¿no sois carnales, y andáis como hombres?

1 Corintios 3:3

La envidia y los celos nos impulsarán a luchar por cosas que Dios, en su tiempo, nos dará si es su voluntad que nosotros las tengamos. Un corazón envidioso y celoso no bendice en nada a Dios. No debemos, ni podemos, envidiar o codiciar lo de otra persona, aun su ministerio.

Como líderes, no debemos codiciar posición, iglesia, staff, grupo de seguidores, o cualquier otra parte del ministerio de alguien. Esto no le agrada a Dios.

Necesitamos estar contentos con lo que Dios nos ha dado. Debemos confiar en que si debemos tener más, Él se encargará de dárnoslo. Nos lo dará cuando sepa que podemos manejarlo correctamente.

Tú puedes estar pensando: "**Yo creo que el diablo me está robando la bendición**".

Yo lo veo de esta manera: Si yo estoy haciendo lo que Dios quiere que haga, y mi corazón está bien delante de Él, ningún hombre en la tierra ni ningún demonio del infierno me podrá quitar lo que Dios desea darme.

Yo creo que echarle al diablo la culpa por todo es sólo una excusa para no madurar. Es un pretexto para no desarrollar carácter personal y para impedir que Dios haga su obra en nosotros.

No es para decir que el enemigo no intentará obstruir el cumplimiento de nuestro ministerio así como intentó, aunque sin éxito, con Jesús. Vendrá contra nosotros, pero no nos detendrá.

Llegarán momentos en los que será necesario perseverar aun en la cara de la oposición, pero si nos encontramos haciendo la voluntad de Dios, Él nos dará la habilidad y fuerza para realizar lo que quiere que cumplamos. El diablo no podrá detenernos de cumplir nuestro destino. Lo que sí puede detenernos es nuestra carne incircuncisa, no crucificada; después hablaremos del corazón incircunciso.

Sí, el diablo es real, y sí, viene a nuestro ataque, pero esta verdad se enseña con falta de equilibrio, hasta el punto de culpar al diablo por todo. Esto complace al diablo porque recibe mucha atención, y le resta importancia a Dios y sus promesas. Necesitamos fijar nuestra mirada en Dios en lugar de fijarnos en las obras del enemigo.

Yo antes tenía un problema con la envidia y los celos, en especial cuando se trataba del ministerio y mi ministerio no creció hasta que no superé el problema.

Por lo visto, contar con potencial no significa que desarrollaremos todo nuestro potencial. Para lograr esto, tenemos que cooperar con Dios.

Lo que finalmente me libró de la envidia y los celos fue reconocer que Dios tenía un plan único, personalizado para mí. No tengo porqué compararme con ninguna otra persona; no tengo que competir con otros ministerios. Lo que me corresponde es decir: "Señor, quiero tu voluntad para mi vida. Mis caminos están en tus manos. Lo que otros hacen no me incumbe. Lo que me incumbe es hacer lo que tú pides de mí".

No hay cosa más frustrante que afanarte por algo que Dios no te ha dado, o esforzarte por hacer algo que Dios no ha ungido o querer cambiar algo que no está dentro de tus posibilidades cambiar.

El secreto del contentamiento y alegría no es poder cambiar tus circunstancias sino confiar que Dios cumplirá su plan para tu vida.

18. Un corazón lujurioso y avaro

> *Entonces creyeron a sus palabras y cantaron su alabanza. Bien pronto olvidaron sus obras; no esperaron su consejo. Se entregaron a un deseo desordenado en el desierto; y tentaron a Dios en la soledad. Y él les dio lo que pidieron; mas envió mortandad sobre ellos.*
>
> Salmos 106:12-15

Un corazón avaro y lujurioso es algo de lo que debemos cuidarnos siempre.

Dios había sacado de Egipto a los israelitas, destruido a Faraón y su ejército que los perseguía y no estaban satisfechos, continuaban con sus quejas. No importaba todo lo que Dios les proveía, siempre querían más. Se dirigían a la Tierra Prometida, sin embargo no disfrutaban el viaje.

Muchas veces, nuestro problema es el mismo.

Cuando enseñaba a veinticinco personas en mi sala cada martes por la noche, mi nivel de madurez no podía con más. Mi visión era de estar haciendo lo que hago ahora, entonces me quejaba, murmuraba, rogaba, oraba, ayunaba, reprendía al enemigo y no lograba salir de mi sala. Todo mi esfuerzo fue tiempo perdido. En lugar de alegrarme y disfrutar de mi familia, mi esposo, mis hijos y mi vida, siempre era miserable porque no conseguía lo que yo quería.

Tuve la oportunidad de enseñar en otro estudio bíblico y por un tiempo me sentí feliz, pero no fui feliz por mucho tiempo.

Me invitaron a apoyar en una iglesia en Saint Louis y trabajé cinco años allí. Después de un tiempo, sentía que algo me faltaba.

Tuve mi propio ministerio y sin haber pasado mucho tiempo, ya no era feliz. Sin importar cual fuera mi posición o trabajo, siempre deseaba tener otra cosa más.

Si no nos cuidamos, podemos malgastar la mayor parte de nuestra vida anhelando algo que no tenemos. Se enamoran y lo que quieren es casarse. Después del matrimonio, lo que quieren es salir del matrimonio.

Tienen hijos y lo único que quieren es que crezcan para que vayan a la escuela. Nada más entran a la escuela y sólo quieren que terminen, y en cuanto sucede esto, quieren que se casen para que tengan sus propios hijos.

Y así es, cualquiera que sea su posición, siempre anhelan tener otra cosa. Murmuran y se quejan con Dios porque no tienen lo que quieren, y cuando se los da, se siguen quejando porque entonces quieren otra cosa.

Dios les dio a los israelitas lo que pidieron, aunque no estaban listos para ello, y tampoco estuvieron contentos con lo que les dio.

Le doy gracias a Dios que no me dio el ministerio que tengo ahora cuando yo lo pedía, hubiera sido miserable e infeliz, y quizá hasta estaría muerta por la presión.

Cuídate del corazón avaro. No pidas algo si todavía no es el tiempo en el que Dios te lo quiera dar. Aprende a estar contento con lo que tienes mientras el Señor te prepara para algo mejor.

No le pidas un rascacielos a Dios cuando no ha terminado de construir el cimiento todavía, sería más de lo que pudieras tolerar.

19. Un corazón incircunciso

> *¡Duros de cerviz, e incircuncisos de corazón y de oídos! Vosotros resistís siempre al Espíritu Santo; como vuestros padres, así también vosotros.*
>
> Hechos 7:51

Dios me mostró lo que es un corazón incircunciso. La circuncisión es la separación de algo, y cuando una persona no corta o separa la maldad de su corazón tiene un corazón incircunciso. La persona con un corazón circuncidado de inmediato removerá una actitud o acción incorrecta de su corazón o de su vida.

Recuerda que el enemigo siempre llegará ofreciéndonos la actitud incorrecta. Si aceptamos su oferta, detendrá nuestro crecimiento y desarrollo. El Señor me mostró que si tengo en verdad un corazón circuncidado, cuando el odio, enojo, celos, envidia o cualquier emoción incorrecta llegue a mí, tendré que deshacerme inmediatamente de ella, y si permito que se establezca, no soy la persona que describe Pablo en Romanos 2:28,29:

> *Pues no es judío el que lo es exteriormente, ni es la circuncisión la que se hace exteriormente en la carne; sino que es judío el que lo es en lo interior, y la circuncisión es la del corazón, en espíritu, no en letra; la alabanza del cual no viene de los hombres, sino de Dios.*

Un buen líder es aquella persona que mantiene circuncidado su corazón diciéndole "no" a cualquier cosa que lo alejaría de una relación correcta con Dios.

20. Un corazón condenado

. . . pues si nuestro corazón nos reprende, mayor que nuestro corazón es Dios, y él sabe todas las cosas. Amados, si nuestro corazón no nos reprende, confianza tenemos en Dios; y cualquiera cosa que pidiéremos la recibiremos de él, porque guardamos sus mandamientos, y hacemos las cosas que son agradables delante de él.

1 Juan 3:20-22

Un corazón que ha sido condenado, pierde su confianza.

Es importante que cualquier persona que desee ser líder aprenda a lidiar con la condenación. Cuando peque, necesita poder tratar con el problema y luego dejarlo en el pasado, porque nadie es perfecto. Necesita un corazón perfecto, según el corazón de Dios, pero todavía no será perfecto en cada pensamiento, palabra y obra.

Yo sé que llega mucha condenación cuando predicamos sobre algo y después cometemos un error en esa misma área, y cuando hacemos eso, sentimos doble culpabilidad cuando el diablo llega diciendo: "Tú deberías saber mejor que nadie". Y si escuchamos sus mentiras, nos sentiremos incapaces de ser líderes del pueblo de Dios.

Dios nos convence del pecado, pero nunca nos condena. La convicción nos lleva al arrepentimiento y así a la salida del problema; la condenación sólo sirve para aplastarnos y hacernos sentir mal. No podemos aceptar los sentimientos de condenación porque sólo producen desconfianza y falta de fe, y sabemos que sin fe es imposible agradar a Dios[86] o recibir sus bendiciones.

Romanos 8:33,34 nos dice que Dios nos justifica, que cancela todos los cargos en contra de nosotros. Jesús no nos condena, murió por nosotros y está sentado a la diestra del Padre intercediendo por nosotros. Si sentimos condenación hay que recordar que viene de nuestra carne o del diablo. Sométete a la convicción de Dios, pero resiste la condenación de Satanás.

Capítulo 8

Condiciones positivas del corazón, parte 1

. . . porque Jehová no mira lo que mira el hombre;
pues el hombre mira lo que está delante de sus ojos,
pero Jehová mira el corazón.
1 Samuel 16:7

Nuestro Dios es el Dios de los corazones. Él no se fija en lo exterior del hombre o aun en las cosas que hace una persona, su juicio no se basa es esos criterios. El hombre juzga según la carne, pero Dios juzga según el corazón.

Es posible tener un corazón malo y aparentar exteriormente que todo está bien, también es posible tener problemas mientras se tiene un corazón correcto ante Él. Dios usará con más facilidad a una persona con unos cuantos problemas pero con un corazón recto que a una persona que aparenta estar bien y tiene un corazón malo.

Es muy importante saber cómo estamos por dentro, nuestras actitudes, lo que sentimos y pensamos, que conozcamos lo que la Biblia llama el hombre escondido del corazón, si queremos que Dios nos use como líderes en su reino.

En capítulos anteriores vimos algunas de las condiciones del corazón que un líder no debe tener si desea ser usado por Dios. Ahora consideremos algunas de las condiciones positivas que Dios requiere de sus líderes.

1. *Un corazón dispuesto*

> *Jehová habló a Moisés, diciendo: Di a los hijos de Israel que tomen para mí ofrenda; de todo varón que la diere de su voluntad, de corazón, tomaréis mi ofrenda.*
>
> Éxodo 25:1,2

Tener un corazón dispuesto, "deseoso", para hacer las cosas es indispensable si queremos lograr algo.

A través de los años, he tenido que superar muchas cosas negativas en mi ministerio. Sí, tenía un llamado de Dios, pero en conjunto tuve que tener mucho el "deseo" de hacer las cosas.

Tras observar a las personas y a mí misma, he llegado a la conclusión de que hacemos lo que queremos hacer. Si tenemos suficientes ganas de hacer alguna cosa, casi siempre buscamos la manera de hacerla.

"Desear" es algo poderoso, ya que con ello logramos bajar de peso, mantener limpia nuestra casa, ahorrar dinero, pagar nuestras deudas o alcanzar cualquier meta puesta por nosotros. No nos gusta reconocer que la mayor razón de nuestro fracaso o éxito depende de cuanto queremos algo. Nos gusta echarle la culpa a cualquier persona o situación, pero creo que sería bueno sentarnos a calcular cuanto "deseo" tenemos, ser honestos y decir, si es necesario: "Señor, no gané la victoria porque en realidad no la deseé suficiente. No oré ni leí la Biblia porque no quería. No pasé tiempo meditando sobre tu palabra y hablando contigo porque no tenía ganas, no quería. Pasé toda la noche viendo la televisión porque quería".

No tienen nada de malo el descanso y el entretenimiento, siempre y cuando estén bien nuestras prioridades. Como ya lo dije, nos gusta echarle la culpa a otra persona o situación por nuestras faltas o decisiones. Culpamos al diablo, a otras personas, al pasado y sigue la lista, cuando muchas veces la verdad es que nos faltó "deseo".

Si tú y yo queremos estar en liderazgo, sirviendo a Dios, necesitamos "desearlo". Es necesario tener un corazón dispuesto, ya que a Dios no le interesan nuestras buenas obras si no las hacemos de corazón y libre voluntad.

Hace muchos años Dios tuvo que tratar conmigo a causa de la inseguridad y legalismo causado por las heridas de mi pasado. Vivía bajo la Ley; hacía todas las cosas indicadas, pero las hacía por las razones equivocadas. Las hacía porque tenía temor que de no hacerlas Dios se enojaría conmigo o no estaría contento conmigo.

En tantas ocasiones oré porque sentí la obligación hacerlo, pero mi corazón no estaba allí. Religiosamente leía la Palabra de Dios, muchos capítulos por día, y cumplía con mi hora de oración porque así lograba sentir que había cumplido la Ley.

Recuerdo que un día Dios me habló claramente: "Joyce, no quiero que me des algo o hagas algo por Mí si no deseas hacerlo".

Recuerdo haber pensado que **eso no podía ser la voz de Dios** hablando a mi vida.

No desprecio la necesidad de la disciplina en nuestras vidas, pero aun así, debemos hacerlo porque queremos, no porque tenemos que hacerlo. Nos vemos obligados a disciplinar la carne para hacer lo que nuestro corazón desea, ya que la carne siempre está en conflicto con el Espíritu. No siempre sentimos hacer lo que hacemos, pero no es necesario **sentir** hacerlo, sólo **desear** hacerlo. Nuestra voluntad debe gobernar, no nuestros sentimientos.

No siempre tengo ganas de viajar por todo el país dando conferencias, pero lo sigo haciendo porque en lo profundo quiero seguir haciéndolo. Mi carne no siempre quiere hacerlo, pero mi espíritu sí, así que obedezco a mi espíritu, sin importar mis emociones, porque tengo un corazón dispuesto. Vemos en Su Palabra, que Dios quiere esta actitud en sus hijos:

> *Tomad de entre vosotros ofrenda para Jehová; todo generoso de corazón la traerá a Jehová. . . . Vinieron así hombres como mujeres, todos los voluntarios de corazón, y trajeron cadenas y zarcillos, anillos y brazaletes y toda clase de joyas de oro; y todos presentaban ofrenda de oro a Jehová. De los hijos de Israel, así hombres como mujeres, todos los que tuvieron corazón voluntario para traer para toda la obra, que Jehová había mandado por medio de Moisés que hiciesen, trajeron ofrenda voluntaria a Jehová.*
>
> Éxodo 35:5,22,29

¿Sabes lo que sucederá si existe un gran "deseo" en el área de dar? Daremos con sacrificio. Si mi deseo de hacerlo es suficientemente grande, de alguna manera, encontraré algo para dar.

Recuerdo cuando Dave y yo no teníamos mucho dinero, entonces regalábamos uno de nuestros cuadros o un cobertor. Es sorprendente lo que estamos dispuestos a sacrificar si el "deseo" es suficiente.

En 1 Crónicas 29:6 leemos esto: *Entonces los jefes de familia, y los príncipes de las tribus de Israel, jefes de millares y de centenas, con los administradores de la hacienda del rey, ofrecieron voluntariamente.* Si no queremos, no vamos a trabajar, pero si el deseo es suficiente, trabajaremos. Es sabio recordar que sólo con mucho trabajo se logran las cosas importantes.

Dispuesto a estar dispuesto

> *Y se alegró el pueblo por haber contribuido voluntariamente; porque de todo corazón ofrecieron a Jehová voluntariamente.*
>
> 1 Crónicas 29:9

A mí no me agrada sentir que alguien hace algo por mí, pero que no lo hace porque quiere, ¿a ti te gusta? Creo que tiene que ver con mi crianza ya que sentía que mi padre, aun y si me daba permiso, no quería que hiciera esto o aquello. Así que, hasta la fecha, si las personas no quieren de verdad, hacer algo por mí, prefiero que no lo hagan.

Si nosotros somos así, cuánto más lo será Dios. Aun si logramos esconder nuestros sentimientos a la vista de otras personas, nunca lo haremos con nuestro Dios. Mejor aprendamos a tener, o pidámosle a Dios, un corazón dispuesto para hacer las cosas con la actitud correcta.

Quizá tengamos que orar en ocasiones de esta manera: "Señor, dame disposición para estar dispuesto— ¡porque en este momento no tengo disposición!"—

Si hacemos algo para Dios, Él examinará la actitud de nuestro corazón:

> *Yo sé, Dios mío, que tú escudriñas los corazones, y que la rectitud te agrada; por eso yo con rectitud mi corazón voluntariamente te he ofrecido todo esto, y ahora he visto con alegría que tu pueblo, reunido aquí ahora, ha dado para ti espontáneamente.*
>
> 1 Crónicas 29:17

A Dios no le agrada cuando hacemos algo por obligación o bajo la Ley:

> *Cada uno dé como propuso en su corazón: no con tristeza, ni por necesidad, porque Dios ama al dador alegre.*
>
> 2 Corintios 9:7

Pedro también nos habla sobre nuestra actitud al dar en 1 Pedro 5:2: *Apacentad la grey de Dios que está entre vosotros, cuidando de ella, no por fuerza, sino voluntariamente; no por ganancia deshonesta, sino con ánimo pronto.*

Es obvio que en este verso Pedro hablaba a los pastores y ancianos, a los que estaban en liderazgo, pero creo que se puede aplicar a cualquier persona que quiera ser usada por Dios. Nos dice que debemos asegurarnos de tener la actitud apropiada al hacer cualquier cosa, no por lo que podamos ganar al hacerlo.

Por ejemplo, si visitas a alguien en el hospital, hazlo sin quejas. Si te ofreces para cuidar a la hija o hijo de un amigo, hazlo sin murmuración.

Hay que recordar siempre que al hacer cualquier cosa por una persona, lo hacemos para el Señor.[1] Muchas de las cosas que hacemos, las hacemos sólo porque amamos a Dios y no por ninguna otra razón. Si hacemos algo para otros—en especial cuando no sentimos hacerlo, pero lo hacemos porque lo queremos hacer, y así obramos con una buena actitud— agradamos a Dios.

Es decir, lo que hagamos, debemos hacerlo de corazón, voluntariamente, porque de no ser así, es mejor no hacer nada. En mi opinión, no recibiremos recompensa por hacer algo con una mala actitud.

Estoy convencida que el asunto principal en la vida del creyente debe ser la actitud o condición de su corazón. No importa lo que mostremos por fuera; la verdad que se encuentra dentro de nosotros es lo que no podemos esconder de Dios, es lo que a Él le importa.

Sé alguien que agrada a Dios

> *Siervos, obedeced en todo a vuestros amos terrenales, no sirviendo al ojo, como los que quieren agradar a los hombres, sino con corazón sincero, temiendo a Dios.*
>
> Colosenses 3:22

Recibimos órdenes de ser empleados buenos, fieles, leales y trabajadores, que hacen bien, y con buena actitud su trabajo. No podemos mostrar una cara al empleado en su presencia y otra cuando no se encuentra. Debemos ser sinceros, honestos y confiables.

Se me hace muy triste que los que tenemos trabajo nos quejemos de él, habiendo tantas personas que no tienen trabajo. Debemos ser agradecidos por nuestros trabajos y gozarnos de poder hacerlo.

No nos afanemos por agradar a los hombres, seamos personas que agradan a Dios. No podemos aprovecharnos de la ausencia del jefe y hacer llamadas personales o cosas por el estilo. Es sorprendente la reacción de las personas que no han estado trabajando cuando entra el jefe o dueño de la compañía.

A Dios le interesan esta clase de cosas porque se supone que somos cartas, leídas por todos los hombres. No alcanzaremos al mundo con calcomanías, audio casetes o prendedores con el nombre de Jesús, si no tenemos el fruto del Espíritu en nuestra vida. Llegar al trabajo con todas estas cosas no llevará a los hombres a Cristo; será nuestro día completo de trabajo por un día de pago, someternos con una buena actitud a los que están sobre nosotros y hacer lo que se nos pide sin murmuración o queja, lo que hará que las personas quieran lo que nosotros tenemos.

Pablo nos dice en Colosenses 3:23,24: *Y todo lo que hagáis, hacedlo de corazón, como para el Señor y no para los hombres; sabiendo que del Señor recibiréis la recompensa de la herencia, porque a Cristo el Señor servís.*

¿Sabes lo que sucede cuando hacemos nuestro trabajo como para el Señor y no para el hombre? Recibimos nuestra recompensa de Dios, no de nuestro jefe. El Señor nos dará la recompensa que realmente merecemos.

2. *Un corazón conmovido, avivado*

Por lo cual te aconsejo que avives el fuego del don de Dios que está en ti por la imposición de mis manos.

2 Timoteo 1:6

Dios quiere que nos mantengamos en un estado avivado, no le gusta la muerte. La Biblia dice que los muertos no alaban a Dios.[2] Dios no está buscando una iglesia muerta sino una iglesia viva.

Me encanta lo que dijo Jesús cuando resucitó a Lázaro de entre los muertos. Primero, ordenó que saliera de la tumba y en seguida mandó que le quitarán las ropas fúnebres.[3]

Muchas personas nacidas de nuevo y llenas con el Espíritu Santo no se han quitado sus ropas fúnebres, sus ataduras, y huelen a muerto. Dios nos quiere vivificar.

Pablo le dijo a un joven discípulo, Timoteo, que avivara el don que tenía.[4]

Al parecer, Timoteo sentía algo de temor, y se encontraba cansado e inseguro de su llamado, se estaba desanimando, así que, Pablo llegó con una palabra fuerte de ánimo. Pablo le recordó de donde había venido su fe, instándole a que recordar la fe de su abuela y madre, que recordara la imposición de manos y que avivara el don que había sido impartido.

Tú eres la única persona que puede avivar el don en ti, el fuego dentro de ti. Otras personas te pueden animar, ese es mi deseo con este libro, pero en cuanto te encuentres solo o en cuanto dejes este libro, podrás experimentar el desánimo de nuevo. Entonces tendrás que avivarte a ti mismo.

La vida es más emocionante al tener un corazón avivado. Mucha gente de la iglesia se enferma porque todos nosotros nos andamos quejando y diciendo cuan enfermos y cansados estamos. Cuando nos cansemos de tener esta actitud es cuando haremos algo al respecto.

¿CÓMO SOMOS AVIVADOS?

Y vino todo varón a quien su corazón estimuló, y todo aquel a quien su espíritu le dio voluntad, con ofrenda a Jehová para la obra del tabernáculo de reunión y para toda su obra, y para las sagradas vestiduras.

Éxodo 35:21

Los que construyeron el tabernáculo del Señor fueron los de corazón con voluntad, los que se mantuvieron avivados hacia las cosas de Dios.

Tú quizá digas: **Me gustaría estar avivado, emocionado, pero no me siento así. No sé cómo puedo avivarme.**

Una de las posibles razones para sentirte así es si las personas con las que tienes comunión están desanimadas, flojas, frías y medio muertas. El ánimo se contagia. Si las personas con las que te asocias son personas emocionadas, y animadas en las cosas del Señor, dentro de poco tiempo tú serás igual. Si estás con una persona con visión, pronto tendrás tú también visión, pero también en el lado contrario es igual, te puedes contagiar de cosas negativas.

No sirve de nada decir "me gustaría sentir de esa manera". Tienes que tomar la decisión de hacer algo al respecto, y si no es fuerte el deseo probablemente no harás nada. Para obtener la victoria sobre tus emociones, tienes que tomar una decisión concreta.

Deja de quejarte por lo que no tienes, o por lo que piensas que "necesitas".

Antes, yo hacía eso. El Señor trató fuertemente conmigo diciéndome que con desear no obtendría nada para mí. Es necesario decidir y accionar para obtener algo.

En Romanos 12:11 leemos: *En lo que requiere diligencia, no perezosos; fervientes en espíritu, sirviendo al Señor.* El fervor se mantiene avivando el fuego.

Yo he descubierto que la palabra de Dios que sale de mi boca en forma de oración, alabanza, predicación o confesión es la manera más efectiva de avivar el fuego. Aviva el don en mí, mantiene ferviente mi espíritu y me previene del desánimo.

El escritor de Eclesiastés nos dice: *Todo lo que te viniere a la mano para hacer, hazlo según tus fuerzas; porque en el Seol, adonde vas, no hay obra, ni trabajo, ni ciencia, ni sabiduría.*[5]

Recuerda que todo lo que hacemos, debemos hacerlo como para el Señor y para su gloria. Debemos hacerlo por Él, a Él, para Él, a través de Él y con Él, y debemos hacerlo gustosamente, con nuestro corazón totalmente avivado.

3. Un corazón sabio

> *Y tú hablarás a todos los sabios de corazón, a quienes yo he llenado de espíritu de sabiduría . . .*
>
> Éxodo 28:3

Me sorprende la cantidad de cosas necias que hacemos y luego nos preguntamos el porqué no vemos cumplirse los deseos de nuestro corazón. Simplemente debemos cuidar nuestro comportamiento.

En el libro de Hageo vemos a un grupo de personas descontentas con sus circunstancias y la respuesta de Dios para ellos que fue: *Meditad bien sobre vuestros caminos.*[6]

Podemos tener muchos dones, pero si los acompañamos de sabiduría, nos meterán en problemas. Recuerden que el sentido común, o sea la sabiduría, es una parte fundamental en un ministerio de éxito.

No tiene sentido que los israelitas pospusieran hacer lo que Dios les había mandado 18 años atrás, y se preguntaran porqué no prosperaban. Sí, prosperar en un ministerio requiere de más que sólo unos dones.

En Éxodo 35:30-33, Moisés les habla a los israelitas tocante a los dones:

> *Y dijo Moisés a los hijos de Israel: Mirad, Jehová ha nombrado a Bezaleel hijo de Uri, hijo de Hur, de la tribu de Judá; y lo ha llenado del Espíritu de Dios, en sabiduría, en inteligencia, en ciencia y en todo arte, para proyectar diseños, para trabajar en oro, en plata y en bronce, y en la talla de piedras de engaste, y en obra de madera, para trabajar en toda labor ingeniosa.*

Moisés les está diciendo que Dios ha tomado a Bezaleel y lo ha colmado de dones.

Cada uno de nosotros, según la Biblia, tenemos diferentes dones para bendecir al Cuerpo de Cristo.[7] Es importante ejercer nuestro propio don y no buscar tener el don de otro.

Las personas que se ocupan en hacer la obra de otra persona nunca hacen lo que Dios les ha encomendado, muchas veces por inseguridad, sin saber quiénes son en Cristo y sin estar satisfechos haciendo la parte que el Señor les ha dado para hacer.

Si Dios te ha puesto en algún lugar y no es precisamente ante las personas para ministrar, de todos modos haz lo que Dios te ha dicho porque al querer hacer otra cosa, no serás feliz y fracasarás.

Dios da dones a todos, pero muchos nunca los usan porque les falta sabiduría.

En Éxodo 35:34, 35, Moisés continúa hablando al pueblo de Israel diciendo: *Y ha puesto en su corazón el que pueda enseñar, así él como Aholiab hijo de Ahisamac, de la tribu de Dan; y los ha llenado de sabiduría de corazón, para que hagan toda obra de arte y de invención, y de bordado en azul, en púrpura, en carmesí, en lino fino y en telar, para que hagan toda labor, e inventen todo diseño.*

La primera vez que leí este pasaje, me llamaron la atención las palabras "sabiduría" y "para que hagan". Dios no sólo nos da una habilidad sino también la sabiduría para poder hacer la obra.

Dave y yo hemos visto a tantas personas que están batallando en el ministerio, y no es porque les falten habilidades o dones, es porque no usan su sabiduría. La sabiduría es muy importante en cualquier área de nuestra vida, ya sea un ministerio, un negocio o el matrimonio.

Por ejemplo, una mujer puede ser muy bella y talentosa; quizá puede hacer todo lo que nos dice Proverbios 31, pero aun así puede echar a perder su matrimonio si no usa su sabiduría.

Proverbios 24:3 nos dice que *con sabiduría se edificará la casa, y con prudencia se afirmará.*

¿Dónde se hace evidente la sabiduría en nuestras vidas? Se muestra en nuestra manera de hablar, comportarnos, manejar dinero, cumplir con nuestras responsabilidades, tratar a las personas y en mil y una formas más. Hay tantas ocasiones en que debemos caminar con sabiduría, sin embargo una de las tragedias de la iglesia es que tantas personas simplemente no operan con sabiduría.

Una de estas áreas son nuestras actividades. Queremos hacer tantas cosas. Una vez que yo me quejaba de mi horario, Dios me dijo: "Joyce, tú eres quien hace tu horario. Yo no lo hice, y nunca te dije que tenías que hacer todas las cosas que intentas y deseas hacer".

Necesitamos sabiduría al planear nuestras actividades y horario.

La sabiduría te llevará lejos

> *Y salía David a dondequiera que Saúl le enviaba, y se portaba prudentemente. Y lo puso Saúl sobre gente de guerra, y era acepto a los ojos de todo el pueblo, y a los ojos de los siervos de Saúl.*
>
> 1 Samuel 18:5

Un día al leer este versículo, me fijé en algo. David había sido ungido rey de Israel,[8] sin embargo fue puesto en la casa de Saúl para recibir entrenamiento y crucificar su carne.

Cualquier persona que haya sido ungida para el liderazgo, tendrá un Saúl en algún momento de su vida. Dios usa a los que son como Saúl para sacar lo "Saúl" de nosotros. Dios nos pone cerca de alguien que es como una lija para alisar nuestros puntos ásperos.

El simple hecho de tener una unción para ser líder no quiere decir que de inmediato tendremos una posición de liderazgo.

Tiene que haber un tiempo de prueba, cierto trabajo que necesitamos que haga Dios en nosotros. Después veremos algunas de las pruebas necesarias para un líder antes de que pueda ser ascendido.

Después de ver este verso sobre el servicio de David en la casa de Saúl, me fijé en el verso 14 donde dice: *Y David se conducía prudentemente en todos sus asuntos, y Jehová estaba con él.* ¿Por qué tuvo éxito David? No sólo porque contaba con la unción, sino también porque puso por obra la sabiduría.

Dios quiere que tengamos un corazón sabio, porque sin él, no llegaremos a nada.

4. Un corazón perfecto

Porque los ojos de Jehová contemplan toda la tierra, para mostrar su poder a favor de los que tienen corazón perfecto para con él.

2 Crónicas 16:9

¿Qué significa tener un corazón perfecto? Significa tener un deseo profundo de hacer lo bueno y complacer a Dios.

Una persona que tiene un corazón perfecto ama de verdad a Dios, aunque él mismo no sea perfecto y tenga todavía asuntos de la carne con que lidiar. Quizá su boca todavía lo mete en problemas o se enoja, pero si es así, es pronto en arrepentirse y arreglar las cuentas con Dios. Si ha ofendido a alguien, se humilla y pide perdón.

Si nuestro corazón es perfecto hacia Dios, Él nos ve como perfectos y nos ayuda a manifestar esa perfección.

No soy una persona perfecta, pero sí siento que tengo un corazón perfecto para con Dios. Sé que todavía tengo cosas en mi corazón que necesitan ser expuestas y desarraigadas, cosas de las que aún no estoy consciente; estoy convencida de que Dios nos pide cuentas por aquellas cosas de las que sí tenemos conciencia. Cada día hago algo que prefiero no haber hecho, pero amo a Dios con todo mi corazón. Existen muchas personas con un corazón perfecto, y estas son las personas que Dios puede usar.

Tiempo atrás, yo entendía mal este verso. Pensaba que decía que Dios buscaba por todo el mundo una persona a quien pudiera mostrar su poder. Yo siempre pensaba que me tenía que comportar. Hasta después entendí lo que dice el resto del versículo tocante al deseo de Dios de encontrar un corazón perfecto hacia Él.

Dios busca a alguien con corazón perfecto, no con un pasado perfecto. Si sientes que eres esa persona, creo que Dios te dará una palabra a través de este libro que cambiará tu vida.

Hay muchas posiciones en el reino de Dios, y Él siempre está quitando a uno y colocando a otro para suplir todos los lugares.[9] Mantén correcto tu corazón, de no ser así Dios te bajará, no te subirá.

Cuando buscamos ascender a una persona en nuestra organización, no nos fijamos tanto en los talentos que tenga, nos fijamos en su disposición de hacer algo más allá de lo normal cuando se le pida.

Dios es igual. Una de las primeras cosas que busca cuando quiere ascender a una persona es un corazón perfecto.

5. Un corazón benigno, misericordioso

Antes sed benignos unos con otros, misericordiosos, perdonándoos unos a otros, como Dios también os perdonó a vosotros en Cristo.

Efesios 4:32

Un corazón misericordioso o tierno es igual que una conciencia tierna o blanda, y esto es esencial en las personas que Dios usa.

Pablo escribe en 1 Timoteo 4:1,2 lo siguiente: *Pero el Espíritu dice claramente que en los postreros tiempos algunos apostatarán de la fe, escuchando a espíritus engañadores y a doctrinas de demonios; por la hipocresía de mentirosos que, teniendo cauterizada la conciencia. . . .*

Es muy peligroso tener un corazón duro y una conciencia cauterizada porque no se puede discernir cuando algo está bien o mal. Una de la formas de fomentar una conciencia tierna es por medio del pronto arrepentimiento, cuando Dios nos llama la atención, sin excusas.

Cuando Dios nos muestra nuestro error, sólo nos queda reconocer la falta y pedirle perdón y ayuda. Es sorprendente como esto nos ayudará a mantener una conciencia tierna ante Dios. Pero en cuanto tratamos de razonar y excusarnos por nuestras faltas, se va formando un callito en nuestra conciencia, y sentir arrepentimiento es más difícil la próxima vez.

Por ejemplo, si yo trato mal a una persona sin pedirle perdón, ese callo ya se formó, y la próxima vez que lo haga, mi conciencia se tornará aún más dura. Sin que pase mucho tiempo, aunque me presente como una persona que ama a Dios, Él no me podrá usar porque trato mal a las personas, les hablo mal y las veo mal. Lo peor del caso es que ni cuenta me daré porque ya no tendré un corazón tierno, ni una conciencia tierna para con Dios.

Es importante recordar que a Dios no les interesa cuantos dones o talentos tengamos; su primera preocupación es la actitud de nuestro corazón. Si contamos con un corazón dispuesto, avivado, sabio, perfecto y tierno, el diablo no querrá estar cerca porque ya ninguna cosa nos detendrá de ser usados por Dios.

Hechos 23:1 describe la clase de conciencia que tenía Pablo:

Entonces Pablo, mirando fijamente al concilio, dijo: Varones hermanos, yo con toda buena conciencia he vivido delante de Dios hasta el día de hoy.

¿Cuántos de nosotros podemos acostarnos en la noche sabiendo que tenemos una conciencia perfectamente limpia ante Dios?

Pablo describe cómo mantuvo una conciencia tierna en Hechos

24:16: *Y por esto procuro tener siempre una conciencia sin ofensa ante Dios y ante los hombres.*

¿Por qué le era tan importante mantener una conciencia limpia? Porque sabía que no podría ministrar con un corazón duro. Sabía que para poder ayudar otros, necesitaba mantener una conciencia tierna ante Dios.

Creo que constantemente debemos orar pidiendo que Dios nos ayude a mantener un corazón tierno y una conciencia limpia y tierna ante Él.

6. Un corazón fiel

> *Por tanto, hermanos santos, participantes del llamamiento celestial, considerad al apóstol y sumo sacerdote de nuestra profesión, Cristo Jesús; el cual es fiel al que le constituyó, como también lo fue Moisés en toda la casa de Dios.*
>
> Hebreos 3:1,2

Jesús y Moisés fueron dignos de confianza. Esto es ser personas de palabra. Si decimos que haremos algo, lo hacemos; si decimos que estaremos en cierto lugar a cierta hora, ahí estamos.

Es sorprendente la cantidad de personas que sencillamente no son confiables. Si dicen que harán algo, no lo hacen; no están dónde prometieron estar.

Vuelvo a repetir que no importa que tan talentoso sea alguien; si no es una persona fiel, Dios no le puede usar. Ten presente que Dios prueba la fidelidad. Si alguien dice que sí será fiel, tenlo por seguro que Dios comprobará si es cierto o no.

¿Sabes cómo prueba Dios nuestra fidelidad? Nos asigna a cumplir una tarea por determinado tiempo, algo que no nos gusta , algo que no se nos hace divertido ni emocionante, algo que requiere sumisión a la autoridad de otra persona; y Dios dirá a nuestro corazón: "Sólo sé fiel".

Dios trató conmigo de esta manera por cinco años, y tuve que aprender a ser fiel de buena gana y con una buena actitud.

La fidelidad no es simplemente presentarte día tras día; es presentarte día tras día con una buena actitud. Dios recompensa esta clase de fidelidad. Lucas 16:12 nos dice que si somos fieles en lo que le pertenece a otra persona, Dios nos dará algo propio sobre lo cuál podremos ser fieles.

¿Pueden contar contigo para ser un poco más fiel, más digno de confianza? Sería bueno preguntarnos esto de vez en cuando.

Recuerda que si eres fiel en lo poco, Dios te pondrá sobre mucho.[10]

7. Un corazón firme y estable

Pronto está mi corazón, oh Dios, mi corazón está dispuesto . . .
Salmo 57:7

¿Qué significa esto, tener un corazón firme? Significa que nuestra mente está decidida y no puede ser cambiada.

Es muy importante la determinación para la victoria espiritual. Para poder cumplir con la voluntad de Dios para nosotros, es esencial estar bien firmes en nuestra decisión.

Ahora bien, no nos servirá de nada estar firmes si no estamos en la voluntad de Dios. Conocemos su voluntad por Su Palabra, la Biblia; Su Palabra en su voluntad. Pero el diablo está esperando robar la voluntad de Dios de tu vida, requieres de firmeza en tu voluntad para no soltar lo que Dios te está dando.

También necesitamos entender que habrá oposición. El diablo no nos tratará bien después de recibir salvación y decidir servir a Dios. Se opondrá en cada oportunidad.

Gálatas 5:17 no dice: *Porque el deseo de la carne es contra el Espíritu, y el del Espíritu es contra la carne; y éstos se oponen entre sí, para que no hagáis lo que quisiereis.*

Nuestro espíritu desea y decide hacer una cosa, al mismo tiempo, nuestra carne se opone. Algunas personas sienten un llamado de Dios y deciden cumplir ese llamado, luego que se dan cuenta de lo difícil que es seguir su llamado, cambian de opinión.

Me preocupa que tantas personas cambien de visión y ministerio tan seguido. Cuando se pone difícil la situación, deciden hacer otra cosa.

Descubre lo que quieres hacer y sé determinado al hacerlo. "Decido servir a Dios. Decido hacer su voluntad. Decido cumplir su llamado sobre mi vida. Decido ser feliz. Decido andar en paz con todos."

Es muy importante tomar la decisión de hacer lo que Dios quiere que hagamos. Somos los socios de Dios; siempre hará Él su parte, por lo tanto nosotros debemos hacer nuestra parte sin desmayar. No puedes titubear, sé firme, sé estable en tu decisión.

8. Un corazón seguro

Pronto está mi corazón, oh Dios, mi corazón está dispuesto . . .
Salmo 57:7

Una cosa que he descubierto es que para tener un ministerio de éxito, es vital tener seguridad en cada momento. He descubierto que aún al estar ministrando, aun al frente de una congregación enseñando, el diablo trata de poner pensamientos en mi mente que me roban la confianza.

Por ejemplo, si dos o tres personas miran su reloj, el diablo me susurra: "Ves, están tan aburridos que lo único que quieren es salir de este lugar". Si algunas personas salen al w.c., el diablo me dice: "Se van porque no les gusta la enseñanza".

Sé que cuando alguien está cantando, no es raro que el diablo le diga: "A nadie le gusta esto. Escogiste mal la música. Debiste haber escogido otro canto, te oyes sumamente mal, te estás desafinando". Y así sigue.

La mente es un campo de batalla, y el diablo nos miente a todos por medio de pensamientos equivocados, y lo que intenta robar es nuestra confianza y seguridad.

En cualquier situación, el diablo trata de hacernos perder nuestra confianza. No quiere que tengamos seguridad al orar, quiere hacernos creer que no podemos oír la voz de Dios, quiere impedir que sintamos alguna seguridad tocante a nuestro llamado. Quiere hacernos creer que las personas no nos ven bien, que lucimos mal, que no sabemos nada. Su propósito es hacernos sentir como un gran fracaso. Por eso es tan importante mantener un corazón seguro y confiado en todo momento.

Una de las maneras de mantener nuestra seguridad y confianza es por medio de la Escritura y la confesión de ella. "Soy más que vencedor en Cristo Jesús".[11] "Puedo hacer todas las cosas porque Cristo me fortalece".[12] "Puedo triunfar en cada situación porque Dios me hace triunfar".[13] Haciéndolo comprobaremos que, no sólo nos dejará en paz el diablo, sino también seremos fortalecidos en nuestra confianza.

David hizo esto en el Salmo 27:3 cuando escribió: *Aunque un ejército acampe contra mí, no temerá mi corazón; aunque contra mí se levante guerra, yo estaré confiado.* Lo que David estaba diciendo es que sin importar cuantos demonios se levantaran en su contra, su confianza estaba en el Señor.

Cuando el enemigo nos ataca, tendemos a perder confianza pensando, "¿Qué hice mal? ¿Por qué no está funcionando mi fe?" Al momento de sufrir algún problema, el diablo quiere que comencemos a hacernos esa clase de preguntas. Nosotros no debemos pensar que algo anda mal, el diablo quien tiene un gran problema.

No es para decir que no tendremos problemas, que en ocasiones no le hemos abierto la puerta al enemigo, pero aun si lo hemos hecho, no significa que ya no podremos confiar en el amor de Dios para nosotros. Él nos rescatará, nos enderezará, continuará bendiciéndonos—y aprenderemos algunas lecciones en el proceso de todo—.

El apóstol Pablo nos asegura en Filipenses 1:6 lo siguiente: *. . . estando persuadido de esto, que el que comenzó en vosotros la buena obra, la perfeccionará hasta el día de Jesucristo. . .*

Los ataques del enemigo contra nuestra confianza y seguridad tienen como fin convencernos de que nunca podremos cambiar. Quiere hacernos pensar que nunca tendremos control sobre nuestro enojo, nunca aprenderemos a ser pacientes, nunca nos mantendremos despiertos mientras oramos, nunca recordaremos lo que hemos leído en la Biblia, nunca pasará un día sin que les gritemos a nuestros hijos, nunca controlaremos nuestra lengua y sigue la lista. El diablo siempre intenta plantar pensamientos negativos. Siempre dice: "nunca, nunca, nunca". "**Nunca** lograrás ser diferente. **Nunca** cambiarás. Las cosas **nunca** se darán para ti. Tu vida **nunca** mejorará. **Nunca** serás lo que Dios te ha llamado a ser".

Durante esta clase de ataque es cuando debemos sacar nuestra Biblia y leerle la palabra y recordarle lo que Dios nos ha dicho y prometido.

Debemos responderle más al diablo.

Ten confianza en tu futuro

Para muchos, contestarle al diablo es algo difícil, pero Jesús lo hizo. En el cuarto capítulo de Lucas vemos que después de cada ataque o tentación del diablo hacia Jesús, éste le respondía con la palabra escrita, "escrito está", y así lo derrotó.

Creo que la flojera nos gana en ocasiones, porque nos la pasamos permitiendo que el diablo nos haga miserables cuando podemos ponerle el alto, simplemente recordándole lo que dice la Biblia.

Recuérdale que su derrota tuvo lugar hace muchos años en la cruz, que Jesús tiene las llaves de la muerte y del infierno y a los creyentes les dio autoridad sobre Satanás. Dile que sabes que él es mentiroso y el padre de toda mentira y que la verdad no mora en él. Habla de ti mismo lo que Dios dice de ti, no lo que diga el diablo de ti. Di que eres la cabeza y no la cola, que estás encima y no debajo, que eres bendecido por Dios y que Él te ama demasiado.[14]

Es importante hacer esto en la privacidad de nuestro hogar para tener la victoria en nuestras vidas. Es bonito asistir a reuniones y emocionarnos, pero la victoria verdadera nos llega en el hogar. Tenemos que *pelear la buena batalla de la fe*[15] como individuos. Nadie lo puede hacer por nosotros; tenemos que hacerlo por nosotros mismos. Otras personas nos pueden amar, animar y orar por nosotros, pero todo se encapsula en quienes somos en Cristo y nuestra determinación de seguir adelante sin tirar la toalla.

Ten confianza en que tienes un llamado de Dios. Confía en que tú escuchas la voz de Dios, que Él se complace contigo, que Él suplirá todas tus necesidades. Confía en que Dios te ama y tiene un futuro grandioso planeado para ti, como Él dice en Jeremías 29:11: *Porque yo sé los pensamientos que tengo acerca de vosotros, dice Jehová, pensamientos de paz, y no de mal, para daros el fin que esperáis.*

Satanás quiere condenarte por tu pasado, pero Dios quiere que sientas confianza acerca de tu futuro.

Capítulo 9

Condiciones positivas del corazón, parte 2

Estás sobre el camino que te llevará a desarrollar los dones y habilidades para liderazgo que Dios ha puesto en ti. Con su ayuda y nuestro esfuerzo, aun en tiempos que no sintamos ánimo, lo lograremos.

A estas alturas, quizá te hayas dado cuenta que la condición de tu corazón está muy mal a causa de tantos años de tener actitudes equivocadas. No te desanimes. Como ya dije, cada uno de nosotros tiene al menos un área en la que necesitamos cambiar.

Al aceptar esta verdad, será más fácil, mientras lees este capítulo sobre las condiciones positivas del corazón, permitir que Dios te ayude a cambiar, y seguirlo haciendo hasta obtener buenos resultados.

9. Un corazón alegre

> *El corazón alegre constituye buen remedio; mas el espíritu triste seca los huesos.*
>
> Proverbios 17:22

Una de las maneras de mantener un corazón alegre es escuchando música. Al escuchar música, pronto estamos cantando junto con ella, aunque no estemos conscientes de ello. Si tenemos un corazón alegre, tendremos gozo al hacer nuestro trabajo.

También disfrutaremos de mayor vitalidad y fuerza ya que la Biblia nos dice que el gozo del Señor es nuestra fortaleza.[1]

Es nuestra decisión. O podemos quejarnos al atravesar nuestros problemas, o podemos cantar. De cualquier forma, pasaremos por pruebas, así que más vale pasarlas con alegría.

Creo que podemos entender de Proverbios 17:22, *El corazón alegre constituye buen remedio. . .* , que entre más alegres estemos, más sanos estaremos.

La secretaria de mi esposo siempre está sonriendo, no importa lo que le pida hacer, lo hace con una sonrisa. Creo que así quiere Dios que seamos todos. Nuestra sonrisa puede hacer que las personas se sientan cómodas, experimentando seguridad y confianza.

Es sorprendente cuanto afectamos a los demás con nuestras expresiones. Una sonrisa es reconfortante, y una expresión fruncida provoca sentimientos de incomodidad y disgusto. Al relajarnos y sonreír más, nos sentiremos mejor y también quienes nos rodean se sentirán mejor.

Uno de mis pasajes preferidos se encuentra en Juan 10:10 donde Jesús dice: *El ladrón no viene sino para hurtar y matar y destruir; yo he venido para que tengan vida, y para que la tengan en abundancia.* Una de las razones por las que me gusta tanto este pasaje es porque pasé gran parte de mi vida pensando que no era correcto disfrutar, divertirse en la vida. De hecho, hace poco el Señor me tuvo que recordar que Él quiere que disfrute la vida.

Soy muy trabajadora y cuando estoy haciendo cosas, se me puede olvidar que es correcto relajarme y disfrutar de la vida. Para mi esposo no es difícil disfrutar y gozar de la vida, cada mañana despierta contento y gustoso. Yo tiendo a despertar y en seguida tratar de resolver algún problema, y si no tengo uno, busco el de otra persona para poder resolver algo. Me cuesta trabajo creer que Dios quiere que simplemente me goce en su creación, vaya al parque o simplemente me alegre por tener vida.

Dios es vida y lo que Él creó es parte de lo bueno que es esa vida. No nos dejemos llevar por las preocupaciones de hacer y planear, sólo para despertar un día y saber que nunca vivimos realmente, que nunca gozamos de la vida plena y abundante que Dios nos da.

Una de las cosas que más roba la vitalidad es la religión. Y creo que el enemigo al que se refiere Jesús en el pasaje anterior es ese enemigo, no solamente el diablo. La Biblia no nos habla de religión, nos habla de una relación personal con Jesús. La religión no es más que unas reglas a seguir para mantener contento a Dios.

Las personas religiosas le temen a la libertad. No quieren hacer algo aunque sea un poco diferente a los demás porque piensan que eso los llevará fuera de su zona de confort y seguridad.

En ocasiones hago las cosas de diferente manera en forma intencional. Cuando siento un poco de ira santa por la caja en la que las personas me quieren meter, salgo de esa caja y hago algo completamente diferente.

Jesús se enojaba mucho con las personas religiosas de su día y los señaló como tumbas blanqueadas, llenas de huesos de muertos.[2] No existía vida verdadera dentro de ellos, y su ministerio causaba ataduras a otros en lugar de traer libertad. Leí en una ocasión que para cuando Jesús llegó a este mundo, los religiosos habían tornado los diez mandamiento en más de dos mil reglas que debían ser obedecidas por el pueblo. ¿Te imaginas la atadura de esto y la constante culpabilidad que traía desobedecer tales reglamentos?

Hay muchas personas que no gozan de la victoria que Jesús ganó por ellas en la cruz y sufren ataques del enemigo sobre sus vidas.

Gran parte de mi vida yo no fui feliz. Era salva, llena con el Espíritu Santo y estaba involucrada en el ministerio; pero no disfrutaba nada. Tomaba la responsabilidad y hacía el trabajo porque era mi carácter. Soy una persona muy responsable y si no tengo cuidado, puedo tomar la responsabilidad por mi vida y por la vida de personas a mi alrededor.

Dave hace las cosas de una manera muy distinta. Por ejemplo, cuando solía corregir a nuestro hijo mayor, David, tardaba mucho en tranquilizarme después. Por supuesto, Dave lo podía corregir y luego seguir con su trabajo como si nada hubiese ocurrido.

Me preguntaba cuál sería mi problema. ¿Por qué me era tan difícil tranquilizarme como Dave en lugar de andar tan alterada?

En una ocasión Dave me dijo: "Joyce, te responsabilizas por hacer feliz a David. Tu trabajo es corregirle, y queda entre él y Dios el tiempo que tarde en contentarse".

Tenemos que aprender a tener contentamiento, cualquiera que sea nuestro trabajo. No esperes que las cosas cambien antes de ser feliz. Aprende a ser feliz en el presente. Puedes hacer enojar al diablo decidiendo ser feliz a pesar de tus sentimientos.

En Juan capítulo 15 Jesús habla de permanecer el Él y esto significa permanecer en un lugar de paz. En el versículo 11 de este capítulo dice lo siguiente: *Estas cosas os he hablado, para que mi gozo esté en vosotros, y vuestro gozo sea cumplido.*

Me parece que Jesús desea nuestra felicidad. Lo dice ahí y también en Juan 10:10. Ora por sus discípulos en Juan 17:13 diciendo: *Pero ahora voy a ti; y hablo esto en el mundo, para que tengan mi gozo cumplido en sí mismos* (que experimenten mi gozo y sean perfectos en él; que lo que yo disfruto sea perfeccionado en sus propias almas; que puedan tener mi alegría dentro de sí mismos, llenando sus corazones).

Jesús quiere que tengamos alegría. Su deseo es que poseamos un corazón alegre. Quiere que esbocemos una sonrisa sobre nuestra cara para que quienes nos rodean puedan sentirse contentos y seguros. En ocasiones somos demasiado egoístas respecto a como se sienten los demás, aunque mientras estamos en la iglesia nos damos palmaditas en la espalda diciendo "Te amo en el amor del Señor".

Qué diferentes serían nuestros hogares, la iglesia, el mundo, si pudiéramos ser más placenteros, con una simple sonrisa para los demás y un corazón alegre.

10. *Un corazón nuevo*

Y les daré un corazón[un corazón nuevo], y un espíritu nuevo pondré dentro de ellos; y quitaré el corazón de piedra [un corazón endurecido sobrenaturalmente] de en medio de su carne, y les daré un corazón de carne [un corazón sensible que responde al toque de su Dios.

Ezequiel 11:19

La Biblia dice que es necesario tener un corazón nuevo. En Ezequiel 11, Dios promete poner un nuevo corazón en su pueblo para reemplazar el corazón duro, de piedra que tienen. Este nuevo corazón será sensible a Dios y responderá a Él.

Esta promesa se vuelve a repetir en Ezequiel 36:26 cuando el Señor dice: *Os daré corazón nuevo, y pondré espíritu nuevo dentro de vosotros; y quitaré de vuestra carne el corazón de piedra, y os daré un corazón de carne.*

Estamos familiarizados con la idea de un corazón nuevo en el momento del "Nuevo Nacimiento". El "Nuevo Nacimiento", o nacimiento espiritual, ocurre cuando recibimos a Jesús en nuestro corazón. Nos saca de la manera mundana de vivir y nos coloca "en Cristo" una nueva manera de pensar, hablar y actuar.[3] Pero aun después de esta experiencia, Romanos 12:2 nos dice que debemos renovar completamente nuestra mente. En Efesios 4:23 leemos que constantemente debemos renovarnos y refrescarnos en el espíritu de nuestra mente, teniendo una perspectiva o actitud mental y espiritual nueva. Las actitudes tienen su inicio en la mente. Nuestra mente se renueva por medio de la Palabra de Dios. La lectura diaria de la Palabra renueva nuestra mente y cambia nuestra actitud.

Si queremos ser líderes para Dios, sirviéndole adecuadamente y demostrando la clase de actitud mental y espiritual que Él nos pide, es necesario tener un corazón fresco y renovado en todo momento.

Nos hace falta un ajuste diario en nuestras actitudes, y a veces hacen falta muchos ajustes cada día ya que es tan fácil caer en una actitud equivocada. Dios no quiere vernos con un corazón duro; Él quiere darnos un corazón nuevo.

11. *Un corazón comprensivo*

Hijo mío, si recibieres mis palabras, Y mis mandamientos guardares dentro de ti, Haciendo estar atento tu oído ala sabiduría; Si inclinares tu corazón a la prudencia, Si clamares a la inteligencia, Y a la prudencia dieres tu voz; Si como a la plata la buscares, Y la escudriñares como a tesoros, Entonces entenderás el temor de Jehová, Y hallarás el conocimiento de Dios.

Proverbios 2:1-5

Es preciso buscar entendimiento, para entender la Palabra de Dios y su voluntad, para entendernos a nosotros mismos y también a otras personas. Una de las razones por las que no entendemos a otras personas es porque no son como nosotros. Pensamos que si ellos no son como nosotros entonces son muy diferentes a nosotros, debe haber algo malo con ellos, no los entendemos en lo más mínimo.

Por esta razón, hay que pedirle un corazón compresivo a Dios, por ser esta una de las cualidades necesarias para poder ministrar a otros. ¿Cómo podremos ministrar efectivamente a alguien si no tenemos la menor idea de lo que le está pasando?

Una de las maneras para lograr entender lo que atraviesan las personas es si nosotros también hemos pasado por situaciones similares. No es que hayamos pasado exactamente lo mismo, pero no creo que alguien pueda comprender realmente a una persona dolida sin haber sido lastimado o herido de manera similar.

Me sorprende cuanta compasión y comprensión podemos ofrecer al haber pasado algunas experiencias difíciles, y cuan juiciosos y frívolos podemos ser con las personas si no hemos tenido problemas. Nuestras respuestas vienen fácilmente: "Bueno, Hermana, sólo necesitas creer en Dios". Es muy diferente nuestra respuesta cuando hemos pasado por momentos difíciles; abrazamos a aquella persona y decimos: "Ay, yo **comprendo**, **entiendo** lo que estás sintiendo".

Todos deseamos ser comprendidos. Esa es una de las cosas que le pedimos a Dios cuando pasamos por momentos difíciles. Sólo queremos que alguien nos comprenda. Jesús entiende, como podemos ver en Hebreos 4:15,16:

> *Porque no tenemos un sumo sacerdote que no pueda compadecerse de nuestras debilidades, sino uno que fue tentado en todo según nuestra semejanza, pero sin pecado. Acerquémonos, pues, confiadamente al trono de la gracia, para alcanzar misericordia y hallar gracia para el oportuno socorro.*

Jesús nos puede ayudar porque Él sabe por lo que estamos pasando. Sabemos que podemos abrirnos con Él porque Él comprende, si tememos al juicio y rechazo no podremos abrirnos, y tampoco otras personas se abrirán con nosotros si no reciben comprensión y gracia.

Por esto es tan importante que como líderes, busquemos tener un corazón compasivo, y una de las maneras de conseguirlo es tomar tiempo para pensar cómo sería estar en la situación de otra persona.

Sinceramente creo que somos demasiado egoístas y ego-céntricos en la iglesia hoy en día. Todos nuestros pensamientos son para nosotros mismos. Si pensáramos—realmente pensáramos—en los demás, estaríamos más dispuestos a prestarles ayuda.

No estoy segura de que Jesús jamás orara por alguien sin que antes fluyera la compasión. Recuerdo el relato en la Biblia, del hombre que llegó pidiendo sanidad para su hijo atormentado por un demonio. Jesús le preguntó al hombre cuanto tiempo tenía enfermo su hijo.[4] Esto no cambió el hecho de que Jesús sanara al hijo, pero yo creo que hizo la pregunta para tener aún más compasión de la que ya sentía para el padre y su hijo.

Debemos tener suficiente interés y compasión por las personas como para preguntarles sobre su situación: "¿Cuántos años llevas así? ¿Dónde te duele y por cuánto tiempo?" En algunas ocasiones, cuando vemos sufrimiento en la vida de nuestros hermanos, no llegamos con la repuesta adecuada, una repuesta que pueda traer consuelo y paz.

Mi tío y mi tía eran muy buenos cristianos, pero venían de un trasfondo un poco diferente al de muchos de nuestros amigos. Cuando murió mi tío, por respeto, algunas personas involucradas en mi ministerio fueron a la funeraria. Una de ellas vio que mi tía lloraba y le dijo, sin malicia, "Bueno pues, alaba al Señor".

Mi tía se ofendió mucho por este comentario, y le molestó por mucho tiempo. Ella se preguntaba porqué alguien le diría que alabara a Dios por la muerte de su esposo.

Bueno, obviamente en una situación así, debemos seguir alabando al Señor a pesar de todo; pero cuando una persona como mi tía, está sufriendo, esa clase de respuesta no traerá consuelo.

En 1 Corintios 9:20 Pablo dijo que si se encontraba con un judío, se comportaba como uno y si se encontraba con un griego, se comportaba como un griego, hacía cualquier cosa para ganarles para Cristo y no ofenderles. Esto es parte de no ser egoístas.

En lugar de ser tan egoístas, pensando sólo en nosotros mismos, necesitamos ser más sensibles y comprensivos con los demás. Llegamos a ser comprensivos y compasivos conforme buscamos a Dios. Le buscamos leyendo su Palabra, orando y hablando con Él cada día.

12. *Un corazón determinado*

> *Este es el consejo que está acordado sobre toda la tierra, y esta, la mano extendida sobre todas las naciones. Porque Jehová de los ejércitos lo ha determinado, ¿y quién lo impedirá? Y su mano extendida, ¿quién la hará retroceder?*
>
> Isaías 14:26,27

Este pasaje nos dice que Dios es un Dios de propósito, y que cuando

Él determina hacer algo, lo lleva a cabo.

Jesús conocía su propósito. Como vimos en Juan 10:10, dijo que Él había venido al mundo para darnos vida. En Juan 18:37 le dijo a Pilato: . . .Yo para esto he nacido, y para esto he venido al mundo, para dar testimonio a la verdad . . . Juan escribió esto tocante a Jesús: Para esto apareció el Hijo de Dios, para deshacer las obras del diablo.[5]

Es muy importante conocer el propósito de nuestras vidas, y aún así hay tantas personas que no lo saben. Se sienten frustradas porque creen que no tienen ningún propósito. Al sentirnos sin propósito, nos percibimos como personas sin uso o valor. Pero también es importante saber que la vida tiene estaciones o tiempos.

Quizá ahora tú te encuentras en un tiempo de transición de una estación a otra. Si es así, no te desanimes porque Dios te mostrará lo que tiene para ti en la siguiente etapa. En ocasiones, tendrás que lanzarte a probar varias cosas hasta encontrar lo que mejor te quede. Pero te aseguro una cosa, sea lo que sea, tú tienes un propósito y nunca te sentirás realizado hasta que no lo encuentres y comiences a fluir en él.

Dios tiene un propósito para cada persona. Su deseo es que todos nosotros disfrutemos la vida que Él nos ha dado. Pero su propósito específico varía de persona a persona, y cambia según el tiempo y etapa de nuestra vida.

Quizá en el principio nuestro propósito era casarnos, tener hijos y criarlos. Éste es un llamado muy importante. Una vez que los hijos crecen, nuestro propósito puede ser llevar a las personas a Dios mediante la alabanza y adoración. Pero cualquiera que sea, es importante saber nuestro propósito y desempeñarlo con todas nuestras fuerzas.

Es preciso que un líder sepa cuál es su propósito en la vida, y que se proponga desempeñarlo con decisión. De no ser así, no hará nada.

Esto afecta la forma en que amamos también. El amor es una decisión. No amamos por sentimientos solamente; nos proponemos amar.

Al momento de dar, es igual. No damos porque sentimos hacerlo. Damos porque estamos convencidos de que es lo que Dios desea de nosotros. Damos con y por la decisión.

Se puede decir lo mismo de la misericordia, la gentileza, de andar en el Espíritu Santo. Hacemos estas cosas, no porque siempre nos nazca hacerlas, sino porque es a lo que hemos sido llamados. Amor, gozo, paciencia, benevolencia, bondad y todo el fruto del Espíritu[6] son las cualidades del Espíritu Santo que llevamos dentro al aceptar a Jesús como Salvador, y las desatamos cuando determinamos hacerlo.

No siempre estará de acuerdo nuestra carne al hacer estas cosas, pero es necesario escoger; decidir amar, dar, andar en paz. Si queremos tener paz, debemos tomar la resolución de tener paz, ya que el enemigo tratará de robar nuestra paz cientos de veces por día.

Todo lo que hacemos para los demás viene por una determinación o decisión. Para ser una persona determinada hay que tener un corazón decidido.

13. Un corazón que medita

Pero María guardaba todas estas cosas, meditándolas en su corazón.

Lucas 2:19

Como vimos anteriormente, es importante tener un corazón que medita las cosas en lugar de razonarlas. Dios no quiere que tengamos un corazón que razona, no quiere que intentemos entender o razonar todas las cosas de la vida, pero sí quiere que las meditemos.

Si dejamos de meditar y nos encontramos razonando, podremos darnos cuenta por la confusión que esto provoca. Si nos sentimos confundidos, entonces nuestro corazón no está meditando, estamos razonando con nuestra mente.

A María le estaban sucediendo cosas bastante serias en su vida. Era una jovencita que amaba a Dios y se le apareció un ángel del Señor diciéndole que sería la madre del Hijo de Dios.

Tuvo que haber pensado en José, el hombre con el que se iba a casar. Tuvo que haber pensado en él y en sus propios padres, cómo decirles, cuáles serían sus reacciones. Tuvo que haberse preguntado si alguien creería su historia.

Pero todo lo que pudo haber sentido o pensado María, lo controló porque al fin le dijo al ángel: "hágase conmigo conforme a tu palabra".[7]

Cuando llegó el momento del nacimiento, los ángeles aparecieron a los pastores y les dijeron que fueran al establo para adorar al niño Jesús, los pastores contaron su experiencia a María, José y a todos cuantos se encontraban. Estas son las cosas que María guardaba en su corazón y las meditaba, como leemos en Lucas 2:19.

Yo creo que muchas de las veces que Dios nos habla, debemos guardarlo en nuestro corazón. Cuando Él nos habla algo, nos da la fe para creer lo que nos ha dicho, pero si les decimos a otras personas, ellas quizá pensarán que estamos locos.

Deberían de haber oído lo que algunas personas me dijeron cuando les compartí lo que Dios había hablado a mi corazón tocante a mi llamado al ministerio. Conociendo mi trasfondo y mis condiciones en ese momento, no me animaron en lo más mínimo.

Ese es uno de los problemas que surgen al compartir de más nuestra visión con los demás; podemos desanimarnos en lugar de alentarnos.

Otras personas no siempre tienen la fe para creer lo que Dios nos ha hablado personalmente.

Alguien nos dijo en una ocasión que Dave y yo funcionamos bajo un don de fe para nuestro ministerio. Yo sé que esto es verdad, tenemos la fe para hacer lo que estamos haciendo.

Cuando Dios te llama a hacer algo, también te da la fe para hacerlo. No debes de temer que no podrás hacer lo que Él te ha entregado para hacer.

A mí ya no me da temor estar ante mucha gente ni lo que vayan a pensar. No tengo temor en cuanto al dinero necesario para pagar las cuentas de nuestro ministerio, y son increíblemente altas porque siempre estamos en la radio y televisión. Esta clase de ministerio es muy costoso, pero no tengo temor por eso, antes sí, pero ya no. Ahora, cuando tenemos la oportunidad de aparecer en una estación nueva o canal que podría costar mucho dinero, simplemente digo, "Sí, seguro, podemos hacer eso". Es un don de fe.

Cuando tienes el don de fe, las cosas se te hacen muy fáciles. Pero quizá para otra persona, que no tenga un don de fe, se le harán imposibles.

Cuando Dios le habló a María, llegó un don de fe junto con la palabra del Señor para que ella pudiera decir: "Que se haga según tu voluntad". Pero María además tuvo la sabiduría de no andar de puerta en puerta divulgando que había tenido una visita del ángel del Señor quien le había dicho que sería la madre del Hijo de Dios, que sería fecundada por el Espíritu Santo, y que el Hijo que nacería sería el Salvador del mundo. Si hubiera hecho eso, posiblemente la hubieran encerrado en alguna parte y fichada de loca. María supo cerrar su boca mientras mantenía abierto su corazón.

Pero, muchas veces cuando Dios nos habla por Su Palabra o a nuestro corazón, lo primero que queremos hacer es correr a decirle a todo el mundo lo que Él nos dijo. Debemos darnos cuenta que si Dios en realidad nos dijo algo, seguramente se cumplirá tal como Él ha dicho. Entonces todos lo verán, y no será necesario tratar de convencerles que en verdad oímos la voz de Dios.

Cuando Dios nos habla algo que en realidad no entendemos, cosas que no tienen sentido para nosotros, cosas que no podemos ver, necesitamos meditarlas un poco más en lugar de correr con todo mundo pidiendo su opinión sobre la palabra que Dios nos dio. Usualmente, las personas con las que corremos para obtener consejo ni siquiera saben lo que hacen, mucho menos tienen la autoridad para decirnos lo que debemos hacer.

Es común hablar demasiado, y entre más hablamos, más confundidos nos sentimos. Cuando Dios nos habla, debemos estar quietos, cerrar nuestra boca y meditar en nuestro corazón, diciendo: "Señor, hágase conmigo según tu voluntad. Tráeme claridad y entendimiento para saber lo que debo hacer en esta situación".

Tengamos un corazón que medita, y no uno que razona, así estaremos en paz y tranquilidad.

14. Un corazón que perdona

> *Entonces se le acercó Pedro y le dijo: Señor, ¿cuántas veces perdonaré a mi hermano que peque contra mí? ¿Hasta siete? Jesús le dijo: No te digo hasta siete, sino aun hasta setenta veces siete.*
>
> *Mateo 18:21,22*

Como líderes, no llegaremos a nada si no estamos dispuestos a perdonar. Es algo que frecuentemente tendremos que hacer. El Señor claramente nos dice en la Biblia que si no perdonamos las ofensas de otras personas hacia nosotros, entonces Dios no perdonará nuestras ofensas hacia Él.[8]

¿Cuál sería nuestra condición si Dios rehusara perdonarnos? No podríamos tener una relación con Él. Todo en nuestra vida se detendría. Nos gusta pensar que tenemos permiso de estar enfadados, enojados con otras personas y aun así ir con Dios y recibir perdón por nuestros pecados, pero el Señor nos dice que nos es así.

Jesús nos enseña a orar de esta manera: "Perdona mis ofensas como yo perdono y perdona a los que me ofenden".[9] Dios es un Dios de misericordia, y este asunto de la misericordia es muy importante para Él. En más de una ocasión nos dice en Su Palabra que si deseamos recibir misericordia, es necesario mostrar misericordia.

En Mateo 18:21,22 Pedro le pregunta a Jesús cuantas veces debe perdonar a su hermano, ¿siete veces? Jesús le responde que no son siete veces sino setenta veces siete.

No sé ustedes, pero a mí me alegra el hecho de que Dios no pone límite sobre las veces que nos perdona. ¿Cuántos de nosotros hemos cometido el mismo error, pecado por lo menos setenta veces siete y Dios todavía nos perdona? Estamos tan dispuestos a recibir y recibir el perdón de Dios, que es sorprendente el poco perdón que queremos proporcionar a otros. Libremente aceptamos misericordia, pero es increíble cuan rígidos, legalistas y faltos de misericordia nos volvemos hacia otras personas; especialmente si han cometido alguna falta contra nosotros. Sin embargo la Biblia dice que nuestra deuda hacia Dios es mucho mayor que cualquier otra que alguien no pudiera pagar.

En Mateo 18:23-35 encontramos el relato de un siervo que debía muchísimo dinero a su rey y le fue perdonada su deuda, pero este mismo siervo salió directo a altercar con un compañero que le debía una cantidad muy pequeña, amenazándole con la prisión si no pagaba de inmediato su deuda. Su compañero le rogó le diera más tiempo para pagar el dinero, así que el siervo lo echó a la cárcel. Al enterarse el rey del comportamiento del siervo al que se le había perdonado una gran deuda le manda hablar y le dice: "¡Cómo te atreves a salir de mi presencia, habiendo recibido perdón tan grande, y te atreves a mostrar falta de perdón a alguien por una cantidad insignificante!"

La Biblia nos enseña que hay una retribución para esta clase de comportamiento. Creo que muchos de nuestros problemas tienen como raíz una actitud de falta de perdón hacia otras personas.

En nuestro ministerio, es difícil conseguir trabajo, pero ya que alguien trabaja aquí y es enseñable, difícilmente pierde su trabajo. Los que no pueden recibir, por causa del orgullo, nuestra corrección, son los que pierden su lugar porque los pleitos y divisiones destruyen la unción. Damos oportunidad para que las personas crezcan y mejoren porque Dios así lo ha hecho con nosotros: ha tenido misericordia. Pero Dave y yo nos hemos esforzado demasiado por gozar la unción de Dios en nuestro ministerio como para permitir que una persona llegue y destruya aquello a través de la disensión.

El final de todo, es esto: si vamos a relacionarnos bien con las personas, tendremos que perdonar mucho.

El perdón libera la unción

En el versículo 34 de Mateo 18, Jesús dijo que el rey entregó al siervo malo a los verdugos, o carceleros, hasta que pagara su deuda en totalidad. Yo creo que si rehusamos perdonar a otras personas, nosotros somos los que terminamos en una prisión de tortura y sufrimiento emocional. Al guardar amargura, resentimiento y falta de perdón hacia cualquier persona, nosotros somos los que más sufrimos porque nos sentimos miserables.

Al terminar la historia, Jesús da una advertencia a sus oyentes: Así también mi Padre celestial hará con vosotros si no perdonáis de todo corazón cada uno a su hermano sus ofensas.

Si tu deseo es ser usado por Dios en el ministerio, es preciso aprender a perdonar, porque ésta es un área donde Satanás ataca constantemente al creyente. Él quiere que te ates con amargura, resentimiento y falta de perdón porque sabe que las contiendas y desacuerdos que producen, traerán claudicación a tu ministerio.

La Biblia nos dice que donde hay unidad existe unción y bendición.[10] Ya vimos que la unción es el poder de Dios; es su habilidad descansando sobre nosotros, ayudándonos a hacer fácilmente las cosas que de otra manera serían difíciles. Es imposible ministrar sin la unción. Puede haber emocionalismo sin la unción, pero no puede existir verdadera ministración sin la unción. Las personas no llegarán a un ministerio que no tiene una unción genuina. Y si llegan, no permanecerán allí porque la mayoría de las personas pueden distinguir entre el emocionalismo y la unción.

Yo necesito la unción sobre mi ministerio porque aparte de ella, no tengo mucho para ofrecer. Tengo un don para la comunicación, y eso es todo. Lo único que sé hacer es pararme frente a una congregación y ser obediente al Señor. No hago algo espectacular. Simplemente tomo un paso de fe y oración, creyendo que Dios obrará, y Él siempre ha sido fiel para hacerlo.

He descubierto que no puedo dejar de perdonar y continuar con la unción. No puede haber contiendas en mi ministerio, en mi matrimonio, en mi hogar o relaciones con otras personas y al mismo tiempo seguir gozando de la unción sobre mí.

Si tu deseo es tener la unción de Dios sobre ti, tendrás que aprender a relacionarte fácilmente con las personas y a ser pronto para perdonar.

Capítulo 10

Condiciones positivas del corazón, parte 3

En este capítulo veremos más condiciones positivas del corazón por medio de las cuales Dios nos puede ayudar a ser líderes.

Conforme las pongas por obra en tu vida, yo creo que te impulsarán desde donde te encuentras actualmente hasta el lugar que Dios desea para ti en el liderazgo.

15. Un corazón abierto

> *Entonces una mujer llamada Lidia, vendedora de púrpura, de la ciudad de Tiatira, que adoraba a Dios, estaba oyendo; y el Señor abrió el corazón de ella para que estuviese atenta a lo que Pablo decía.*
>
> Hechos 16:14

En la ciudad de Filipos, hacia donde Dios había dirigido a Pablo y sus compañeros, había un grupo de mujeres que se reunían a la orilla del río para orar. Pablo comenzó a hablarles, diciéndoles cosas que nunca habían oído antes. Ellas acostumbraban vivir bajo la Ley Judía, y Pablo estaba predicando un mensaje de gracia. Una de estas mujeres, llamada Lidia, tenía un corazón abierto para recibir lo que Pablo decía.[1]

La razón por la que un corazón abierto es tan importante, es porque sin él, nunca escucharemos alguna cosa nueva o diferente. Es sorprendente la cantidad de cosas que se encuentran en la Biblia con las que no podemos estar cómodos, debido a que no van de acuerdo con la enseñanza que hemos recibido. ¿Por qué no pueden ser progresivas nuestras creencias? ¿Por qué no podemos aceptar la posibilidad de que existan algunas cosas extrañas o nuevas para nosotros? No es para decir que debemos abrirnos a cualquier cosa que el diablo quiera darnos, pero sí estoy diciendo que nuestra mentalidad de debe ser tan angosta y limitada como para no poder aprender ninguna cosa nueva. Debemos tener la habilidad y confianza de escuchar lo que existe e investigarlo por nuestra propia cuenta, estudiando lo que dice la Biblia al respecto, pidiendo la dirección de Dios para saber si realmente es la verdad o no.

Me preocupan las personas que creen que sólo hay una manera de hacer las cosas, y es, a su manera. Es difícil trabajar con personas así.

Debemos tener un corazón abierto. Él nos dirá si lo que estamos oyendo es verdad o no. Nuestro corazón debe estar abierto a Dios para que Él puede hacer cosas nuevas en nuestra vida—no cosas extrañas y raras—sino cosas nuevas.

Algunos líderes tienen tanto orgullo que no quieren escuchar ninguna cosa dicha por otra persona. El corazón de un buen líder está abierto a la verdad.

DISPUESTOS A APRENDER COSAS NUEVAS

El siguiente día quiso Jesús ir a Galilea, y halló a Felipe, y le dijo: Sígueme. Y Felipe era de Betsaida, la ciudad de Andrés y Pedro. Felipe halló a Natanael, y le dijo: Hemos hallado a aquel de quien escribió Moisés en la ley, así como los profetas: a Jesús, el hijo de José, de Nazaret. Natanael le dijo: ¿De Nazaret puede salir algo de bueno? Le dijo Felipe: Ven y ve. Cuando Jesús vio a Natanael que se le acercaba, dijo de él: He aquí un verdadero israelita, en quien no hay engaño.

Juan 1:43-47

Antes me preguntaba sobre estos versos ya que, al parecer, Natanael estaba diciendo algo muy negativo al enunciar: "¿De Nazaret puede salir algo de bueno?" Sin embargo, en el siguiente verso, Jesús lo elogia al decir que es un hombre en quien no hay engaño.

Un día lo entendí. Natanael tenía una opinión negativa de Nazaret, porque el sentimiento común de su día era que nada bueno sucedía en Nazaret.[2] Entonces cuando supo que Jesús provenía de Nazaret, Natanael se cerró a la idea de que Jesús pudiera ser el verdadero Mesías, simplemente porque era de ese pueblo.

En muchas ocasiones somos como Natanael. Decidimos que cierta persona no puede ser buena porque vive en tal lugar o proviene de cierto lado. Tenemos tantos prejuicios, y muchas veces aun inconscientemente. Existen prejuicios en nosotros debido a las cosas que otras personas dicen. Por eso es importante revisar nuestro corazón, para asegurarnos que realmente esté abierto.

A Jesús parece haberle agradado el hecho de que, aunque Natanael tenía un opinión bastante fuerte sobre el lugar de donde venía Jesús, estaba dispuesto a investigar el asunto. Con todo y su opinión negativa, mantuvo un corazón abierto. Felipe le dijo, Ven y ve, y así lo hizo. Como resultado, se encuentró en una relación con Jesús:

Le dijo Natanael : ¿De dónde me conoces? Respondió Jesús y le dijo: Antes que Felipe te llamara, cuando estabas debajo de la higuera, te vi. Respondió Natanael y le dijo: Rabí, tú eres el Hijo de Dios; tú eres el Rey de Israel.

Juan 1:48,49

Una de las claves de la verdadera sabiduría de Dios es que esté dispuesta a ceder a la razón (la razón que cae dentro de la verdad de la Palabra de Dios, como vimos antes).

Si rehusamos escuchar razones, nuestra sabiduría no es sabiduría porque la sabiduría escucha. Las personas que poseen verdadera sabiduría comprenden que no saben todas las cosas. Tienen humildad, y la humildad crea un corazón abierto, que siempre está dispuesto a aprender algo nuevo.

16. Un corazón obediente

Pero gracias a Dios, que aunque erais esclavos del pecado, habéis obedecido de corazón a aquella forma de doctrina a la cual fuisteis entregados. . .

Romanos 6:17

Si no eres obediente, mejor olvídate de ser un líder en el Cuerpo de Cristo. No será posible.

Pablo escribe en este verso, que los cristianos en Roma eran obedientes de todo corazón. Dios me ha enseñado que las personas pueden ser obedientes en su comportamiento sin serlo en su corazón.

Dios me mostró esta verdad con relación a ser sumisa a mi marido, durante una época en que trataba de salir de la actitud rebelde y estaba entrando en una relación más íntima con el Señor donde deseaba ser más sumisa. Sentía que el Señor me estaba pidiendo esto, y no podía hacer ninguna otra cosa en el ministerio sin antes haber resuelto ese asunto.

Quería ser obediente a Dios, pero no quería ser obediente con Dave. Quería estar sometida a Dios, pero no quería someterme a Dave. En ocasiones Dave quería que hiciera algo, y yo no quería hacerlo. Sabía que Dios me estaba presionando a ser sumisa, entonces hacía lo que Dave me pedía, pero luego Dios me llevó un paso más allá diciendo: "Tú estás haciendo las cosas, pero en tu corazón no te has sometido y por eso estás mal".

Para Dios, la actitud del corazón lo es todo. Podemos hacer lo que nos pide nuestro jefe, pero con murmuración y quejas; y si hacemos eso no somos la clase de empleado del que habla la Biblia. Quizá podamos seguir así, pero no recibiremos ninguna recompensa.[3]

Existen recompensas por la obediencia. Según la Biblia, una vida de obediencia traerá consigo mucha recompensa.[4]

En mi experiencia he comprobado que al hacer lo que Dios pide de mí, sus bendiciones me persiguen y alcanzan, pero sólo conforme tenga la actitud correcta. No es hacer las cosas para la vista de otros sino tener la actitud correcta en nuestro corazón.

En ocasiones hago lo que Dave me pide, aunque no lo quiera hacer. De hecho, puedo sentir enojo por dentro o el deseo de rebelarme. Así que, aunque hago lo que debo, después tengo que arrepentirme por mi mala actitud, y Dios me perdona.

A veces tengo que orar: "Señor, Tú conoces la verdad. Tú sabes que en realidad no quiero hacer esto; no creo que sea lo correcto. Siento que no fue justo, pero por causa de mi amor por ti, lo voy a hacer. Dame la gracia para hacerlo con la actitud correcta en mi corazón". Todos pasamos por experiencias como estas.

Jesús nos puso el ejemplo de la obediencia, como podemos ver en Filipenses 2:5-8:

> *Haya, pues, en vosotros este sentir que hubo también en Cristo Jesús, el cual, siendo en forma de Dios, no estimó el ser igual a Dios como cosa a que aferrarse, sino que se despojó a sí mismo, tomando forma de siervo, hecho semejante a los hombres; y estando en la condición de hombre, se humilló a sí mismo, haciéndose obediente hasta la muerte, y muerte de cruz.*

Te quiero animar a subir a otro nivel en tu obediencia. Sé pronto para obedecer, presto para obedecer, radical en tu obediencia, extremo en tu obediencia. No seas la clase de persona con la que Dios tiene que tratar 3 o 4 semanas para lograr que obedezcas en la cosa más sencilla. Si existe un problema entre un hermano y tú, y Dios te está animando a arreglar las cosas, simplemente hazlo. Si tienes alguna posesión y Dios te está diciendo que la debes regalar, entonces regálala. En seis meses no sigas diciendo "Dios, si ésta es **verdaderamente** tu voluntad . . ."

Nos vemos atrapados en situaciones como estas, porque estamos esperando que quizá no sea la voluntad de Dios después de todo. Si nuestra carne no quiere soltar algo, esto no es suficiente para decir que no podemos obedecer a Dios.

Hace tiempo, alguien me regaló un brazalete muy bonito, y me gustaba mucho. Era una antigüedad, y la primera vez que me lo puse en una reunión, se acercó a mí una chica que canta en nuestras reuniones y el Señor me dijo: *"Regálale el brazalete"*.

Yo no quería hacer eso, pero tengo suficiente respeto y temor de Dios, de manera que reconozco su voz y sé que cuando Él me dice que haga algo tiene muy buenas razones y simplemente necesito confiar, quiera o no. Ahora, no estoy hablando de un temor negativo; me estoy refiriendo a mostrar una confianza, obediencia y amor reverente hacia Él.[5]

Después, cada ocasión que veía a aquella chica con el brazalete, mi carne daba un pequeño gemido. Pero tienes que entender la naturaleza de la carne, si pospones hacer lo correcto hasta que tu carne tenga el deseo de hacerlo, nunca lo harás.

Es necesario ser obedientes a Dios, tengamos las ganas de serlo o no, y tenemos que ser obedientes con la actitud correcta. No se vale andar de luto después de haber obedecido.

Es tiempo de remover las vestiduras de luto. En demasiadas ocasiones hemos obedecido a Dios y después nos entra una depresión y desánimo. Pensamos que **cada vez que obtenemos algo, Dios nos lo pide, nos lo quita.** Pero es preciso recordar que con la obediencia llegan las bendiciones, llega la recompensa.

Dios nunca trata de quitarnos algo. Su deseo es vernos sembrar la semilla necesaria para la llegada de otra bendición a nuestra vida. Es imposible dar más que Dios; siempre nos dará más de lo que damos.

17. Un corazón que cree

> *Pero sin fe es imposible agradar a Dios; porque es necesario que el que se acerca a Dios crea que le hay, y que es galardonador de los que le buscan.*
>
> Hebreos 11:6

Un corazón que cree es algo absolutamente vital si queremos ser usados por Dios.

Esto quizá suene curioso ya que se nos denomina creyentes. Pero, ¿no es necesario que todos contemos con un corazón que cree? No necesariamente; la Iglesia está repleta de "creyentes incrédulos".

De ves en cuando deberíamos preguntarnos lo siguiente: ¿Qué tan fácil es para mí el creer? Por ejemplo, al ver que alguien ministra sanidad a otros, ¿de verdad creemos que la sanidad está ocurriendo?

En mi propia vida como cristiana, yo tuve incredulidad en esa área por un tiempo. Hace años, al principio del derramamiento de los dones, cuando se dejaban ver en algunos sectores de la Iglesia más que en otros, vi a muchas personas tratando de hacer que algo sucediera cuando en realidad nada estaba sucediendo. Esto me causó tanto disgusto que tardé mucho para creer que algo de eso podía ser real. Tuve que arrepentirme, pedirle perdón a Dios, y regresar como quien dice, al principio.

Conforme sentí un hambre de ver que Dios obrara milagrosamente a través de mi ministerio para afectar de manera más profunda a las personas necesitadas, especialmente a las que sufrían enfermedades o dolor, el Señor me mostró que yo tenía un corazón incrédulo en esa área. Mi corazón había sido endurecido y dudaba de ver a tantas personas falsificar o usar mal los dones del Espíritu y estos dones incluyen sanidad y milagros.

Tenemos que mantener un corazón que cree. Debemos ser como los niños y simplemente creer, como Jesús nos dice en Mateo 18:3: . . . De cierto os digo, que si no os volvéis (cambio, arrepentimiento) y os hacéis como niños (amorosos, humildes, perdonadores, creedores), no entraréis en el reino de los cielos.

Hay tantas cosas en la Biblia que se relacionan con creer.

Romanos 10:9,10 dice que para ser salva, una persona debe creer en su corazón y confesar con su boca. Así que la salvación consiste de dos partes y para recibirla de Dios primero es necesario creer en nuestro corazón, y entonces confesar con nuestra boca. Terminamos hablando lo que creemos. Esto lo sabemos porque se nos dice que de la abundancia del corazón habla la boca.[6]

Me preocupan aquellos cristianos que desean ser salvos pero no quieren que nadie se entere, personas que dicen creer pero declaran que "la religión es un asunto privado".

La religión no es un asunto privado. En la Biblia vemos que lo primero que hacían las personas al ser salvas era decirle a alguien. Es imposible que una persona llena de Jesús mantenga cerrada la boca.

Yo creo que Romanos 10:9,10 puede ser una guía para nuestras vidas. La manera en que recibimos algo de parte de Dios es creyendo en nuestro corazón y confesándolo con nuestra boca.

En Lucas 24:25 Jesús reprende a los que tienen un corazón tardo para creer. Como líderes, tenemos que ser prontos para creer.

Mateo 8:13, es un poderoso pasaje, y nos dice que Jesús dijo: . . . como creíste, te sea hecho. . . Es increíble lo que podemos hacer si sólo creemos poder hacerlo. Y también es sorprendente lo que no podemos hacer si creemos no poder hacerlo. Deberíamos levantarnos cada día con estas palabras en nuestra boca: "Sí puedo hacerlo; sí puedo hacerlo".

En Mateo 9:28, Jesús preguntó: *¿Creéis que puedo hacer esto?* Y después, en Marcos 5:36 Él dijo: *No temas, cree solamente.*

Han existido muchas ocasiones en mi vida, en las que me he encontrado desanimada, sin saber qué rumbo tomar, o que he sentido que nada da resultados y todos están en contra mía. Ya sea tratándose de una necesidad financiera o de un inexorable dolor en mi cuerpo, al preguntarle a Dios, "¿Qué quieres que yo haga?" Lo que he oído vez tras vez es lo mismo: "Sólo cree".

Hebreos 4:3 nos dice que creer nos trae descanso en Dios. Al entrar en ese descanso, es maravilloso que aunque todavía tengamos el mismo problema, yo no nos frustramos por él.

En Marcos 11:24 Jesús dijo: Por tanto, os digo que todo lo que pidiereis orando, creed que lo recibiréis, y os vendrá. En Juan 8:45 Él dijo: Y a mí, porque digo la verdad, no me creéis.

Nos dice Hechos 16:31: Cree en el Señor Jesucristo, y serás salvo, tú y tu casa. En Hebreos 11:6 vemos que si nos queremos acercar a Dios, tenemos que creer que Él existe y que es galardonador de los que le buscan.

¿Puedes ver por medio de la Escritura cuán importante es creer? Si tú y yo queremos recibir alguna cosa de Dios, primero debemos creer que Él es, y entonces creer que Él es bueno.

CREER RESULTA SOLO EN ALGO BUENO

Romanos 15:13 es una de mis escrituras preferidas. Dice que hay gozo y paz en creer.

Recuerdo cuando estaba pasando por una etapa en la que creía haber perdido mi gozo y paz. No sabía qué me pasaba, pero sabía que algo andaba mal.

Una noche cuando me sentía bastante desesperada, saqué de mi "Caja de Promesas" una tarjetita, y supe inmediatamente que el Señor me había hablado a través de ella. Decía así: "Romanos 15:13: El gozo y la paz vienen por creer".

En cuanto pude creer de nuevo, el gozo y la paz regresaron a mi vida. Esto puede ser verdad para ti también. Cuando comienzas a dudar, pierdes tu paz y gozo, pero en cuanto vuelves a creer, la paz y el gozo regresan a ti.

Dios nos ha concedido una herramienta muy poderosa para mantenernos radicalmente gozosos y en paz: simplemente tenemos que creer.

Desde luego, al creer, el diablo nos grita al oído: ¡Eso es necio! ¿Qué tal si crees y no recibes aquello en lo que has creído? Entonces tú le puedes responder así: No, no es necio. ¿Qué tal si recibo aquello en lo que he creído? Pero, aun si nunca lo recibo, seré más feliz y tendré más paz creyendo de la que tendría dudando.

Entonces no hay pierde si creemos, porque al creer, podremos recibir. Pero si no recibimos, seremos felices y tendremos paz. Entonces, es importantísimo mantener un corazón que cree.

Es difícil mantener aquella fe que Jesús nos dijo tuviéramos: como la de un niño. Pero aun de adultos, podemos regresar a tener es clase de fe si así lo deseamos, y es preciso hacerlo si queremos que Dios nos use.

Moisés fue un gran hombre de Dios, pero recordemos que después de haberse paseado por cuarenta años en el desierto con el pueblo de Israel, recibiendo la culpa de su necedad y terquedad, llegó a cierto punto de su vida en que su corazón fue tardo para creer. Entonces Dios tuvo que retirar a Moisés y reemplazarlo con Josué para así poder cumplir Su propósito y misión para el pueblo de Israel.

A todos nos llegan momentos en los que necesitamos renovar dentro de nosotros el espíritu de Josué y Caleb que dice: "Vamos a tomar la tierra porque bien podemos hacerlo".

Debemos tener la clase de corazón crédulo que pregunta: "¿Qué quieres que yo haga, Señor? Cualquiera que sea la tarea, ¡yo la haré!" No es necesario recibir tres confirmaciones, dos ángeles, tres sonidos de trompetas y cuatro profecías antes de actuar. Basta con tener una confirmación en nuestro corazón acerca de lo que Dios nos está diciendo.

En 1 Juan 4:16 vemos la necesidad de creer en el amor que Dios tiene para nosotros, y 1 Corintios 13:7 dice que el amor todo lo cree. En otras palabras, el amor tiene un corazón que cree.

18. Un corazón ensanchado

> *Nuestra boca se ha abierto a vosotros, oh corintios; nuestro corazón se ha ensanchado. No estáis estrechos en nosotros, pero sí sois estrechos en vuestro propio corazón.*
>
> 2 Corintios 6:11,12

Hay veces que no tenemos lugar en nuestro corazón para todos. Somos tan estrechos de corazón que sólo podemos dejar entrar a aquellos que son idénticos a nosotros, a los que piensan y actúan como nosotros. Pero el Señor quiere que tengamos suficiente lugar en nuestros corazón para tomar a todos, a aquellos que no nos gustan y a los que no les gustamos, personas con opiniones propias.

19. Un corazón puro

> *Bienaventurados los de limpio corazón, porque ellos verán a Dios.*
>
> Mateo 5:8

Dios busca líderes de corazón limpio y puro. Aquel líder de corazón puro, que sirve de todo corazón a Dios, es un líder verdaderamente poderoso. David nos dice en el Salmo 51:6 que un corazón puro es aquel que tiene la verdad en su interior, la identidad verdadera de una persona. Se trata de que cuidemos nuestra vida interior, nuestros pensamientos, porque de ellos manan nuestras palabras, nuestras emociones, nuestras actitudes y motivaciones.

Tardé mucho en reconocer que Dios no bendecirá acciones que provienen de una motivación incorrecta.

La pureza de corazón no es una característica natural. Es algo que la mayoría de nosotros debemos procurar. En 1 Juan 3:3 apreciamos como debemos desear y procurar tener un corazón puro porque esto es la voluntad de Dios. Este es un reto que todo líder debe tomar con emoción, pero no tenemos que tomar el reto solos.

Fuimos creados por Dios para depender de Él, para traerle nuestros retos y permitir que Él nos ayude con ellos. Sólo tú y Dios saben lo que hay en tu corazón, pero nuestro Dios es un experto en remover las cosas sin valor, y así dejar únicamente lo valioso.

Tener un corazón puro exige un precio, pero también incluye una recompensa. No hay porqué temer al compromiso de permitir que se haga la obra de Dios en nosotros. No siempre nos sentiremos cómodos con las verdades que Él nos mostrará, pero si nos ocupamos de hacer nuestra parte—enfrentarlas, aceptarlas y permitir que nos cambien—Dios se encargará de derramar bendición sobre nosotros.

20. El corazón de un padre

Porque aunque tengáis diez mil ayos en Cristo, no tendréis muchos padres; pues en Cristo Jesús yo os engendré por medio del evangelio.

1 Corintios 4:15

Pablo tenía el corazón de un padre para los creyentes en la iglesia de Corinto. Ésta es la clase de corazón que es tierno, que cría y enseña, que no se da por vencido cuando las personas no aprenden de la manera más correcta.

Un padre se goza en enseñarles a sus hijos como caminar o como jugar. No se irrita cuando a la primera no lo dominan. Sigue trabajando con ellos hasta que aprenden a hacerlo.

Pablo dijo que la iglesia estaba llena de instructores, llena de maestros, llena de personas que podían predicar un sermón y decirles a los demás cómo se debería hacer esto o aquello; pero Pablo también dijo que hacía falta padres en la iglesia.

Si tu anhelo es ser un líder en el Cuerpo de Cristo, y en especial si quieres ser pastor, debes tener un corazón de padre. Cualquiera que sea tu llamado, no es suficiente hacer todo lo correcto por fuera—por dentro tienes que tener la actitud correcta—.

Muchas veces tenemos conceptos muy elevadas de nosotros mismos, ideas que, desafortunadamente, en muchas ocasiones son incorrectas. Está bien aprender sobre todas estas actitudes correctas del corazón y decir, "Sí, amén". Pero la verdad es que, una vez aprendidas estas cosas,

Dios probará nuestro corazón antes de que entremos en un liderazgo. ¿Por qué? Porque nuestro verdadero carácter resalta en tiempos de prueba.

En seguida veremos cosas o actitudes que existen en nosotros que si Dios no las pusiera en evidencia, negaríamos que existen. Las pruebas nos muestran las áreas débiles en las que Dios tiene que hacer una obra. Conforme permitimos que el Espíritu Santo obre en nuestro corazón, Dios nos muestra la clase de líder que piensa hacer de nosotros.

Parte 3

Probando el corazón del líder

Capítulo 11

Pruebas de liderazgo, parte 1

Fenezca ahora la maldad de los inicuos, mas establece tú al justo (el que está en armonía con Dios); Porque el Dios justo prueba la mente y el corazón.
Salmo 7:9

El salmista nos dice en este pasaje que Dios prueba los corazones, las emociones y las habilidades mentales. En Jeremías 11:20, el profeta dice que Dios prueba el corazón y la mente.

¿Cómo se prueba algo? Se le aplica presión, fuerza para ver si en verdad hace lo que dice poder hacer, si realmente se mantiene íntegro en el estrés. Dios hace lo mismo con nosotros. Cuando oramos, pidiendo que Él nos use y que nos ponga en una posición de liderazgo, su respuesta es: "Déjame probarte primero. Te voy a poner a prueba".

Me da mucha tristeza ver cuántas personas nunca salen de esta fase de ser probados. Nunca la pasan. Pasan toda su vida rodeando las mismas montañas y es que en la escuela de Dios, no hay reprobados, sólo se sigue presentando el examen hasta lograr pasarlo.

Uno de los medios que Dios usa para probarnos es que pongamos por obra lo que declaramos creer. Conocer no es suficiente, no vale nada si no podemos producir lo que conocemos.

El *Diccionario Enciclopédico Larousse* define de la siguiente manera la palabra "prueba": Razón o argumento con que se demuestra una cosa.[1] También dice que "probar" es: Demostrar indudablemente la certeza de un hecho o la verdad de una afirmación.[2]

En Deuteronomio 8:2, vemos como Dios guió a los israelitas por cuarenta años en el desierto para humillarles, para probarles y para ver si guardarían sus mandamientos. Las pruebas vienen en los tiempos difíciles, no en los tiempos fáciles, porque no todo lo que nos mande hacer Dios será fácil. Por eso nos prueba para ver si estamos listos y somos hábiles antes de promovernos a un nivel superior de responsabilidad.

Muchas de las cosas que vienen a nosotros día con día no son más que una prueba. Por ejemplo, en ocasiones cuando tenemos que esperar mucho tiempo en una fila y al fin cuando compramos la mercancía, sale defectuosa, es una prueba. En ocasiones cuando vamos a estacionar nuestro carro y llega alguien y toma el espacio que pensábamos tomar nosotros, es una prueba.

Santiago 1:2-4 dice que las pruebas hacen resaltar lo que hay dentro de nuestro corazón. Durante los tiempos de prueba nos conocemos y sabemos entonces lo que somos capaces de hacer. Pedro pensó que nunca negaría a Jesús, pero cuando le vino la prueba, eso fue precisamente lo que hizo.[3] A Dios no le impresiona lo que decimos que vamos a hacer; a Él le impresiona lo que comprobamos que podemos hacer cuando nos encontramos bajo presión. No somos ascendidos en el ministerio porque tengamos la Biblia subrayada a dos colores, sino porque hemos sido probados y aun siendo difícil no tiramos la toalla y aprobamos.

Si te encuentras frustrado por el llamado de Dios sobre tu vida, te puedo decir que estás en una prueba. Lo que Dios haga contigo después depende plenamente de cómo salgas de estas pruebas del presente.

Veamos algunas Escrituras que nos hablan sobre las pruebas y lo que hacen para nosotros. Santiago escribió: *Bienaventurado el varón que soporta la tentación; porque cuando haya resistido la prueba, recibirá la corona de vida, que Dios ha prometido a los que le aman.*[4]

David oró en el Salmo 26:2: *Escudríñame, oh Jehová, y pruébame; Examina mis íntimos pensamientos y mi corazón.* Muchos de nosotros no oramos pidiendo pruebas, pero igual nos llegarán.

En 1 Pedro 1:6,7 Pedro nos dice: *En lo cual vosotros os alegráis, aunque ahora por un poco de tiempo, si es necesario, tengáis que ser afligidos en diversas pruebas, para que sometida a prueba vuestra fe, mucho más preciosa que el oro, el cual aunque perecedero se prueba con fuego, sea hallada en alabanza, gloria y honra cuando sea manifestado Jesucristo. . .*

En 1 Pedro 4:12, también se nos dice que no debemos sorprendernos por las pruebas que debamos sufrir, porque por ellas Dios prueba la calidad de nuestro carácter. Pedro le escribe a la Iglesia y le dice que cuando estas cosas sucedan no hay que pensar que es algo del otro mundo ya que todos pasamos por ellas. No tienes que sentir confusión por lo que estás pasando. Dios está probando tu calidad, está probando tu carácter. Él quiere saber qué clase de persona eres. Está probando tu corazón.

Cada vez que Dios nos pone una prueba, podemos saber qué tan lejos hemos llegado y cuánto nos falta por recorrer, según reaccionemos. Cuando nos encontramos en luchas y pruebas, pueden ser expuestas actitudes de nuestro corazón que ni sabíamos que existían.

Después en el versículo 13, Pedro dice que debemos regocijarnos en nuestro sufrimiento para que la gloria de Cristo pueda ser revelada a través de nosotros.

Pablo nos dice en 1 Timoteo 3:10 que los líderes deben ser sometidos a prueba antes de delegarles responsabilidades. En otras palabras, los líderes llegan a llenar ese puesto sólo después de haber pagado el precio.

En la jerarquía de Dios, los líderes no son ascendidos por lo que saben o lo que creen saber, por su educación y que tan elegantes o carismáticos sean, sino por lo que hacen durante los tiempos de prueba.

Aunque los tiempos de prueba de parte de Dios son para nuestro bien, no siempre sentimos que así sea, al momento de atravesarlos.

TODO ES PARA NUESTRO BIEN

Y sabemos que a los que aman a Dios, todas las cosas les ayudan a bien, esto es, a los que conforme a su propósito son llamados.

Romanos 8:28

Este es otro de mis pasajes preferidos de la Biblia. Aprendí hace mucho tiempo que sólo porque no entienda lo que está sucediendo no quiere decir que Dios no tiene algún propósito para ello, o que las cosas no me ayudarán a bien simplemente porque no me hacen sentir bien.

Existen muchas personas que quieren guiar a otros sin haber pasado el tiempo de entrenamiento. No creo que esta clase de personas puedan ser líderes por mucho tiempo, o que puedan ser la clase de líder que Dios desea que sean porque el corazón de un líder siempre debe ser sometido a prueba por Dios.

En este capítulo, me gustaría compartir contigo un lista de posibles pruebas por las que es necesario pasar antes de ser ascendidos por Dios a una posición de liderazgo.

1. La prueba de la confianza

Mas él conoce mi camino; Me probará, y saldré como oro.

Job 23:10

Una de las pruebas que podemos esperar encontrar en nuestra jornada con Dios es la prueba de la confianza. Tenemos que aprender a confiar en Dios cuando no entendemos lo que sucede en nuestra vida.

Cuántas veces hemos dicho estas frases a Dios: "¿Qué está pasando en mi vida? ¿Qué estás haciendo? ¿Qué está sucediendo? No entiendo nada".

Parece que lo que está sucediendo nos está llevando en dirección opuesta a lo que Dios nos ha revelado.

Un buen ejemplo de esto es nuestro hijo mayor, David, quien ahora es el director del ministerio mundial dentro de nuestro ministerio. Viaja por todo el mundo y tiene la gran responsabilidad de encontrar lugares donde podamos invertir nuestro dinero y de asegurar que sean administrados correctamente dichos fondos.

Hace tiempo, él se casó con una mujer que por años había pensado tener el llamado a ser misionera. Entonces ella se había mudado a Puerto Rico para asistir a una escuela bíblica y además aprender el idioma. Cuando ella conoció a David y se casaron, él también se mudó a Puerto Rico para aprender el idioma.

Nosotros veíamos que tenían un llamado, pero sentíamos siempre el impulso de invitarlos a Saint Louis para trabajar con nosotros en nuestro ministerio. Ahora, esto no parecía tener mucho caso ya que ellos tenían el llamado de ser misioneros. Ellos sentían el deber de venir a apoyarnos en el ministerio, aunque esto no parecía tener mucho sentido para ellos tampoco.

En ocasiones así es como Dios nos guía, y nosotros debemos aprender a seguir su dirección; de otra manera, vamos a ser guiados por nuestra cabeza, nuestra lógica, y nos perderemos de cumplir con la voluntad de Dios para nuestra vida.

Así que, aunque se sentían un poco confusos, nuestro hijo y su esposa regresaron a los Estados Unidos de América por un tiempo, pidiendo la dirección del Señor. Le preguntaban a Dios: "Señor, si debemos regresar a este lugar, ¿por qué fuimos a la escuela de idiomas?"

Parte de la respuesta es algo que hablaremos después y se llama **la prueba del tiempo**. Si Dios quiere que hagamos algo, no es para decir que lo debemos hacer en ese momento, al día siguiente o el año que entra, o aun dentro de cinco años. Dios quiere que esperemos en Él y que nos movamos en su tiempo perfecto. ¿Por qué? Porque todas las cosas que hagamos en la espera, serán parte de lo que finalmente haremos, aunque cada pieza individualmente no tenga mucho sentido en el momento.

Aunque nosotros, junto con otras personas, sentíamos que nuestro hijo tenía un llamado misionero sobre su vida, no estábamos tomando en cuenta el hecho de que existían muchas cosas que necesitaban cambiar urgentemente en su vida antes de poder lidiar con ese llamado. David era un joven maravilloso, pero necesitaba cambiar mucho en el área de su carácter. Tenía un carácter muy fuerte, y se enojaba fácilmente. De no haber pasado por ese tiempo de crucificar su carne, no hubiera sido digno ni hubiera estado preparado para llenar la posición que ahora desempeña.

David tuvo que pasar la prueba de la confianza. Tuvo que aprender a confiar en Dios aun cuando lo que estaba sucediendo en su vida parecía no tener mucho sentido.

Aquí es donde muchas personas se dan por vencidas y fallan, donde se confunden y se quedan al lado del camino, donde regresan a algo que será más fácil y rápido para ellos.

Si te encuentras en un lugar así en tu vida, donde nada parece tener sentido, confía en Dios. Recuerda: "Esto debe ser una prueba".

Una de las cosas que he aprendido a través de los años es esto: **No existe la confianza en Dios sin tener algunas preguntas sin respuesta**. Si tenemos todas las respuestas a todas las preguntas, entonces no hay necesidad de confiar porque ya sabemos todo.

Mientras Dios nos esté enseñando a confiar, siempre habrá algo que no entendamos que esté ocurriendo en nuestra vida. Por eso es tan importante poder aprender a decir: "Dios, no entiendo, pero confío en ti".

Tenemos que aprender a confiar en Dios en los momentos en que no entendamos, aún cuando los cielos estén silenciosos.

¿No te fascina cuando Dios simplemente no nos dice nada?

Dave y yo mencionamos que Dios nos habla y nos guía, pero con toda honestidad, no mantenemos una conversación constante con Él en la que nos dé dirección para cada momento de nuestra vida.

Pueden pasar hasta dos años, sin que reciba alguna dirección específica de parte de Dios tocante al plan que Él tiene para mí y mi ministerio. Escucho su voz en cuanto a lo que deba predicar, o acerca de cómo manejar cierta situación, o qué decisión tomar, o cosas por el estilo, pero no llega ninguna palabra nueva de parte de Él que tenga que ver con algún cambio radical en mi vida.

En ocasiones me frustró y me dan ganas de decir: "¡Dime algo, Señor!" Pero lo que he aprendido es que si Dios no me está hablando algo nuevo, debo seguir trabajando en lo último que me dijo, sea lo que sea, y debo seguir confiando en Él. Pueden pasar cinco años antes de recibir una dirección nueva. Puede ser que me dé algo diferente para hacer, y si es así, lo haré; pero hasta no escuchar algo nuevo, simplemente haré lo que ya me dijo que hiciera.

Si no confías en Dios, la vida será miserable. Así que, tenemos que aprender a confiar en Dios cuando no entendemos lo que está haciendo, cuando en cielo está silencioso, cuando no vemos la provisión del mañana.

Tú y yo siempre sentimos la necesidad de tener una respuesta para el mañana, pero tenemos que aprender que las respuestas para el mañana, usualmente, llegan al mismo tiempo que el día de mañana. En ese sentido son como la historia del maná en Éxodo 16.

Cuando Dios mandaba el maná cada día, les prohibía recoger más de lo que necesitaran para ese día. Yo creo que eso era una prueba de confianza.

Imagínense. Nos encontramos en el desierto sin comida, y Dios manda comida con el rocío para nosotros. Hay bastante comida, nos rodea por todos lados. Podríamos recoger lo suficiente como para comer toda la semana, pero Dios dice: "No, no hagas eso. Solamente recoge lo que necesitas para este día y deja lo que resta; no lo toques."

Pero nuestra mente, en toda su pequeñez, razona así: **Pero si no la recojo, se echará a perder. Dios no malgasta las cosas, entonces seguramente esa palabra de instrucción no puede venir de Él. ¿Si recojo sólo la comida de hoy, qué sucederá si mañana no hay? Seguramente me dará mucha hambre. Voy a recoger sólo un poco extra en caso de que Dios no cumpla con su promesa.**

También debemos recordar lo que pasaba cuando los israelitas recogían más comida que la necesaria para un solo día. Se pudría y olía muy mal.

Creo que la razón por la que algunos de nosotros tenemos ciertas cosas o situaciones en nuestra vida que huelen mal y nos dan muchos problemas, es porque hoy nos preocupamos demasiado en recoger la provisión para el futuro. Estaríamos mucho más contentos, y disfrutaríamos de mejores provisiones, si aprendiéramos a confiar en Dios.

2. La prueba de la seguridad

> *. . .nos gloriamos en Cristo Jesús, no teniendo confianza en la carne.*
>
> Filipenses 3:3

No debemos poner nuestra confianza en la carne, ni en la nuestra ni en la de ninguna otra persona. ¿Dónde quiere Dios que pongamos nuestra confianza? Solamente en Él.

En Juan 15:5 Jesús dijo: *Yo soy la vid, vosotros los pámpanos; el que permanece en mí, y yo en él, éste lleva mucho fruto; porque separados de mí nada podéis hacer.*

A Dios no le agrada la independencia. Su deseo es que seamos completamente dependientes de Él. Quiere que dependamos de Él como una rama depende de un tronco—pronto se secaría si se separara del tronco—. Quiere que nos apoyemos en Él para todo en la vida.

¿Cómo comprueba Dios que estamos seguros en Él?

Ocasionalmente, pensamos estar muy seguros de nuestra confianza en el Señor hasta que alguien nos rechaza, y de repente no entendemos lo que nos sucede ni por qué. (Si tú crees que Dios no permite tales cosas, te equivocas, porque sí lo hace.) Nos causará dolor en el momento, pero a la larga nos ayudará a mantener nuestra confianza en el lugar indicado y a no ponerla donde no corresponde.

La triste realidad es que no siempre se puede confiar en las personas. Si te encuentras entre un grupo de personas en las que estas poniendo tu confianza, te puedo asegurar que tarde o temprano una o más de ellas te defraudarán. Alguien te desilucionará haciendo algo inesperado o por no hacer lo esperado. Simplemente eso es una parte de la naturaleza humana.

Cuando esto nos sucede, Dios trata de ahorrarnos mucho sufrimiento con un recordatorio acerca de poner nuestra confianza en Él.

Sí, podemos relacionarnos con las personas. Podemos confiar en las personas hasta cierto punto, pero al poner esa confianza en ellas que sólo le pertenece a Dios, Él tendrá que encargarse de hacernos ver sus debilidades y así sabremos que nuestra confianza ha estado en el lugar equivocado.

¿Cómo hace Dios a un líder? Con las pruebas. Nos da prueba tras prueba porque éstas provocan la exposición de las impurezas de nuestra vida y en ese momento puede tratar Dios con ellas. Nada muestra lo que realmente somos como una prueba.

Mi hija en una ocasión compartió que sentía haber avanzado bastante en el área de estar tranquila, sin permitir que las cosas pequeñas la pusieran de malas. Al día siguiente, se le cayó un recipiente lleno de queso crema que pensaba untar en un pan tostado. Lo recogió y lo aventó al bote de la basura. Pudo ver a través de esa prueba dónde realmente se encontraba en su lucha por vivir apaciblemente. Es verdad que no aventó el recipiente a lo largo de la cocina como lo hubiera hecho un año atrás, pero tampoco reaccionó con la debida calma y tranquilidad.

Dios nos pone estas pruebas una y otra vez hasta que aprendemos la lección. Las pruebas no cambian, pero nosotros sí. ¿No sería maravilloso llegar al punto en nuestra vida donde ninguna de las cosas cotidianas nos molestaran en lo más mínimo?

Yo sentía tanta hambre de paz que decidí hacer cualquier ajuste necesario en mi vida para tenerla, porque estaba cansada de vivir molesta la mayor parte del tiempo. Descubrí que mis circunstancias no necesitaban cambiar; yo era quien necesitaba cambiar.

Honestamente, algunas personas viven toda su vida tratando de hacer cambiar las circunstancias ya las personas—tratando de controlar a otras personas, tratando de controlar al diablo, tratando de controlar las circunstancias—sin reconocer la verdadera fuente de su miseria y tristeza. Se la pasan diciendo: "Dios, no estoy contento. El diablo me está fastidiando. Otras personas me están defraudando y desilusionando. Necesito ciertas cosas para poder ser feliz, y Tú no me las estás dando". Ellos nunca cambian porque esperan que las demás personas y situaciones cambien.

Dios desea usar a todas esas personas y cosas que no nos gustan para obrar un cambio en nosotros. Y una vez que cambiemos, o se alejarán de nosotros o ya no nos molestarán más; entonces será igual para nosotros.

¿EN QUÉ TE ESTÁS APOYANDO?

Dejaos del hombre (no confíes más en él), cuyo aliento está en su nariz; porque ¿de qué es él estimado?

Isaías 2:22

Aquí Dios nos está preguntando porqué estamos confiando en el hombre que es débil, frágil y mortal. No podemos darle demasiado valor porque es pasajero, pon tu confianza en Dios.

Y en el siguiente versículo, Isaías 3:1, leemos: *Porque he aquí que el Señor Jehová de los ejércitos quita de Jerusalén y de Judá al sustentador y al fuerte, todo sustento de pan y todo socorro de agua. . .* El Señor está diciendo que removerá todo su apoyo.

¿Qué sucede cuando nos privan de todo apoyo y sostén? Descubrimos la verdad sobre nuestro apoyo y de dónde lo estamos esperando, cuales son nuestras bases y cimientos. Permíteme darte un ejemplo.

Mi esposo Dave y yo, jugamos golf frecuentemente. Sobre un campo de golf se encuentran plantadas ramitas que algún día serán árboles. Estas plantitas son tan débiles y frágiles que normalmente las rodean con estacas para sostenerlas. Sin éstas, cualquier soplo de viento o lluvia tumbaría a las plantitas y las destruiría.

Igualmente sucede con nosotros cuando somos nuevos creyentes. Cuando comenzamos nuestro camino con Dios, necesitamos de muchos apoyos, aquello que nos pueda ayudar a mantenernos erguidos y fuertes. Nos hace falta un grupo de personas para animarnos a estudiar la Biblia, orar y buscar al Señor. Sin este sistema de apoyos, al llegar las tormentas de la vida, seríamos destruidos.

Cualquiera que sea nuestro sistema de apoyo, ya que puede tomar muchas formas, tarde o temprano, Dios comenzará a remover las estacas. Al principio, esto puede ser algo muy aterrador porque no lo entendemos, y menos nos gusta. Decimos cosas como: "Ay, Señor, ¿de verdad quieres que deje de ir a la reunión de oración? No sé si pueda salir adelante durante la semana si no voy. ¿Realmente deseas que en lugar de ir a consejería, venga directamente contigo? ¿A poco quieres que deje de pasar a que oren por mi sanidad, y simplemente confíe en que Tú ya me sanaste? Ay, no sé si pueda sobrevivir sin estas cosas".

Quizá los soportes que Dios comienza a remover son cosas que traen mucha satisfacción y alegría a nuestra vida, cosas como cantar o tocar algún instrumento o ser parte de un equipo de alabanza. Entonces sucede que de repente perdemos aquella posición, o Dios pide que la dejemos, y es ahí cuando podemos descubrir cuánto dependía nuestro sentido de bienestar y auto-suficiencia de las cosas que estábamos haciendo.

Tenemos que aprender que los trabajos que Dios nos da para hacer, ya sea en el mundo secular o en el ministerio, son cosas que hacemos **para** Él y no definen **quienes somos** en Él.

No es bueno tratar de manipular nuestra posición o trabajo sólo porque pensamos, equivocadamente, que lo que hacemos define quienes somos.

Necesitamos aprender a dejar de promovernos para permitir que Dios nos ponga en el lugar donde Él nos quiere. He descubierto que si yo me coloco en alguna posición, yo soy la que tiene que mantenerse en ese lugar, y eso es muy difícil.

Dios ha tenido que quitarme muchos soportes. Me sacó de un trabajo como pastor asistente y pronto descubrí que entonces al llegar a la iglesia, no contaba con mi lugar reservado, como solía ser antes. Después de un tiempo, las personas aún llegaban conmigo y me preguntaban si era nueva en esa iglesia. Yo me sentía mal e irritada. Me daban ganas de decirles: "¡Yo he estado aquí desde que asistían sólo treinta personas! ¡Antes yo era el pastor asistente! ¿No saben quién soy?"

Durante mi tiempo en aquel lugar, yo contaba con un grupo de aproximadamente doce amigas, y yo dependía mucho de ellas. Llegó el momento en que algunas de ellas se pusieron en mi contra y dijeron cosas indebidas de mí. Me acusaban de haber hecho cosas que no había hecho. Me sentí tan lastimada y desanimada. Simplemente no lo podía creer.

Si hay algo en lo que estamos poniendo nuestra confianza, Dios nos tendrá de despojar de ello. Él es un Dios de restauración. Él restaura nuestra mente, nuestras emociones, nuestra alma, nuestra salud. Al comenzar la restauración de un mueble antiguo y valioso, primero tenemos que remover toda la pintura y barniz viejo antes de poder ponerle una pintura o barniz nuevo. Si tú sientes que estás siendo despojado de algo un tu vida, no te enfades. Coopera con el Señor mientras Él hace su obra en ti.

No seas una ramita volando en el viento porque tus soportes han sido removidos, mejor ve echando raíces para que un día puedas verte erguido y estable, un árbol de justicia.[5]

3. *La prueba del rechazo*

Acordaos de la palabra que yo os he dicho: El siervo no es mayor que su señor. Si a mí me han perseguido, también a vosotros os perseguirán . . .

Juan 15:20

Las personas nos rechazarán de la misma manera en que rechazaron a Jesús, a Pablo y a los otros discípulos y apóstoles. Seremos rechazados porque Jesús dijo que el siervo no es mayor que su señor, y así como Él fue rechazado, también lo seremos nosotros.

Es mucho más difícil ser rechazados por personas que están equivocadas y que están diciendo y haciendo cosas incorrectas.

El Salmo 118:22 dice: *La piedra que desecharon los edificadores Ha venido a ser cabeza del ángulo.* Este pasaje nos habla de David, quien fue rechazado por los líderes judíos, pero que después el Señor lo escogió para ser rey sobre Israel.[6] En Mateo 21:42, Jesús citó este pasaje ante los sacerdotes y fariseos, haciendo referencia al rechazo hacia Él como Hijo de Dios; también hizo referencia a sí mismo como la Cabeza del Ángulo de la Iglesia.

Si nosotros seguimos en obediencia, con una buena actitud, a lo que Dios nos está diciendo a pesar de los rechazos, puede ser que lleguemos a ser la cabeza del ángulo en el lugar donde Dios nos ha colocado. Dios nos puede ascender y promover aun cuando otros piensen que no somos nada. Dios puede levantarnos y colocarnos en un lugar donde ningún hombre puede ponernos.

Cuando comencé a predicar, era muy insegura. Si algunas cuantas personas se salían durante la reunión, el diablo me decía que se salían porque no les gustaba que predicara una mujer. Eso realmente sucedió en algunas ocasiones, en iglesias donde los pastores me habían advertido que nunca había predicado una mujer desde su púlpito y no sabían qué reacción tendría su congregación. Cuando sucedía, siempre me sentía mal y avergonzada.

Luego Dios me dio esta escritura en Lucas 10:16: *El que a vosotros oye, a mí me oye; y el que a vosotros desecha, a mí me desecha; y el que me desecha a mí, desecha al que me envió.*

El Señor simplemente me dijo que Él era quien me había llamado. Me dijo: "No te preocupes por lo que piense la gente. Si lo haces, estarás preocupada toda tu vida porque el diablo siempre encontrará a aquellas personas que tendrán pensamientos ásperos hacia ti".

En Mateo 10:14 vemos cuando Jesús mandó a sus discípulos a los pueblos y a las ciudades para predicar, Él les dijo cómo reaccionar ante el rechazo de las personas. No les dijo que deberían llorar y sentirse agraviados, dolidos, ofendidos y avergonzados. Él dijo: *Y si alguno no os recibiere, ni oyere vuestras palabras, salid de aquella casa o ciudad, y sacudid el polvo de vuestros pies.* En el versículo 23 agrega: *Cuando os persigan en esta ciudad, huid a la otra; porque de cierto os digo, que no acabaréis de recorrer todas las ciudades de Israel, antes que venga el Hijo de Hombre.*

Así que, si tienes un llamado de Dios sobre tu vida y alguna persona o grupo te rechaza, habrá otros que te recibirán. Simplemente sacude el rechazo de sobre de ti y sigue adelante.

Tú y yo debemos aprender a sacudirnos de nuestros problemas y angustias, nuestros desánimos y rechazos.

Leemos en Hechos 28:1-5 el relato de Pablo y sus compañeros cuando naufragaron en la isla de Malta. Mientras Pablo recogía leña y la echaba en el fuego, una víbora salió huyendo del calor y se colgó de su mano. Viendo esto, los de aquella isla estaban convencidos de que Pablo era un homicida porque, aunque habían salido con vida del mar, esta víbora mortal le había mordido y su diosa de justicia no permitiría que Pablo siguiera con vida.

En el quinto versículo leemos que *él, sacudiendo la víbora en el fuego, ningún daño padeció.*

Podemos ver un mensaje muy importante en este pasaje. Cuando el diablo nos "muerde" y trata de sujetarse de algún área de nuestra vida, ya sea el temor, el rechazo, el desánimo, la desilusión, la traición, la soledad o alguna otra cosa, la Biblia nos enseña cuál debe ser nuestra reacción—simplemente **sacudírnoslo y seguir adelante—.**

No es raro que el rechazo venga de personas muy cercanas a nosotros. La familia de Jesús, sus propios hermanos, le rechazaron como persona y también rechazaron su ministerio.[7] Lo mismo nos puede suceder a cualquiera de nosotros.

Si queremos seguir al Señor y hacer las cosas de una manera distinta a como las hacen todos los demás, ellos encontrarán faltas en nosotros y nos rechazarán. Esa es la única manera en que ellos se pueden sentir bien en cuanto a lo que sí y no están haciendo. Cuando esto suceda, simplemente sacude ese yugo y sigue adelante al cumplimiento de lo que Dios te ha llamado a hacer.

4. La prueba de la traición

> *Entonces Jesús le dijo: Judas, ¿con un beso entregas al Hijo del Hombre?*
>
> Lucas 22:48

Otra prueba que podemos enfrentar es la del beso de Judas, eso es, la prueba de ser traicionados por nuestros amigos.

Hace tiempo hablé con una persona que había pasado un tiempo muy difícil emocionalmente porque había sido rechazada y traicionada por personas que había considerado amigos cercanos. Le dije lo mismo que te voy a compartir en este libro acerca del tema.

Jesús hizo ciertas cosas por nosotros que ya no debemos de pasar nosotros. Por ejemplo, Él llevó nuestros pecados para no tener que llevarlos nosotros.[8] Pero existen otras cosas por las que Jesús pasó como ejemplo a seguir, cosas por las que pasaremos y debemos seguir el camino que Él ya marcó.[9] Una de esas situaciones es el rechazo como acabamos de ver. Otra de ellas es la soledad, de la cual hablaremos luego. Otra es la obediencia, que es hacer la voluntad de Dios cuando no queremos hacerla. Otra es la traición.

Honestamente, no conozco a muchos líderes claves, personas que han llenado posiciones de liderazgo por algún tiempo, que no hayan sido traicionados, en algún momento de su vida, por alguien sinceramente respetado y amado por ellos.

¿Cuántos pastores han sufrido que un asistente que se haya llevado parte de su congregación para abrir otra iglesia? Sucede con tanta frecuencia que ya es casi un suceso común.

Dios puede llamar a alguien para comenzar un obra nueva, pero hay una manera correcta y una incorrecta de hacer las cosas. La sabiduría nunca está cuando se sale de algún lugar en disensión. Siempre recuerda: Así como te vas de una obra entrarás a una obra nueva—te llevas la actitud con la que saliste—.

Por un tiempo formé parte de una iglesia en donde el liderazgo sentía que era malo que yo predicara en lugar de mi esposo. Se opusieron a nosotros abiertamente, avergonzándonos y lastimándonos. Nuestro deseo era salir de ese lugar cuanto antes, pero Dios seguía poniendo en nuestro corazón la necesidad de salir sin contención. Esperamos por mucho tiempo y recibimos mucha persecución durante ese tiempo. Conforme esperábamos, la iglesia comenzaba a morir. Menos personas estaban llegando, el Espíritu de Dios ya no se movía y era evidente que había serios problemas.

Los líderes trataban de ejercer control sobre los miembros en lugar de demostrar un verdadero liderazgo. Siempre se sentían y se enfadaban si alguien quería salir para hacer alguna otra cosa. Su actitud era "adueñarse" de las personas, y esa es una actitud muy errónea para cualquier persona.

En 2 Corintios 1:24 el apóstol Pablo le dijo a la iglesia en Corinto que él no quería enseñorearse de su fe, sino promover su gozo, y así deben de ser todos los líderes.

El liderazgo de esta iglesia trató a muchas personas de igual manera que como nos habían tratado a nosotros y Dios no bendice a ninguna persona que maltrata a otros. Mientras esperábamos, Dios se encargó de la situación. Como dice Su Palabra, Él es nuestro Vengador.[10]

Si hubiera seguido el impulso de mi corazón y no la guía del Espíritu Santo, me hubiera salido de aquel lugar dolida, enojada y amargada. Al esperar, pude salir con la actitud correcta de mi corazón y en el siguiente paso de mi vida pude recibir bendición. Dave y yo quizá no tendríamos el ministerio del que hoy gozamos si no hubiéramos obedecido a Dios en ese momento.

A Satanás le fascina la traición porque es común que después de haberla sufrido, ya sintamos que no podemos confiar en ninguna persona en el futuro. Nos queremos ir de "Llaneros Solitarios" para hacer lo que queramos y así no tener que experimentar sufrimiento nunca más. La traición es otra de las cosas que tenemos que dejar a un lado para que no nos afecte. Jesús no permitió que le afectara, y nosotros no podemos permitir que nos afecte tampoco.

En Mateo 24:10 Jesús nos advirtió que en los últimos días cosas como la traición aumentarían. Nos dio una descripción de esos tiempos difíciles diciendo:

> *Muchos tropezarán entonces, y se entregarán unos a otros, y unos a otros se aborrecerán. Y muchos falsos profetas se levantarán, y engañarán a muchos; y por haberse multiplicado la maldad, el amor de muchos se enfriará. Mas el que persevere hasta el fin, éste será salvo.*
>
> Mateo 24:10-13

Si creemos estar en los últimos días, entonces más vale estar conscientes de las señales de los últimos tiempos. Marcos 13:7,8 describe las guerras y rumores de guerras, hambres y terremotos en diferentes lugares como señales de los últimos días, pero es más que eso. Una de esas señales es un aumento en la traición, y esto lo estamos presenciando hoy en día.

Pero Jesús dice que los que soporten todas estas cosas hasta el fin, serán salvos. Así que habrá cosas que hay que soportar, algunas pruebas y tribulaciones que tendremos que pasar. Pero al atravesar por estas situaciones, como cristianos, sabemos que con la ayuda de Dios saldremos del otro lado y tenemos que escoger nuestra reacción a ellas. Así que, más vale tomar la decisión de permitir que obren para bien en nuestra vida y no dejar que nos llenen de amargura.

Lo que nos acontece no nos arruina, sino la respuesta incorrecta que decidimos tomar. Tenemos la opción de elegir hacer lo correcto y como ejemplo vamos a ver la escena de Judas y Jesús.

ELIGE CORRECTAMENTE

Estaba cerca la fiesta de los panes sin levadura, que se llama la pascua. Y los principales sacerdotes y los escribas buscaban cómo matarle; porque temían al pueblo. Y entró Satanás en Judas, por sobrenombre Iscariote, el cual era uno del número de los doce; y éste fue y habló con los principales sacerdotes, y con los jefes de la guardia, de cómo se lo entregaría.

Lucas 22:1-4

Judas era uno de los doce discípulos de Jesús, sin embargo leemos que Satanás entró en él. Es necesario entender que Satanás puede trabajar a través de cualquiera, aún de los que están cerca de nosotros. Por eso es peligroso esperar demasiado de las personas cercanas a nosotros. En cuanto pensamos que nunca nos lastimarán, nos ponemos en un lugar vulnerable para ser severamente lastimados.

Esto no quiere decir que debamos tener una actitud amarga, rencillosa y cínica con todos, diciendo: "Bueno, es que ya no se puede confiar en nadie".

Esto no es lo que trato de decir. Me gustan las personas, y confío en ellas. No me la paso sospechando de todo mundo, como de igual manera no me la paso esperando que algunas nunca me lastimen, porque sé que son de carne y hueso igual que yo, y eso significa que fracasarán como yo fracaso. Entonces no pongo mi confianza en las personas, sino pongo toda mi confianza en el Amigo más unido que un hermano.[11] Las personas son volubles, pero yo sé que Él nunca cambia.

Judas cambió de opinión sobre Jesús de repente, y buscó cómo traicionarle. Jesús sabía todo. Él ya sabía que Judas sería el que traicionaría. ¿Por qué entonces, no hizo algo al respecto?

Una de las cosas que he aprendido de Dios, es que, aunque sabe lo que vamos a hacer, siempre nos da la oportunidad de elegir.

En más de una ocasión, Dave y yo hemos trabajado con ciertas personas, tratando de ayudarles a pasar por un momento difícil o dándoles oportunidad de servir en el ministerio, y todo nos resulta tan mal.

Cuando eso sucede, me dan ganas de decir, "Bueno, nos salimos de lo que Dios quería que hiciéramos". Pero Dave me dice vez tras vez que el hecho de que algo sucediera de esa forma, no significa que no hayamos escuchado la voz de Dios. Me dice: "Dios les da oportunidades a las personas, y lo que hacen con ellas es su decisión".

Así que Jesús conocía que Judas era capaz de hacer lo malo, pero le dio una oportunidad de escoger para ver si cambiaba y se decidía a hacer lo bueno.

SATANÁS SE APROVECHA DE NUESTRA DEBILIDAD

Seis días antes de la pascua, vino Jesús a Betania, donde estaba Lázaro, el que había estado muerto, y a quien había resucitado de los muertos. Y le hicieron allí una cena; Marta servía, y Lázaro era uno de los que estaban sentados a la mesa con él. Entonces María tomó una libra de perfume de nardo puro, de mucho precio, y ungió los pies de Jesús, y los enjugó con sus cabellos; y la casa se llenó de olor del perfume. Y dijo uno de sus discípulos, Judas Iscariote hijo de Simón, el que la había de entregar: ¿Por qué no fue este perfume vendido por trescientos denarios, y dado a los pobres? Pero dijo esto, no porque se cuidara de los pobres, sino porque era ladrón, y teniendo la bosa, sustraía de lo que echaba en ella.

Juan 12:1-6

Judas amaba el dinero, y por eso estaba a punto de traicionar a Jesús. Tenía un problema con la avaricia.

¿Qué hace Satanás cuando quiere afectar a algún líder? Encuentra a una persona cerca de ese líder que tenga alguna debilidad y trata de usar esa misma debilidad para destruir al líder.

Esto lo he experimentado en mi propia vida. Hasta mis propios hijos, quienes me aman tanto, tienen ciertas debilidades en su personalidad que me molestan mucho en ocasiones.

No es fácil tener a tus hijos trabajando contigo en el ministerio. Somos sus padres, sus pastores y sus jefes, y todos ellos son nuestros mejores amigos. Entonces es necesario cambiar de un momento para otro el papel que estamos llevando con ellos. Así que, Satanás trata de aprovecharse de la situación para causar problemas entre nosotros, justo como lo hizo con Judas y Jesús.

También trata de sembrar discordia y falta de armonía entre Dave y yo como pareja. Como todo matrimonio, la mayor parte del tiempo estamos bien, pero hay ciertas cosas que los dos podemos hacer para molestarnos muchísimo el uno al otro.

Pueden pasar meses sin que Dave haga algo que me enfade, pero de repente el diablo trata de atacarme por medio de él. Aunque dicha área ya esté muerta y sepultada, parece cobrar vida de nuevo irritándome nuevamente.

Una de las cosas que más me molestan de Dave, y él lo sabe, es que él es una persona muy detallista y yo no lo soy. Entonces, cada vez que estoy relatando algún suceso, él me interrumpe y me corrige. Cuando estoy hablando, no me gusta que me interrumpan. Me gusta que las personas me escuchen, y habiendo empezado a hablar, sigo hasta terminar lo que tengo que decir. Al estar hablando, Dave dirá: "No, no fue así". Él enseguida comienza a rellenar todos los detalles, sin importancia para la historia a mi punto de vista. En lo que yo termino de contar cuatro historias, él todavía está dando los detalles de la primera mitad de la primera historia.

¿Quién tiene la razón? De hecho, ninguno de los dos; simplemente somos diferentes. Todos tenemos nuestros puntos fuertes y nuestras debilidades, y Satanás usa las debilidades para causarnos problemas a nosotros y a los demás.

En este relato del capítulo 12 de Juan, vemos que se acerca el tiempo de la muerte de Jesús por nuestros pecados. En ese momento, Satanás comienza a usar la debilidad por el dinero que tenía Judas, para lastimar a Jesús.[12]

Es muy importante reconocer que cuando Dios nos quiera ascender, habrá momentos cuando Satanás se meterá y tratará de detenernos. Esto casi siempre significa que nuestra mayor bendición está a la vuelta de la esquina. La intención del diablo es provocar una actitud o reacción equivocada en nosotros para que Dios diga: "Creo que nos estás listo todavía, así que otra vuelta a la montaña".

¿Qué debemos hacer cuando esto sucede?

Sacúdelo de tu vida.

Tenemos la opción de llorar y lamentarnos por haber sido traicionados, pero eso no nos ayudará; de hecho, sólo hará que la situación empeore. Debemos determinar en nuestro corazón que no permitiremos que eso nos detenga para seguir adelante con Dios.

En el momento de la traición, Judas encontró a Jesús en el jardín de Getsemaní y le dio un beso en la mejilla, y así lo delató a sus enemigos.[13]

También vemos en la Biblia el relato de la traición que David sufrió por su hijo Absalón, quien deseaba quitarle el trono.[14] A José lo traicionaron sus hermanos, y lo vendieron como esclavo a Egipto donde fue encarcelado por algo que no hizo.[15] La hermana de Moisés, Miriam, y su hermano, Aarón, se pusieron en contra de él y lo traicionaron intentando arrebatar el mando que Dios le había dado a él como portavoz de Dios a los israelitas.[16]

Así que, la traición nos lleva a la siguiente prueba.

Capítulo 12

Pruebas de liderazgo, parte 2

En esta parte del libro estaremos hablando sobre las diferentes pruebas que Dios usa para hacer evidentes las impurezas del corazón. Si nosotros enfrentamos esas impurezas o reconocemos cuales son nuestros problemas, entonces Dios puede obrar en nosotros con el fin de removerlos y llevarnos a un nivel personal superior.

Antes de ascendernos, Dios siempre se preocupa por llevarnos a un nivel personal más alto.

Quizá no has experimentado cada una de la pruebas que aquí menciono, pero lo más probable es que sí las experimentarás antes de llegar al lugar que Dios tiene para ti.

Recuerda que el deseo de Dios no es lastimarnos sino hacernos personas mejores, y a largo plazo, hacernos mejores líderes.

5. La prueba del perdón

> *Y quitó Jehová la aflicción de Job, cuando él hubo orado por sus amigos, y aumentó al doble todas las cosas que habían sido de Job.*
>
> Job 42:10

Después de haber recibido algún daño o traición, tenemos que pasar la prueba del perdón.

No diré mucho respecto a esta prueba porque ya hemos hablado sobre el perdón en otras partes de este libro. Vemos a muchos héroes en la Biblia que tuvieron que perdonar a otros—Moisés, Pablo, José, Esteban, Jesús y la lista sigue—. Pero quiero señalar algo que se encuentra en Job 42:7-10: Job oró por sus amigos, quienes, en su tiempo de sufrimiento y dolor, sólo le criticaron y juzgaron. Como resultado de su oración por ellos y su perdón, él recibió doble porción de la bendición de Dios.

6. La prueba de amar al difícil de amar

> *Porque si amáis a los que os aman, ¿qué recompensa tendréis? ¿No*

hacen también lo mismo lo publicanos?

Mateo 5:46

Todos tenemos personas en nuestra vida que son como una lija para nosotros, y algunas parecen ser toda una caja de papel para lijar. Cuando nos encontramos cerca de ellas, estamos rodeados por papel para lijar. Entre más papel para lijar tengamos cerca, más lugares necesitados de una limadita debe haber.

En el principio cuando Dios me llamó para predicar, tenía tantos problemas—era un desastre. Cuando comenzaba a enseñar la Biblia, me sentaba en el piso de mi sala vestida con unos shorts muy cortos, echando humo de cigarrillo en la cara de todos cuantos se encontraban en ese lugar para escuchar mi enseñanza sobre la Palabra de Dios.

Es que Dios no sólo ve el lugar donde nos encontramos, sino también ve el lugar donde podemos estar después de que Él obra por un tiempo en nuestras vidas.

Ahora, recuerden que mientras me encontraba en esa condición, Dios no me soltó para ir con multitudes. Me mantuvo allí en esa sala con unas 25 personas.

Para darte una idea de cómo era, permíteme compartir algunos de los problemas que enfrenté. Yo no sabía ninguna cosa sobre carácter, integridad, madurez, excelencia o el fruto del Espíritu. Todo eso era como una lengua extraña para mí. Entonces, una de las cosas que Dios hizo, fue rodearme de muchas personas que me irritaban en exceso.

Tres de las personas con las que pasaba más tiempo me molestaban demasiado. Una de ellas era Dave, otra, una muchacha que vivía al lado y la otra era una amiga muy querida.

Así es. La personalidad de Dave me volvía loca. Yo siempre me iba por delante y Dave siempre se encontraba atrás. Parecía que Dave tenía el ministerio de esperar en Dios, y yo nunca esperé en Dios para nada. Yo decidía por donde debía ir y entonces decía: "Vamos, Dios". Según mi pensar, yo me arrancaba corriendo y a Dios le tocaba alcanzarme.

De hecho, ninguno de los dos teníamos la razón. Dios tuvo que trabajar en nosotros para traernos a un lugar de balance.

Tú puedes estar casado con una persona que te vuelve loco también, ahora, no es para decir que estás casado con la persona incorrecta.

Si Dios no me hubiera dado Dave por esposo, nunca hubiera logrado nada porque nadie me hubiera aguantado tantas cosas. Él simplemente me amó incondicionalmente, y entre peor me ponía, más me amaba. Él se reía de mí. Hace tiempo él me hizo este comentario: "Una cosa es segura, mi amor,—nunca estoy aburrido estando casado contigo".

Pero yo sentía que me aplastaba. Me encontraba casada con un hombre que no hacía las cosas así como yo quería. Dios me decía que me tenía que someter a él, pero nunca pensábamos igual en nada. Mi reacción era decir: "Señor, si tengo que someterme a él, ¡nunca podré hacer las cosas a mi manera!"

Tenía una amiga que era muy perfeccionista, y yo tenía una personalidad colérica; las personas perfeccionistas son muy irritantes para las personas coléricas. Y también había una persona en mi vida que nunca se ponía ninguna meta y a mí me parecen muy importantes las metas y soy muy definida en lo que quiero hacer. Parecía que a donde quiera que volteaba me estaban lijando.

Yo pensaba que los demás eran los del problema. Yo resistía todas las cosas que ahora sé que fueron puestas por Dios en mi vida. Finalmente me di cuenta, que Dios coloca a personas irritantes en nuestras vidas de las que no podemos escapar. Si queremos correr de una, pone a dos más para tomar su lugar.

Es necesario aprender a amar a las personas que son difíciles de amar. Cuando te encuentras al lado de una persona que te irrita recuerda que es una prueba. Sigue adelante.

Gálatas 6:1,2 nos dice:

> *Hermanos, si alguno fuere sorprendido en alguna falta, vosotros que sois espirituales, restauradle con espíritu de mansedumbre, considerándote a ti mismo, no sea que tú también seas tentado. Sobrellevad los unos las cargas de los otros, y cumplid así la ley de Cristo.*

¿Qué nos trata de decir Pablo en este pasaje? Nos está diciendo que tendremos que aprender a llevarnos bien con toda clase de personas. Tendremos que soportar cosas que no nos gustan. No todos pensarán o actuarán de la manera que queramos, pero perdonar es parte de lo que tenemos que hacer como miembros del Cuerpo de Cristo. Tenemos que perdonar y amar a aquellas personas que son y actúan diferente a nosotros.

7. La prueba del tiempo

> *Mas, oh amados, no ignoréis esto: que para con el Señor un día es como mil años, y mil años como un día.*
>
> 2 Pedro 3:8

Dios no se mueve conforme a nuestro tiempo. Nunca llega tarde, pero lo más probable es que no llegue temprano tampoco. Frecuentemente es el Dios de la medianoche. Puede esperar hasta el último momento para darnos lo que necesitamos, y nos rescata; como a un hombre que se está ahogando, en el último instante.

Es imperativo confiar en el tiempo de Dios, pero antes de poder hacer esto, tenemos que llegar a un lugar de quebrantamiento ante Él. O sea, que nuestra propia voluntad y nuestro espíritu independiente tienen que ser quebrantados ante Dios para que entonces Él pueda hacer su voluntad en nuestra vida y en nuestras circunstancias. Antes de intervenir a favor nuestro, necesita tener la seguridad que no tomaremos las cosas en nuestras propias manos y haremos algo fuera de su perfecta elección de tiempo.

Gálatas 6:9 nos dice: *No nos cansemos, pues, de hacer bien; porque a su tiempo segaremos, si no desmayamos.* Lo interesante de esta escritura es que parece traer ánimo al corazón de muchas personas, cuando en realidad Dios no nos dice cuando sucederán las cosas, ya que "a su tiempo" no define un tiempo específico. Si estudiamos los tiempos en la Biblia, lo que encontraremos serán frases como "en el tiempo indicado", "a su tiempo". En muchas ocasiones al estar esperando en Dios para cierta situación, alguien me recuerda alguna de esas escrituras y aunque si confortan mi alma, no me dicen nada sobre el tiempo específico, ya que el tiempo lo indicará Dios.

En el Salmo 31:14,15 encontramos un pasaje muy poderoso escrito por el salmista David: *Mas yo en ti confío, oh Jehová; Digo: Tú eres mi Dios. En tu mano están mis tiempos; Líbrame de la mano de mis enemigos y de mis perseguidores.* Así como pudo confiar el escritor de este salmo en que Dios le librará de toda circunstancia adversa en su perfecto tiempo, nosotros tenemos que aprender a confiar en los tiempos de Dios.

También nos dice el salmista en Salmo 34:19: *Muchas son las aflicciones del justo, Pero de todas ellas le librará Jehová.* Pero no nos dice exactamente **cuándo** nos librará Dios, ni dice **porqué** en ocasiones tiene que haber un tiempo de espera antes de la liberación.

Yo creo que una de las razones por las que Dios nos hace esperar, es para que tengamos más compasión por las personas a quienes estaremos ministrando en el futuro.

Hace algunos años estuve muy enferma y recuerdo estar tirada sobre mi cama clamando y llorando a Dios. No entendía porqué no me libraba Dios de mi aflicción, y tenía temor de como podría progresar la enfermedad y en lo que podía terminar.

Inesperadamente, Dios me habló claramente estas palabras: "Esta enfermedad no es para muerte sino para vida".[1] Aunque en mi persona carnal no sabía qué significaba esto, por su Espíritu dentro de mí yo sabía que Dios estaba poniendo más vida en mí, más confianza en Él y una mayor intimidad con Él. Sabía que no existía razón para temer, ya que Dios me libraría en el momento oportuno. Y así fue. Siempre hace lo mismo.

El fin de todo es que tenemos que confiar en el tiempo de Dios, creyendo que mientras esperamos que obre a nuestro favor, Él está haciendo algo en nosotros conforme a sus propósitos.

Creciendo en fe

En 2 Corintios 12:7-9, Pablo habla de un aguijón en la carne que Dios le había dado, y que pidió tres veces a Dios que se lo removiera. Han surgido muchas ideas de lo que pudo haber sido aquel aguijón, porqué Dios se lo dio y porqué no se lo quitó. Creo que hemos perdido la esencia de esto ya que Pablo mismo contesta estas preguntas:

> *Y para que la grandeza de las revelaciones no me exaltase desmedidamente, me fue dado un aguijón en mi carne, un mensajero de Satanás que me abofetee, para que no me enaltezca sobremanera; respecto a lo cual tres veces he rogado al Señor, que lo quite de mí. Y me ha dicho: Bástate mi gracia; porque mi poder se perfecciona en la debilidad. Por tanto, de buena gana me gloriaré más bien en mis debilidades, para que repose sobre mí el poder de Cristo.*

Así que, mientras Dios no nos da una respuesta, nos está dando la gracia, fuerza y habilidad para soportar la prueba y andar en el fruto del Espíritu, comportándonos como debemos.

Yo creo que existen diferentes niveles de fe. Un nivel de fe logra librarnos **de** las pruebas, pero otro nivel de fe nos ayuda a pasar **por** las pruebas. Algunos pensarán que la fe que libera es una fe más grande, pero personalmente yo no estoy de acuerdo. Creo que atravesar por una prueba y seguir creyendo en el poder libertador de Dios, aun sin verlo manifestado, requiere de una fe más grande que el orar para ser librado de alguna situación. Crecemos durante esos tiempos de prueba.

Hay veces que Dave y yo oramos por algo y recibimos casi inmediatamente la respuesta, y hay otras que tenemos que caminar en fe por algún tiempo antes de recibir alguna respuesta. Durante esos tiempos tenemos que creer más en la palabra de Dios que en nuestra experiencia personal. Es una de las pruebas de liderazgo, parte de la preparación para él.

Cuando Dave y yo recibimos el llamado para trabajar en el ministerio de tiempo completo, yo ganaba lo mismo que mi esposo. Cuando dejé de trabajar, nuestros ingresos bajaron el 50%, realmente requería de un milagro financiero cada mes para pagar nuestras cuentas.

Yo pensaba que como habíamos hecho un sacrificio tan grande al dejar mi trabajo Dios inmediatamente obraría a nuestro favor en el área de finanzas. Pero vivimos con milagros mensuales por seis años. A tal grado llegaron que por las cosas más sencillas como un sartén, toallas o zapatos para mis hijos, tuve que creer que Dios supliría. Yo no estaba acostumbrada a tener que creer en Dios para cosas como esas porque siempre las había podido comprar con mi quincena.

No parecía justo que aunque estuviéramos diezmando y dando más que en cualquier momento de nuestra vida, Dios no intervenía. ¿Por qué no nos bendecía Dios? De hecho, sí lo estaba haciendo. No nos estaba dando todo cuanto queríamos, pero sí estaba cuidando de nosotros. Era necesario confiar como nunca en Él, confiar en que cada mes Él haría un milagro para nosotros permitiéndonos pagar nuestras obligaciones financieras. Era una lección muy difícil para mí, y no la recibí sin darle guerra a Dios.

Me la pasaba reprendiendo demonios, ayunando, orando y pidiendo a los hermanos que oraran conmigo tocante a nuestras finanzas, pero nada cambiaba en nuestra situación. No entendía lo que estaba pasando. Mes tras mes era lo mismo—por seis largos años—. Eventualmente, llegó nuestro tiempo, y las cosas comenzaron a mejorar. Prosperamos, y poco a poco Dios derramó más bendición financiera sobre nosotros.

Cuando ahora recuerdo ese tiempo, sé precisamente porqué tuvimos que atravesarlo. ¿Cómo podría creer en Dios para suplir el gasto de un ministerio internacional si no podía creer que Él supliría las necesidades más básicas de nuestro hogar? Para enseñarme una fe verdadera, Dios tuvo que llevarme a un lugar en donde yo no podía suplir mis propias necesidades y tenía que confiar completamente en Él.

Al estar en esa situación no lo entendía porque era una prueba del tiempo. Los primeros diez años de caminar llena del Espíritu Santo me la pasé preguntando ¿por qué? y ¿cuándo?, hasta que pude decir: Yo creo.

Si tú te encuentras en tiempo difícil ahora, puede que sea una prueba. Si es así, determina en tu corazón seguir fiel, confiando en que Dios te librará—en el tiempo de Él, el momento perfecto.

8. La prueba de la falta de comprensión

No hay quien entienda, No hay quien busque a Dios.

Romanos 3:11

En ocasiones ocurre que las personas de quienes más esperaríamos que nos comprendieran y confortaran, son las que no nos comprenden. Yo creo que siempre habrá personas que no comprendan ni nuestra personalidad ni nuestro llamado.

Recuerdo cuando las personas me decían: "¿Porqué te comportas de esa manera?" Eso sucedía antes de saber cuál era el llamado de Dios para mí, aunque siempre he sido un tanto extraña. Lo que quiero decir con esto, es que no siempre me gustaba lo que otras personas creían que me debía gustar. Siempre he sido una persona muy seria y muchos no entendían mi personalidad, no me entendían a mí.

Cuando miro hacia atrás, reconozco que todas las herramientas que necesitaría para desempeñar el ministerio que Dios tenía para mí, estaban en existencia desde el principio. Sólo que Dios tenía que pulir las y arreglarlas antes de poderlas usar.

Cuando no sabes para qué te usará el Señor, a veces te puedes sentir fuera de lugar. Y además de sentirte confundido y fuera de lugar puede traerte más confusión y trastorno el que te pregunten cosas como: "¿Qué te pasa? ¿Por qué te comportas así?"

Simplemente no entienden. Pero sabes, nadie comprendía a Jesús tampoco. En realidad nadie comprendió plenamente ni su persona ni el llamado sobre su vida.

El que no te comprendan es otra prueba que tienes que pasar en tu camino hacia el liderazgo. Tienes que tomar la decisión de mantenerte firme con Dios y hacer lo que Él te diga, sin importar quien esté de acuerdo o no contigo. Jesús sí te comprende, y eso es suficiente.

Si alguien no nos comprende, es una excelente oportunidad para practicar el perdón y mantener una buena actitud.

9. La prueba de ser siervo

> *Así que, después que les hubo lavado los pies, tomó su manto, volvió a la mesa, y les dijo: ¿Sabéis lo que os he hecho? Vosotros me llamáis Maestro, y Señor; y decís bien, porque lo soy. Pues si yo, el Señor y el Maestro, he lavado vuestro pies, vosotros también debéis lavaros los pies los unos a los otros. Porque ejemplo os he dado, para que como yo os he hecho, vosotros también hagáis.*
>
> Juan 13:12-15

Dios nos dará la oportunidad de ser siervos para entonces revisar nuestra actitud al respecto.

Jesús nos puso el ejemplo del servicio cuando lavó los pies de los discípulos y dijo: "Debes hacer para otros lo que yo hice para ti".

Para algunas personas es difícil ser un siervo porque no saben quienes son en Cristo. Piensan que tienen que hacer algo importante; al no ser así, sienten que no tienen ningún valor.

No hay precio para aquellas personas que están dispuestas a hacer lo que sea con tal de ayudar al ministerio, por muy cotidiano que sea lo que tengan que hacer. Existen demasiadas personas en el Cuerpo de Cristo que sólo hacen lo que creen es parte de su unción o llamado.

Tenemos que estar dispuestos a hacer lo que Dios pida de nosotros, a ser usados en cualquier manera que Él desee usarnos. Las personas que tienen esta clase de actitud, son las que alcanzarán las mayores alturas de lo que Dios tiene para sus vidas.

Lá actitud de siervo es muy importante, pero tiene que ser una actitud que se vea en todas las áreas de la vida y no sólo en el ministerio. Existen aquellas personas que en la iglesia están dispuestas a ser siervos pero no en sus propias casas. Algo que en la iglesia con mucho gusto harían, en la casa demuestran una actitud muy diferente. De hecho, debemos estar más dispuestos A hacer las cosas que hacemos en la iglesia en la casa, porque allí es donde se encuentra nuestro verdadero ministerio. Algunos debemos aprender a lavar pies en el hogar (servir a otros) antes de tratar de hacer algo semejante en la iglesia.

Encontramos un buen ejemplo de la verdadera naturaleza y precio de la servidumbre en Mateo 20:20-22:

Entonces se le acercó la madre de los hijos de Zebedeo con sus hijos, postrándose ante él y pidiéndole algo. Él le dijo: ¿Qué quieres? Ella le dijo: Ordena que en tu reino se sienten estos dos hijos míos, el uno a tu derecha, y el otro a tu izquierda. Entonces Jesús respondiendo, dijo: No sabéis lo que pedís. ¿Podéis beber del vaso que yo he de beber, y ser bautizados con el bautismo con que yo soy bautizado? *Y ellos le dijeron: Podemos.*

Estos dos hombres no podían hacer lo que Jesús pedía, así como no podían volar, tampoco tenían ningún derecho de pedirlo. Por eso Jesús les dijo: "No sabéis lo que pedís". Deseaban tener la posición, pero no tenían ninguna idea de la preparación requerida para ocupar tal posición. Cuando Jesús les preguntó: "¿Podéis beber del vaso que yo he de beber, y ser bautizados con el bautismo con que yo soy bautizado?", en su ignorancia y arrogancia le respondieron que sí podían. Pero no era cierto en lo más mínimo.

Entonces Jesús les dijo:

> *A la verdad, de mi vaso beberéis, y con el bautismo con que yo soy bautizado, seréis bautizados; pero el sentaros a mi derecha y a mi izquierda, no es mío darlo, sino a aquellos para quienes está preparado por mi Padre. Cuando los diez oyeron esto, se enojaron contra los dos hermanos. Entonces Jesús, llamándolos, dijo: Sabéis que los gobernantes de las naciones se enseñorean de ellas, y los que son grandes ejercen sobre ellas potestad. Mas entre vosotros no será así, sino que el que quiera hacerse grande entre vosotros será vuestro servidor, y el que quiera ser el primero entre vosotros será vuestro siervo;* . . .
>
> Mateo 20:23-27

No queda mucho por agregar a estos versos. Jesús delinea claramente lo que ser un gran líder requiere.

Yo creo que cada día tenemos la oportunidad de ser una gran bendición para otras personas. Aun entre Dave y yo tenemos oportunidades de ser de bendición el uno para el otro. En ocasiones tomo esa oportunidad y hago algo amable para Dave, pero quizá me queje al hacerlo. Sucede que cuando él me pide hacer algo para él, si no quiero o tardo en levantarme, él bromea diciendo: "Bueno Joyce, acabas de perder de bendición".

Así que, tengo que practicar lo que estoy enseñando a otras personas, y la prueba de ser siervo no es más que nuestra reacción ante las oportunidades que Dios nos da para ser de bendición para otros. Esto revela si en realidad deseamos ayudar a las personas o si nuestro deseo es ser vistos por los demás.

Cuando Dios unge a una persona, no la unge para ser famosa necesariamente, pero sí la está ungiendo para ser siervo, como lo fue su Hijo Jesús.

10. La prueba del desánimo

> *Dijo Saúl a David: No podrás tú ir contra aquel filisteo, para pelear con él; porque tú eres muchacho, y él un hombre de guerra desde su juventud.*
>
> 1 Samuel 17:33

El relato de la lucha entre David y Goliat es quizá el mejor ejemplo de esta prueba en la Biblia.

Cuando David se prestó para salir a pelear en contra del gigante, no recibió ánimo de nadie. Todos le dijeron: "Eres demasiado joven. No cuentas con la armadura adecuada. Él es mucho más grande que tú, y tiene mucho más experiencia", y podríamos seguir.

Hasta el rey Saúl dudó de la habilidad de David para derrotar al arrogante filisteo. Pero David se animó recontando las grandes victorias que Dios le había dado en el pasado:

> *David respondió a Saúl: tu siervo era pastor de las ovejas de su padre; y cuando venía un león, o un oso, y tomaba algún cordero de la manada, salía yo tras él, y lo hería, y lo libraba de su boca; y si se levantaba contra mí, yo le echaba mano de quijada, y lo hería y lo mataba. Fuese león, fuese oso, tu siervo lo mataba; y este filisteo incircunciso será como uno de ellos, porque ha provocado al ejército del Dios viviente. Añadió David: Jehová, que me ha librado de las garras del león y de las garras del oso, él también me librará de la mano de este filisteo. Y dijo Saúl a David: Ve, y Jehová esté contigo.*
>
> 1 Samuel 17:34-37

Si tú quieres ser un líder y quieres hacer algo para Dios, tienes que entender que habrá cientos, quizá miles, de ocasiones en las que Satanás vendrá en tu contra para desanimarte. ¿Por qué hace esto? Porque cuando te falta coraje y te desanimas, te haces débil y no puedes avanzar. ¿Qué debes hacer en los tiempos de desánimo?

¡Deshacerte de él!

LASTIMOSO O PODEROSO

En 1 Reyes 18 y 19 leemos la historia del profeta Elías cuando se desanimó. Tras derrotar a 450 sacerdotes paganos de Baal en el monte Carmelo, durante un encuentro para determinar cual era el verdadero Dios, Elías recibe la noticia de que la reina Jezabel lo buscaba para matarle. Tan grande es su temor ante esta amenaza que corre para esconderse en el desierto.

¿Qué haría que un hombre de Dios, que acababa de subir la montaña para construir un altar a Jehová, de matar un buey para ofrecerlo sobre el altar donde Dios mandó fuego del cielo para consumirlo, y después derrotar a los 450 sacerdotes con una espada solo, corriera en temor debido a una sola mujer?

Si vuelves a leer el relato, te darás cuenta que Elías estaba cansadísimo. Exhausto por sus esfuerzos, necesitaba un buen descanso y unas buenas comidas, y esto es exactamente lo que Dios le dio.

Mientras corría, llegó a descansar acierto lugar, y el ángel del Señor lo despertó para darle de comer. Después de que hubo dormido otro rato, el ángel le volvió a despertar y le dio más comida antes de ponerlo en camino.

Elías se desanimó simplemente porque estaba demasiado cansado, por eso se fue a solas y llegó a tal grado que le dijo a Dios que deseaba morir. Así que Dios le tuvo que ministrar y restaurar tanto física como espiritualmente. Esto nos enseña que aun los grandes hombres y mujeres de Dios llegan a desanimarse, como cualquier otra persona.

Cuando tienes que esperar mucho tiempo por algo o cuando parece que todo y todos están en contra tuya, y terminas cansado y agotado; en ocasiones no tienes la condición como para lidiar con el desánimo que viene tras estas situaciones.

Necesitas tratar con el problema de inmediato, y no te esperes hasta que requieras de un grupo de cristianos para venir a levantarte del suelo. Cuando comiences a sentir que te estás hundiendo en el desánimo, pide que alguien ore por ti o contigo, o simplemente ora por ti mismo. No sirve de nada que te desanimes ya que eso no cambiará ninguna situación. No te hará sentir mejor. Al contrario, cuando te levantes te sentirás peor por haber permitido que la situación llegara a tal grado. Aprende a enfrentar el desánimo diciendo: "Ya le di la vuelta a esta montaña, pero no voy a malgastar el tiempo de Dios dándole otra vuelta. A pesar de como se ven las cosas ahora y como me siento, me levantaré y seguiré con el Señor".

Lo interesante de la historia de Elías es que cuando Dios finalmente le habla, le dice: "¿Qué haces aquí, Elías?" Esta pregunta se la hace dos veces.

Esto me dice que debemos esquivar el desánimo. Dios nos ayudará en los tiempos de desánimo que pasemos, pero no se afligirá con nosotros, Dios no hace eso. Como ya mencioné, en una ocasión Él me dijo: "Joyce, puedes ser poderosa o puedes dar lástima, pero no puedes ser las dos cosas a la vez".

CAPÍTULO 13

PRUEBAS DEL LIDERAZGO, PARTE 3

¿Has logrado reconocer algunas de las pruebas que hemos identificado? Quizás te encontrabas en una sin tener la menor idea de lo que te pasaba. Ahora que has aprendido algo sobre ellas, ¿no es maravilloso saber qué es lo que estaba sucediendo?

Cada persona que desee ser líder, tendrá que pasar por estas pruebas si quiere ser usada por Dios. Ellas nos preparan para el ascenso al liderazgo que Él tiene para nosotros.

Yo creo que el hecho de saber algo tocante a ellas, cambiará tu vida.

11. La prueba de la frustración

No desecho la gracia de Dios . . .

Gálatas 2:21

A todos, nos llegan oportunidades para frustrarnos. Nos frustramos porque las cosas que deseamos ver realizadas se tardan demasiado, o porque la tarea que tenemos por delante es demasiada difícil, o porque nadie nos está ayudando. Nos frustramos porque el dinero que necesitamos no llega, o porque le hemos pedido a Dios que remueva ese dolor o aquel peso, pero siguen allí.

Yo conozco la frustración, porque pasé muchos años frustrada. No sabía lo que era la gracia de Dios. Desde entonces, he aprendido que cuando me frustro, casi siempre es porque quiero hacer que algo suceda, en lugar de esperar que el Señor lo haga. Si me encuentro frustrada, es una señal de que estoy actuando independiente del Señor.

Para lograr pasar esta prueba, tenemos que dejar todo en las manos de Dios y confiar que Él hará lo que sólo Él puede hacer.

Tenemos que permitir que Dios sea Dios.

¿Te encuentras frustrado con tu crecimiento espiritual? ¿Sientes que estás estancado en tu manera de ser, que nunca cambiarás? ¿Sientes que entre más oras y buscas a Dios, peor te pones? ¿Hay alguna área en tu vida personal con la que estás lidiando, o existe una atadura específica en tu vida con la que estás luchando? Si es así, posiblemente te encuentras frustrado porque tratas de cambiarte a ti mismo en lugar de confiar en la habilidad de Dios para cambiarte. En el momento en que tú puedas dejar con sinceridad la lucha y soltársela al Señor, casi en ese mismo momento podrás sentir que el peso de la frustración se va.

La frustración llega al intentar hacer lo que tú no puedes hacer. Dios es el único que puede hacer algo en tu vida. Él es el único que puede traer a tu vida aquellas cosas que deseas y anhelas alcanzar. Él es el único que puede abrir las puertas de ministerio para ti, y de nada te servirá tratar de tumbarlas. Entre más intentes abrirlas con tus propias fuerzas, menos se abrirán, pero cuando haces las cosas como Dios indica, de repente se abrirán esas puertas grandes para ti y con rapidez. Acabarás corriendo para cumplir con todas las oportunidades que Dios ha puesto ante ti.

Por años, yo enseñé y prediqué ante grupos pequeños, y por más que anunciaba, oraba y ayunaba, seguían pequeños los grupos. Si llegaban 300 personas a una de mis reuniones yo me sentía soñada. Todo seguía igual, por más que me esmeraba, y esto me aburría ya que yo deseaba ver crecimiento.

Estábamos ministrando ya en bastantes estaciones de radio y teníamos reuniones por todo el país con tres, cuatro o más personas asistiendo. Una mañana, nos estábamos arreglando para las actividades del día, cuando Dave tuvo una visitación de Dios.

El Señor le habló y le dijo: "Los he preparado todo este tiempo para salir en la televisión, y ahora es el tiempo. Si no toman esta oportunidad ahora, no la volverán a tener. Tienen que tomar acción ahora mismo".

Que bueno que el Señor le habló a Dave y no mí, porque Dave se encarga de las finanzas. Y también, Dave hubiera dicho con más facilidad que deberíamos esperar. Así que yo sé porqué Dios le habló a él—por causa del dinero requerido y para que él supiera con seguridad que era algo que el Señor quería que hiciéramos.

Así que, Dave vino y me dijo, —Necesito hablar contigo.

—No tengo tiempo —le repliqué—. Tengo un cita.

Entonces dijo, —Necesito hablar contigo **ahora**.

Pude percibir que era algo serio lo que le sucedía porque estaba sollozando. He visto a Dave hacer eso en quizás tres ocasiones durante treinta y tres años. Me dijo: "Dios acaba de abrir mi corazón para ver la condición de las personas a través de todo el mundo".

Siguió diciéndome: "Joyce, tenemos que responder a esa necesidad. Tenemos la Palabra. Dios me acaba de decir que te ha preparado todo este tiempo para que salgas en la televisión, y Él quiere que lo hagas ahora".

Así que, por una visitación de parte de Dios en un cuarto de baño, nuestra vida entera cambió radicalmente.

Me encontraba en Saint Louis, Missouri, escondidita. Predicaba igual que ahora, entonces, ¿por qué Dios no me había dado un ministerio en la televisión desde hacía años? No lo permitió porque yo no estaba preparada. El carácter que necesitaba para hacer lo que ahora hago no existía en mí. Hubiera tirado la toalla en uno de mis tiempos de frustración.

Antes de seguir adelante con Dios, tienes que aprender a confiar en su tiempo y no frustrarte.

12. La prueba de la obstinación

> *¡Cómo caíste del cielo, o Lucero, hijo de la mañana! Cortado fuiste por tierra, tú que debilitabas a las naciones. Tú que decías en tu corazón: Subiré al cielo; en lo alto, junto a las estrellas de Dios, levantaré mi trono, y en el monte del testimonio me sentaré, a los lados del norte; Sobre las alturas de las nubes subiré, y seré semejante al Altísimo*
>
> Isaías 14:12-14

La obstinación fue lo que destruyó a Lucero. Decidió hacer cinco cosas por su propia mano, y Dios le respondió: . . .*tú derribado eres hasta el Seol (*Hades*), a los lados del abismo (*el lugar de los muertos*).*[1] En otras palabras le dijo que sería echado en el infierno.

Cuando Dios pida algo de nosotros que no estemos dispuestos a hacer, recordemos las palabras de Jesús: . . . *Padre mío, si es posible, pase de mí esta copa; pero no sea como y quiero, sino como tú.*[2]

Esta es una de las pruebas más difíciles de superar y más aún superarla rápidamente. Una de las cosas más difíciles en la vida es que no se hagan las cosas a nuestra manera. Se requiere mucho trabajo y quebrantamiento para llegar al punto de poder decir: "Bueno, Dios, prefiero que Tú hagas esto, pero estoy dispuesto a hacer lo que Tú deseas". Esto ha ocurrido muchas veces en mi propia vida.

Hay veces en que nos queremos dar por vencidos con ciertas personas, pero no es la voluntad de Dios. Y existen otras situaciones cuando nos quedamos en una relación con alguien, tratando de convencernos que sí cambiarán, pero al escuchar lo que Dios nos está diciendo al corazón, oímos: "Aléjate de ellas".

El fin de todo es que tenemos que estar dispuestos a hacer lo que Dios nos dicta, y no hacer lo que sintamos o queramos hacer. Quizá Él nos pida que regalemos cosas que no queremos compartir, o que vayamos a lugares a donde no queremos ir, o que hagamos lo que no queremos hacer o que tratemos con personas con las que no queremos tratar. Puede pedirnos que cerremos la boca cuando tenemos muchas ganas de abrirla. Puede pedirnos que apaguemos aquel programa de televisión o esa película por su contenido malo, aunque tengamos ganas de ver cómo termina.

Para ser buenos líderes tenemos que hacer cualquier cosa que Dios pida de nosotros. Tenemos que poner la voluntad de Dios antes que la nuestra.

13. La prueba del desierto

Dios, Dios mío eres tú; De madrugada te buscaré; Mi alma tiene sed de ti, mi carne te anhela, En tierra seca y árida donde no hay aguas.

Salmos 63:1

Otra de las maneras como Dios nos prueba es permitiendo que pasemos por lugares áridos, tiempos en los que todo en nuestra vida está seco, tiempos cuando nada parece ministrarnos o hidratar nuestro alma. Asistimos a la iglesia, y no sentimos ningún cambio al salir. Leemos los libros más recientes o escuchamos la música más nueva, y no nos ayuda en lo más mínimo.

Yo he pasado tiempos así en mi vida y en mi ministerio. He pasado por tiempos áridos en mi vida de oración y en la alabanza y adoración. He tenido tiempos en que asisto a conferencias o reuniones y siento la unción del Espíritu, y en otras ocasiones asisto y no siento absolutamente nada. Tiempos que escucho la voz de Dios tan claramente y otras veces que no puedo oír nada.

Al ver la historia de mi vida espiritual, me doy cuenta de que en muchas ocasiones me he sentido arriba y muchas otras me he sentido abajo. Tiempos en que siento el llamado de Dios sobre mi vida y otros en que no lo siento. Cuando llegaban los tiempos de sequía, yo dejaba que me afectaran. Ahora puedo reconocer la mano de Dios obrando en mí, cosa que no discernía antes. Dios estaba sacando todo el emocionalismo de mí, llevándome al punto donde mi fe no se regía por mis emociones.

Honestamente, ya no paso por esos tiempos. Simplemente amo a Dios, y punto. Le adoro, oro, y creo que me escucha. Sé que tengo su llamado sobre mi vida y hago aquello para lo que me llamó. ¿Por qué? Porque he aprendido que no puedo basar todo en mis emociones. No permito que mi estado de ánimo determine si creo que Dios está conmigo o no. Yo escojo creer que Él es Dios.

Puede haber un período largo, cuando no siento la unción que me encanta sentir al orar por las personas e imponer manos sobre ellas. A veces siento la unción, y otras veces no la siento. Simplemente tengo que creer que siéntala o no, la unción está sobre mí.

Yo creo que Dios nos detiene de experimentar tantas cosas emocionales porque nos dejamos llevar mucho por ellas. Si siento demasiado el poder de Dios, quizá piense de mí misma más de lo saludable. Así que, Dios me protege de ello para que Él pueda seguir usándome.

Es necesario aprender a confiar en que Dios sabe lo que está haciendo. Si sentimos algo, está bien; si no sentimos algo, también está bien. Recordemos que estamos corriendo para terminar—no sólo cuando nos sentimos bien, y nos emocionamos, sino también en los tiempos cuando no sentimos nada—.

El salmista David pasó por tiempos áridos, como podemos ver en el Salmo 63:1: *Dios, Dios mío eres tú; De madrugada te buscaré; Mi alma tiene sed de ti, mi carne te anhela, En tierra seca y árida donde no hay aguas,*. . . Parte de esta prueba del desierto puede llegar a nuestra vida después de haber sido usados por años por Dios y ponernos luego en un lugar sin hacer nada por semanas, meses o hasta años. Son tiempos de prueba y probamos si en realidad creemos en nuestro llamado y visión.

Un tiempo árido puede ser un tiempo en el que un líder parece no recibir lo que está deseando. Se ha cansado de sacrificar y desesperadamente desea ver alguna manifestación de algo en su vida. Pero todo está seco: su fe, sus oraciones, su alabanza y adoración, sus ofrendas.

Entonces es cuando la palabra del Señor que leemos en Isaías 43:18,19 es tan preciosa: *No os acordéis de las cosas pasadas, ni traigáis a memoria las cosas antiguas. He aquí que yo hago cosa nueva; pronto saldrá a luz; ¿no la conoceréis? Otra vez abriré camino en el desierto, y ríos en la soledad.*

Leer esta escritura es como un gran vaso con agua refrescante para la persona sedienta, y puede decir para sí: ¡Sí, hay esperanza para mí!

14. La prueba de la soledad

> *En seguida Jesús hizo a sus discípulos entrar en la barca e ir delante de él a la otra ribera, entre tanto que él despedía a la multitud. Despedida la multitud, subió al monte a orar aparate; y cuando llegó la noche, estaba allí solo.*
>
> Mateo 14:22,23

En mi opinión, todo líder tendrá tiempos cuando sentirá soledad en su vida. No sé cuál sea tu idea de lo que es estar en la cima, pero te diré algo: Puede ser un lugar muy solitario.

En el trabajo que yo desempeño, las personas que tengo a mi alrededor cada día, son mis empleados. La relación entre un jefe y sus empleados en muy diferente a la relación entre un jefe y las personas que trabajan para él. Es común que esta diferencia no la capten los empleados y piensen que el jefe se está separando porque piensa que es mejor que ellos.

La dura realidad es que normalmente si hago mucha amistad con las personas que trabajan para mí, desarrollan cierta familiaridad y esto causa que tomen libertades conmigo que no deberían o que asuman cosas sobre nuestra relación que no deberían de asumir. A través de los años he aprendido que no puedo ser muy amiga con la mayoría de mis empleados porque esto, inevitablemente, provoca problemas.

Al encontrarte en una posición de liderazgo, las personas tienden a admirarte y en ellos se aumentan expectativas irreales acerca de ti. Claro, saben que sólo eres humano, pero la realidad es que no quieren ver las faltas de tu humanidad. Por ejemplo, nunca te quieren ver enojado ni escucharte decir algo negativo sobre alguna cosa o persona. Y la primera vez que ven eso, el diablo les susurra: "¿Cómo puedes recibir ministración de una persona que se comporta de tal manera?"

Cualquiera que sea tu posición de liderazgo, tienes que confiar en Dios para que te traiga, lo que yo llamo, "conexiones divinas". Es decir, personas que encajan bien contigo, personas con las que puedes acercarte, personas que entienden tu llamado y cómo pueden relacionarse contigo y con tu ministerio.

Dios me ha dado varias "conexiones divinas". Algunas de ellas sí son personas que trabajan para mí, y que Dios ha preparado especialmente para la posición que ocupan. Son personas llenas de una sabiduría especial y parecen saber, por instinto, cómo comportarse en todo tiempo y en toda situación cuando están conmigo.

Una de las cosas sobre liderazgo que tienes que entender, es que si en verdad deseas ser un líder clave, tendrás que experimentar algo de soledad. Sencillamente no podrás ser el compañero o amigo de todos y también ser su líder.

Está bien salir socialmente de vez en cuando con las personas sobre quienes ocupas una posición de autoridad. Puedes amarles, preocuparte por ellas y también compartir hasta cierto punto en sus vidas, pero para ganar y mantener su respeto hacia ti como líder, tienes que demostrar reserva y templanza. Mantén cierta distancia entre ellas y tú. Esto es lo que hizo Jesús, y Él es nuestro ejemplo a seguir.

Yo he pasado por muchos tiempos de soledad y un día, cuando me encontraba en una situación así, Dios habló algo a mi espíritu que me ayudó mucho. Él dijo: "Los pájaros vuelan en bandadas, pero las águilas vuelan solas". En otras palabras, si tú quieres ser un águila para Dios, tendrás que acostumbrarte a hacer algunas cosas sin compañerismo.

15. La prueba de la fidelidad

Y éstos también sean sometidos a prueba primero, y entonces ejerzan el diaconado, si son irreprensibles.

1 Timoteo 3:10

Cada uno de nosotros pasará por pruebas. No hay excepciones—todos pasamos por pruebas en diferentes etapas de nuestra vida—. No podemos ser ascendidos si no logramos aprobar nuestros exámenes; pero sí podemos encontrar todas las repuestas en el Libro. No importa lo que estemos pasando, podemos abrir la Biblia y recibir la revelación que Dios ha puesto ahí para nosotros. Él siempre tendrá alguna lección importante para nosotros.

Muchos de los requisitos para el liderazgo se encuentran en la Biblia. Por ejemplo, 1 Timoteo 3:2-7 nos enseña que los líderes tienen que ser irreprensibles, discretos, templados, que se gobiernen a sí mismos, prudentes, sobrios. Deben vivir una vida ordenada, sin ser pendencieros sino amables y apacibles. No deben amar el dinero. Deben gobernar bien sus propias casas antes de esperar gobernar bien la iglesia. No deben ser neófitos por el peligro de caer en el orgullo, y finalmente, deben tener un buen testimonio con todos incluyendo a los de afuera.

Estos requisitos nos apuntan a una sola cualidad para un líder: ser fieles. Así como Dios probó a los israelitas en el desierto, debemos aprender a ser fieles en el desierto, fieles en los tiempos difíciles. Tenemos que seguir haciendo fielmente lo bueno, aunque lo bueno quizá no ha llegado a nosotros todavía.

Yo creo que cuando algún resultado tarda mucho es porque Dios trata de hacer una obra muy, muy profunda en nosotros, y nos está preparando para algún acontecimiento en el futuro.

Tenemos que ser fieles, y debemos ceñir nuestra mente en preparación para la oposición y adversidad que siempre acompañan a la oportunidad.[3] El tiempo de preparación es esencial para poder ser usados, pero Dios nos dice en su Palabra que si no desmayamos ni nos rendimos, Él removerá las impurezas de nuestras vidas.[4]

Satanás quiere hacernos desmayar en nuestra mente; de hecho, él ataca nuestra mente con palabras semejantes a éstas: "Esto no funciona. Esto no te trae ningún beneficio ahora y nunca te será de beneficio. Más vale darte por vencido y hacer otra cosa".

No cometas el error de tantos. Justo en el punto de su victoria, se dan por vencidos y pierden lo que Dios les tenía preparado. Sé fiel en el tiempo de prueba porque serán tiempos que requieran de sacrificio personal y asimilación de algunas lecciones difíciles de aprender.

Antes pensaba que la preparación era estudiar la Biblia, pero mucha de mi preparación también llegó por medio de mis experiencias.

FIDELIDAD A LARGO PLAZO

Dios usa y bendice a personas fieles, los que han sido fieles tanto en el desierto como en la Tierra Prometida. Ser fiel significa ser consagrado, amparar y ser leal. Las personas fieles son dignas de confianza; son personas fiables, consistentes, constantes, firmes, que se quedarán en el lugar donde Dios les ha puesto y harán el trabajo que Dios les ha dado para hacer. Habrá una recompensa para tales personas.

Si queremos ejercer autoridad, es necesario someternos a la autoridad. Tenemos que obedecer y respetar a los que están en autoridad sobre nosotros. Es preciso que hagamos lo correcto simplemente porque es lo correcto, aun cuando no entendamos el porqué—y ésta es una verdadera prueba de nuestra fidelidad y obediencia—. Mantenernos sometidos a una autoridad, aun cuando no la entendamos, nos traerá bendición en el futuro.

David mantuvo su lealtad y fidelidad al rey Saúl, reconociendo y respetando la unción de Dios sobre su vida, aun cuando Saúl intentaba matarle.[5] Durante su preparación para el liderazgo, David aprendió a mantenerse bajo la mano protectora de Dios. No se levantó contra Saúl; él buscaba la liberación de parte de Dios.

Job le fue fiel al Señor, a pesar de todas las pruebas y tribulaciones que tuvo que pasar durante sus días más oscuras. Lo más difícil para Job debe haber sido que él no sabía, ni entendía por qué tenía que sufrir.[6]

Moisés fue fiel con el pueblo de Dios durante los cuarenta años que vagaron en el desierto. Su fidelidad también fue probada en muchas ocasiones. Sus años de preparación se cumplieron antes de que Dios lo pusiera al frente del pueblo de Israel; fue durante los cuarenta años que vivió en el desierto que aprendió a ser fiel. No sabemos exactamente lo ocurrido en esa época, pero fue lo que preparó a Moisés, para su papel de libertador del pueblo de Israel.

Juan el Bautista también fue probado en su papel de precursor del Mesías, aunque finalmente a él sí le costó la vida.[7]

Estos ejemplos nos animan a ser fieles, aun cuando nadie nos conoce o no parece importarle a nadie lo que estamos atravesando. A pesar de las dificultades, tenemos que permanecer donde Él nos ha colocado y continuar nuestro trabajo hasta que la profunda obra de Dios en nuestras vidas sea terminada. Él está edificando carácter en nosotros, y nos está equipando para una larga carrera.

Nunca, nunca dejes algún trabajo que Dios te haya asignado a menos que Él te lo permita.

SÉ FIEL EN LOS AÑOS DE SILENCIO

En Hebreos 3:1,2 leemos lo siguiente: *Por tanto, hermanos santos, participantes del llamamiento celestial, considerad al apóstol y sumo sacerdote de nuestra profesión, Cristo Jesús; el cual es fiel al que le constituyó, como también lo fue Moisés en toda la casa de Dios.*

Durante su vida aquí sobre la tierra, Jesús fue fiel a Aquel que le llamó y constituyó. Pero Jesús experimentó algunos años de silencio durante su vida. Después de su maravilloso nacimiento y dedicación profética, no oímos de él hasta sus doce años, cuando lo encontramos discutiendo con los maestros de la ley en el templo.[8] Lo único que sabemos de estos años silenciosos es que . . . *el niño crecía y se fortalecía, y se llenaba de sabiduría; y la gracia de Dios era sobre él.*[9]

Y después del acontecimiento en el templo a la edad de doce años, una vez más la Biblia guarda silencio sobre la vida de Jesús excepto al decirnos que . . .*Jesús crecía en sabiduría y en estatura, y en gracia para con Dios y los hombres.*[10]

Jesús paso treinta años[11] preparándose para un ministerio de sólo tres años, y durante esos años fue fiel y obediente a sus padres terrenales así como a su Padre celestial.[12] Durante esos años de silencio Él creció en fuerza, sabiduría y entendimiento.

La sociedad hoy en día nos perjudica porque está acostumbrada a conseguir todo de inmediato y con facilidad, pensamos que lo que Dios quiere darnos vendrá de igual manera. Sin embargo, de una fuerza que proviene de Dios, sabiduría y entendimiento, madurez espiritual y carácter son desarrollados conforme pasamos por pruebas; y así continuamos haciendo lo que sabemos es lo bueno, aun cuando no sentimos que lo sea o no nos trae placer. Si deseamos crecer en Dios y hacer lo que Él nos ha llamado a hacer, simplemente tendremos que ser personas fieles, sin importar cuánto tiempo tarde ese proceso.

PARTE 4

Los requisitos del liderazgo

CAPÍTULO 14

EL DESARROLLO DE CARÁCTER

Porque a los que antes conoció, también los predestinó para que fuesen hechos conformes a la imagen de su Hijo, para que él sea el primogénito entre muchos hermanos.
Romanos 8:29

En la tercera parte consideramos las pruebas que pueden fortalecer o edificar el carácter de un líder.

Quizá te preguntes por qué es tan importante el carácter de un líder.

El carácter es importante porque determina la imagen presentada a los demás.

Pablo nos dice en la escritura arriba citada que debemos ser transformados a la imagen de Jesucristo, el Hijo de Dios. En Gálatas 4:19, Pablo escribió lo siguiente: *Hijitos míos, por quienes vuelvo a sufrir dolores de parto, hasta que Cristo sea formado en vosotros . . .* Esto quiere decir que debemos cambiar tanto como para llevar el carácter de Jesús en nosotros. Cuando tengamos el mismo carácter que tuvo Jesús, podremos proyectar su imagen y figura.

SÉ COMO CRISTO

> *Entonces dijo Dios: Hagamos al hombre a nuestra imagen, conforme a nuestra semejanza . . .*
>
> Génesis 1:26

Cuando Dios dijo aquello de hacer al hombre "a nuestra imagen", la palabra "imagen" no se refería a una similitud física, sino a un parecido en su carácter. Es decir, que nos pareceríamos a Él en su naturaleza, en su carácter, como lo refleja su Hijo Jesús.[1]

Pablo nos dice en Colosenses 1:15 que Jesús . . . *es la imagen del Dios invisible, el primogénito de toda creación.* Como creyentes, ya hemos visto que debemos ser transformados a su imagen, debemos seguir sus pasos.

La meta más importante para todo creyente, y definitivamente más aún para los que deseamos ser usados por Dios en una posición de liderazgo, debe ser: ser como Cristo. Debemos desear resolver las situaciones como Él lo haría, tratar a las personas como Jesús las trataría. Nuestra meta debe ser la de hacer las cosas así como Él las haría.

Jesús debe ser nuestro ejemplo a seguir. En Juan 13:15, Jesús, después de haber lavado los pies de sus discípulos como un siervo, les dijo: *Porque ejemplo os he dado, para que como yo os he hecho, vosotros también hagáis.* Y Pedro nos dice en 1 Pedro 2:21: *Pues para esto fuisteis llamados; porque también Cristo padeció por nosotros, dejándonos ejemplo, para que sigáis sus pisadas.*

Dios seguirá trabajando con nosotros hasta que lleguemos a ser personas que actúan como Jesús en cada situación de su vida, hasta que manifestemos el mismo fruto del Espíritu que Él manifestó.

Moldeados a Su imagen

> *Por tanto, nosotros todos, mirando a cara descubierta como en un espejo la gloria del Señor, somos transformados de gloria en gloria en la misma imagen, como por el Espíritu del Señor.*
>
> 2 Corintios 3:18

En Romanos 8:29 vemos que a los que Dios de antemano conoció, los predestinó para ser moldeados. Él desea moldearnos a la imagen de su Hijo. ¿Por qué? Para que . . . *él sea el primogénito entre muchos hermanos.*

Según la Biblia, Dios es el Alfarero, y nosotros somos el barro.[2] Somos como una bola fría y dura de barro, algo que no es fácil de manejar ni de trabajar. Pero Dios nos comienza a rehacer y transformar porque a Él no le agrada lo que hemos llegado a ser.

Este proceso de transformación puede ser doloroso para nosotros, y la razón por la que duele tanto es porque no cabemos en el molde en el que Dios nos quiere vaciar. Dios tiene que remover porciones de lo que somos.

—¡Pero me gusta esa parte de quien soy, Señor! —Lloramos—. La he tenido durante años, y quiero preservarla.

—¿Qué me estás haciendo? —Preguntamos—. Eso me duele, ¡déjame!

Pero Dios sigue con su obra en nosotros, removiendo esta mala actitud y aquella manera errónea de pensar, modelando y dando otra forma a nuestra mente hasta que al fin somos transformados a su imagen—de gloria en gloria.

Sé paciente contigo mismo

Estando persuadido de esto, que el que comenzó en vosotros la buena obra, la perfeccionará hasta el día de Jesucristo.

Filipenses 1:6

No te sientas mal si todavía no has llegado al lugar donde Dios te quiere. El Señor no se enojaría contigo si en este mismo día regresara para encontrarte en tu estado actual, si en verdad tienes una actitud de seguir adelante. Mientras tu deseo sea de seguir progresando cada día, y hacer todo para cooperar con Dios, Él se agradará de ti.

Recuerda que Dios estará obrando y tratando con nosotros hasta el día en que regrese Jesús.

Aun yo, que tengo más de veinte años estudiando y enseñando la Palabra, y he asistido a más reuniones de las que pudiera contar, no he llegado al final en mi necesidad de cambiar, aunque ya he cambiado mucho. Y yo sé que esos cambios vendrán poco a poco, de gloria en gloria.

Disfruta el lugar donde en estás. Sé paciente contigo mismo mientras eres transformado a la imagen de Dios.

El carácter se desarrolla mediante los hábitos

Dios desea restaurar nuestro carácter divino en su totalidad. Los hábitos son el carácter real.

Los hábitos se forman por la falta o la presencia de disciplina. Básicamente, nuestro carácter se conforma de lo que hacemos vez tras vez. Es lo que las otras personas pueden llegar a esperar de nosotros, por ejemplo, la puntualidad. Si siempre somos puntuales en todo, las personas llegarán a esperar eso de nosotros. Saben que pueden contar con nosotros en esa área. Así que, la puntualidad llega a ser parte de nuestro carácter. De la misma manera, si siempre llegamos tarde, la impuntualidad llegará a ser parte de nuestro carácter.

No es bueno llegar a ser legalistas en estas áreas del carácter, pero sí debemos hacer el esfuerzo de desarrollar estas características en las áreas donde sabemos que hay problemas. Recordemos que el carácter se desarrolla por medio de los hábitos, y los cambios en nuestro carácter se logran por los nuevos hábitos que se practican. Si estamos conscientes de tener la característica de la impuntualidad para todo, entonces debemos desarrollar carácter en esta área por medio de cumplir lo que prometemos y llegar puntualmente a todo—siempre—.

Me preocupa que los cristianos de hoy en día piensen que cosas como la puntualidad no tienen nada que ver con la espiritualidad. Piensan que la espiritualidad se encuentra en algún canto o libro cristiano, en cosas abstractas.

El desarrollo de un carácter según el carácter de Dios, tiene mucho que ver con la disciplina y los hábitos que hemos formado. Por ejemplo, así como se puede formar el hábito de la puntualidad, de igual manera se puede formar el hábito de la generosidad o el de escuchar a otros.

Lo interesante es que cuando sepamos escuchar a las personas, ellas nos dirán cuáles son sus necesidades y al saber ser personas dadivosas y atentas sabremos cómo dar a las personas lo que necesitan. Pero para muchos, la mayor parte del tiempo la usamos para suplir nuestras propias necesidades; y no para velar por las necesidades de otros y ser de bendición para ellos.

Un carácter según la naturaleza de Dios es tan importante en nuestro mundo, ya que existen tantas características satánicas y malas en las personas. Ya no existe el fundamento moral que teníamos hace cien años.

Leemos en Isaías 60:1,2 que en los últimos días la oscuridad cubrirá toda la tierra. Pero Dios dice, ". . .sobre ti (el Pueblo de Dios) será vista su gloria".

Nos toca salir y ser luz a las tinieblas, y para hacer esto es necesario que seamos personas de integridad, personas de buen carácter.

Como veremos enseguida, carácter no es lo mismo que carisma.

El carisma no es carácter

Carisma significa que otras personas son atraídas a alguien por su magnetismo, fascinación personal.[3] *Carácter* significa tener ciertas características, rasgos, energía o firmeza.[4] Existen muchas personas llenas de carisma pero faltas de carácter.

Puede que tengamos un don que nos consiga la entrada a muchos lugares, pero nuestro carácter no puede mantenernos allí. Nuestro carácter es evidente en nuestra habilidad de hacer lo correcto cuando no nos nace hacerlo o simplemente cuando no queremos hacerlo.

El carácter es revelado en lo que hacemos cuando nadie nos está viendo.

Esto es algo clave en mi vida.

Muchas personas se preocupan por complacer a los hombres pero no se preocupan por complacer a Dios.[5] Hacen lo correcto cuando alguien los está viendo, pero no lo hacen cuando sólo Dios está mirando. Como cristianos, nuestro compromiso debe ser hacer lo bueno simplemente porque es lo bueno.

El carácter se manifiesta cuando nos comportamos correctamente

con alguien y lo bueno todavía no está sucediendonos.

Una prueba de nuestro carácter es, ¿trataremos bien a alguien que no nos está tratando bien? ¿Bendeciremos a alguien que no nos bendice o que nos maldice?

Eso es lo que hizo Jesús, como leemos en 1 Pedro 2:22,23: . . . *el cual no hizo pecado, ni se halló engaño en su boca; quien cuando le maldecían, no respondía con maldición; cuando padecía, no amenazaba, sino encomendaba la causa al que juzga justamente. . .*

Es tan importante ser personas de carácter en este mundo en que vivimos hoy en día.

¡TENER CARÁCTER ES IMPORTANTE!

> *En esto, juntándose por millares la multitud, tanto que unos a otros se atropellaban, comenzó a decir a sus discípulos, primeramente: Guardaos de la levadura de los fariseos, que es la hipocresía. Porque nada hay encubierto, que no haya de descubrirse; ni oculto, que no haya de saberse. Por tanto, todo lo que habéis dicho en tinieblas, a la luz se oirá; y lo que habéis hablado al oído en los aposentos, se proclamará en las azoteas.*
>
> Lucas 12:1-3

Es muy importante lo que sucede a puerta cerrada.

Una persona que no ha aumentado su carácter se comportará de una manera en la iglesia con amigos cristianos y de otra manera en su casa con la familia.

Es fácil reconocer a aquellas personas con carácter y a aquellas que no lo tienen, ya que cuando tratan de impresionar son demasiado "buenas", pero en cuanto llega la prueba nos muestran otra cara muy diferente. En las siguientes páginas de este capítulo, quiero compartir una lista de las áreas en las que los líderes necesitan tener carácter.

EL CARÁCTER DE UN LÍDER

1. Vida espiritual

La persona que desee ser líder necesita tener buen carácter, una buena condición en su vida espiritual. Necesita una relación profunda y personal con Dios, y esto incluye poner a Dios como prioridad en cada área de su vida.

Hay que tener cuidado de trabajar para Dios sin haber pasado tiempo con Él.

Simplemente porque mi vida es ministrar a otras personas no es para decir que no es necesario que yo me levante cada mañana para pasar tiempo con el Señor. No puedo decir: "Bueno, como paso tantas horas trabajando para ti, Padre, ahora me tomaré unas vacaciones de dos semanas".

Claro que tomo vacaciones en el ministerio de vez en cuando. Pero no significa que me tomo unas vacaciones de Dios también. Eso no me convendría.

Hace tiempo visitaba a un hombre que se llama Don Clowers que ha sido ministro por muchísimos años. Ahora es pastor de una iglesia en Dallas, Texas pero antes era un evangelista con un don de sanidad. Sus reuniones las realizaba en una carpa muy grande durante los años cuarenta y cincuenta.

Me gusta hacerle preguntas de aquellos días y por qué algunas personas son ascendidas y otras caen. En una ocasión le pregunté: ¿qué es lo que mantiene a las personas en los lugares que Dios les ha puesto?

La razón por la cual preguntaba eso, es porque Dave y yo tenemos planes de estar en el ministerio por muchos años. No queremos ser como estrellas fugaces que en un momento están y al otro no. Los dos nos queremos mantener en el lugar que ahora tenemos en la obra, un lugar en donde Dios se tardó para colocarnos allí.

Don me dijo estas palabras: "Sabes, Joyce, uno de los errores más grandes que veo, es que las personas piensan que una vez que están en la cima, no tienen que seguir haciendo las cosas que les ayudaron para llegar hasta ese lugar".

Me explicó que las personas que llegaron lejos en el ministerio eran los que tenían un temor reverente al Señor, los que pasaban mucho tiempo con Él, los que trataban bien a las personas y realmente caminaban en el fruto del Espíritu Santo. Las cualidades de su carácter fueron las cosas que permitieron que Dios los llevara lejos.

Pero una vez en ese lugar de importancia, de repente pensaron que eran tan importantes, que no tenían que seguir haciendo aquellas cosas, entonces terminaban en el suelo.

Debemos recordar que todo lo que sube, baja. Dios enaltece, y Dios abate.[6] Si vamos a ser líderes en el reino de Dios, tenemos que mantener el carácter de nuestra vida espiritual. Es indispensable mantener una vida de oración y mantener una comunión y relación íntima con Dios.

2. Vida personal

La persona que desee ser líder invariablemente debe poseer buen carácter en su vida personal.

Lo que acontece a un líder fuera del púlpito determina lo que saldrá del púlpito. Esto es verdad cualquiera que sea su área de liderazgo—lo acontecido en su vida personal determinará lo que sale de su vida profesional—.

Por ejemplo, la unción sobre Dave y yo al salir a ministrar en el nombre del Señor, dependerá de lo que hacemos detrás de escenario. Si existen muchas cosas indebidas en nuestra vida, entonces no podremos ministrar efectivamente a los demás en nuestras reuniones.

Tendremos carisma todavía y esto podrá producir algo falso, pero sin carácter no podremos operar bajo la unción.

Lo que suceda en privado siempre afectará lo que suceda en público.

3. Vida social

La persona que desee ser líder debe tener buen carácter en su vida social.

Lo que un líder hace para entretenerse—lo que lee, lo que hace para divertirse, lo que habla con amigos y familiares, lo que ve en un cine, en la televisión o computadora—muestra su carácter. Todas son cosas importantes, tan importantes como cuanta fe tiene, cuantas horas pasa en oración o cuantos versículos se sabe de memoria. Un líder puede cancelar el efecto de todas estas cosas "espirituales" con sus malos pensamientos, palabras y actividades.

Una necesidad excesiva de entretenimiento revela una falta de carácter. La sociedad está loca por el entretenimiento. Si no nos entretenemos de alguna manera por cualquier cosa, nos desanimamos. Necesitamos regresar y leer lo que Dios dice en Éxodo 20:9,10: *Seis días trabajarás, y harás toda tu obra; mas el séptimo día es reposo para Jehová tu Dios; no hagas en él obra alguna. . .*

No es para decir que Dios no desea que nos divirtamos, descansemos y nos relajemos, pero el trabajo debe ser más importante que el entretenimiento.

Debemos tener mucho cuidado con lo que permitimos que entre por nuestros ojos y oídos. Yo colecciono películas viejitas y cuando quiero ver algo para relajarme simplemente meto una de ellas en la videocasetera y no me tengo que preocupar por el contenido.

Leí que para cuando llega a la edad de 18 años, un adolescente normal, ha visto miles de actos violentos en la televisión. Hasta las caricaturas de hoy en día contienen violencia, y nos preguntamos porqué estamos como estamos.

¿Estoy diciendo que un cristiano no debe ver televisión o películas? No, lo que estoy diciendo es que debemos seleccionar con mucho cuidado lo que vemos.

Sacaremos lo que le metamos a nuestro sistema. No sé tú, pero yo prefiero quedarme sentada toda la noche, aburrida, si es necesario, con tal de no contaminar mi sistema personal y arruinar mi vida espiritual.

4. Vida matrimonial y familiar

La persona que desee ser un líder debe demostrar buen carácter en su vida matrimonial y familiar. Deben tratar bien a su pareja, velar por las necesidades de su familia, pasar tiempo con sus hijos, tener en orden sus prioridades, asegurar que su vida sexual es sana y mantener en orden su hogar.

Quizá esto te parezca ridículo, pero yo creo que el líder debe mantener bien cuidada su casa por dentro y por fuera.

Como vimos en 1 Timoteo 3:1-5, deben controlar a sus hijos y vivir disciplinadamente. Deben tener en orden su vida y tener buen testimonio con los que están en el mundo.

5. Vida financiera

Una persona que quiera ser líder debe tener buen carácter en su vida financiera.

¿Sabías que hay instituciones financieras que no prestan dinero a las iglesias porque saben que la mayoría de ellas no pagan sus deudas? Claro que no todas las iglesias son iguales. Existen iglesias y liderazgo de iglesias con caracteres sumamente íntegros, según el carácter de Dios. Pero también hay aquellas que no, y esas son a las que usa Satanás para hacernos ver mal ante los demás.

Los que se encuentran en una posición de liderazgo deben pagar a tiempo sus cuentas. No deben tener muchas deudas. Esto no es para decir que nunca deben comprar algo a crédito, pero sí es para decir que no deben hacerlo un estilo de vida y siempre gastar más de lo que ganan.

Es tan fácil caer en muchas deudas, y aunque queramos reprender al enemigo por su ataque en nuestra vida, la verdad es que nosotros somos los que decidimos gastar más de lo que tenemos a la mano.

Un líder espiritual tiene que pagar sus diezmos y también ofrendar más allá del diezmo. Debe ser generoso y estar dispuesto a suplir las necesidades según Dios le de oportunidad.

Es de mucha bendición para mí ver a nuestros hijos en esta área de dar. Cada uno de ellos lo está practicando. Y veo con mucho gozo como son bendecidos a donde quiera que van, estoy viendo que las bendiciones de Dios les persiguen y alcanzan, justo como Él lo prometió.[7]

Lo que una persona esté dispuesta a regalar, demuestra mucho de su carácter. Un líder es alguien que da, pero da con sabiduría. Usa la sabiduría en sus finanzas. Sabe en qué está gastando su dinero.

6. *La verdad*

Es indispensable que la persona que desee el liderazgo demuestre carácter en sus dichos; debe hablar la verdad.

Esta es un área de muchísima importancia. Falta carácter cuando alguien cambia un relato tanto, que ya no es verídico, sólo por querer quedar bien o sentirse más.

Nos ha sucedido que al recibir una invitación para ministrar en alguna iglesia, el pastor nos asegura que caben 2,000 personas. Al llegar nos damos cuenta de que, máximo, caben unas 900 personas. O al llegar nos damos cuenta que, aunque en el auditorio caben 2,000 personas, hay estacionamiento solamente para cuarenta vehículos.

Esta clase de cosas no dan buen testimonio al mundo de nuestro carácter.

En ocasiones cambiamos un poco la verdad para tener lo que queremos, o no decimos toda la verdad porque no queremos quedar mal.

Es un reto decir la verdad absoluta en cada situación. Algunos líderes inseguros le dicen a las personas lo que quieren oír, porque temer perder su popularidad si hablan la verdad.

7. *La integridad*

Si una persona desea ser líder, tiene que demostrar carácter en su trato con las personas. Tiene que ser una persona de palabra. Tiene que ser una persona de integridad.

En Mateo 21 leemos el relato de un incidente en la vida de Jesús: *Por la mañana, volviendo a la ciudad, tuvo hambre* (vs. 18). *Y viendo una higuera cerca del camino, vino a ella, y no halló nada en ella, sino hojas solamente; y le dijo: Nunca jamás nazca de ti fruto. Y luego se secó la higuera* (vs.19).

Antes me daba lástima esta higuera. No entendía en lo más mínimo la historia. Pensaba: **Si no era la culpa del pobre árbol que no tuviera fruto. ¿Por qué lo maldijo Jesús?**

Un tiempo después, Dios me mostró la razón. El fruto de la higuera aparece al mismo tiempo que aparecen las hojas. Así que, cuando Jesús vio desde lejos que la higuera tenía hojas, llegó esperando encontrar fruto. Al llegar a ella, y ver que no había fruto, la maldijo. ¿Por qué? Porque era falsa; contaba con hojas, pero no portaba fruto.

En el Cuerpo de Cristo debemos tener cuidado de tener hojas y no tener fruto. No ganaremos al mundo con las cosas externas que podemos portar. Es necesario tener fruto porque Jesús dijo que por nuestro fruto nos conocerían.[8]

CAPÍTULO 15

LA IMPORTANCIA DE VIVIR UNA VIDA EN EQUILIBRIO

Sed sobrios, y velad; porque vuestro adversario el diablo, como león rugiente, anda alrededor buscando a quien devorar;...
1 Pedro 5:8

Yo creo que vivimos en un mundo que está fuera de balance. También creo que la mayoría de las personas viven una vida fuera de balance.

Es tan fácil salirse de equilibrio o balance. Sin embargo oímos muy poca enseñanza sobre la importancia de mantenernos en equilibrio.

El apóstol Pedro nos habló varias cosas sobre este tema. Nos dice que debemos ser sobrios y bien equilibrados, que realidad significa tener buena disciplina y ser serios. También nos dice que debemos vigilar y ser cautelosos porque tenemos un enemigo, Satanás, que quiere capturarnos y devorarnos.

Pablo enfatiza este mismo punto en Efesios 4:27 cuando nos manda controlar nuestra ira, con la advertencia de no darle *lugar al diablo.*

Muchas veces ocurre que el enemigo se mete a áreas de nuestra vida y nos causa problemas, tratamos de reprenderlo, pero nunca nos molestamos por averiguar cómo entró; para entonces hacer los cambios necesarios para que no vuelva a entrar por esa misma puerta.

Esta es una escritura que nos enseña a cerrar la puerta en la cara del diablo. Nos advierte que él anda en busca de la persona fuera de equilibrio, de alguien que le esté prestando demasiada atención a un área de su vida mientras está descuidando las otras áreas, alguien que no tiene en el orden correcto sus prioridades. Cuando el diablo encuentra esta clase de personas, sabe que tiene entrada para destruir.

El diablo siempre nos dará problemas, pero tendrá mucho menos éxito si aprendemos a mantener cerrada la puerta. Puede ser que la puerta no sea un asunto espiritual muy grande. En muchas ocasiones es algún área pequeña y sencilla de nuestra vida, pero nos volvemos demasiado espirituales como para ponerle atención.

¿LAS PERSONAS PUEDEN SER DEMASIADO ESPIRITUALES?

Honestamente, pienso que algunas personas que han nacido de nuevo y han sido llenas del Espíritu Santo, se tornan tan radicales que se vuelven demasiado espirituales.

"¿Cómo puede ser demasiado espiritual alguien?", te puedes preguntar.

Me voy a explicar. Existe un lado práctico y natural de nuestras vidas que tenemos que cuidar. Si no lo hacemos, terminará dañando nuestro lado espiritual. Por ejemplo, si no cuidamos nuestro cuerpo físico, nos enfermaremos. Estar enfermos físicamente, nos afecta en nuestro espíritu. Cuando estamos enfermos no sentimos ganas de orar, de tener fe, de creerle a Dios o de cumplir el llamado de Dios sobre nuestra vida. Así que, el diablo busca la forma de que nos enfermemos, para impedirnos hacer lo que Dios nos ha llamado a hacer.

Cuando tenemos un problema, no siempre es en un área espiritual que está el problema. Muchas veces es un área natural de la que no estamos cuidando porque nos hemos vuelto demasiado espirituales.

Lo que se requiere es equilibrio.

MANTENIENDO EL EQUILIBRIO

Se define la palabra *equilibrio* de las siguientes maneras: "Armonía, proporción. Combinación ajustada de los varios elementos de un todo".[1] El verbo equilibrar significa: "Armonizar, proporcionar. Poner en equilibrio".[2]

Así que, nos mantenemos en equilibrio manteniendo regulados o armonizados las áreas de nuestra vida.

A todos se nos han dado ciertas habilidades, pero es necesario mantenerlas en proporción. Si trabajamos constantemente y nunca descansamos, nos saldremos del equilibrio. No podremos mantener ese nivel de actividad.

Me causan mucha satisfacción el trabajo y las metas alcanzadas. Yo soy una persona seria, entonces no me gustan muchas de las cosas que yo considero que son poco provechosas o necias. Ya que mi personalidad es así, yo tiendo a salirme del equilibrio en esta área. Tengo que programar mi tiempo para descansar, aunque también es posible estar del otro extremo y descansar demasiado y no trabajar lo suficiente.

Eclesiastés 10:18 dice: *Por la pereza se cae la techumbre, y por la flojedad de las manos se llueve la casa.*

En otras palabras, las personas que descansan demasiado, terminan en problemas. Sus casas, carros, ropa, cuerpos y todo lo demás de su vida, se descompone, porque no se esfuerzan por mantener limpia y cuidada cada cosa necesaria de la vida. No regulan o ajustan los elementos que están a su disposición; están fuera de equilibrio y proporción.

EL EQUILIBRIO REQUIERE DE SABIDURÍA

Las personas tienen el poder ahorrar o gastar dinero. Algunas personas quieren ahorrar todo su dinero. No gastan dinero ni en ellos mismos ni en su familia. Ya sea por avaros o porque se preocupan por el futuro, pensando que deben ahorrar cuanto sea posible para protegerse de alguna calamidad improvista. De esa manera salen del equilibrio.

Otras personas gastan dinero en su familia pero no en ellas mismas. Tarde o temprano, se darán cuenta que como no hacen nada para sí mismos, ahora están resentidos y se sienten como mártires. Un mártir es una persona que hace cosas para los demás pero sintiendo que se están aprovechando de él. Las personas que manifiestan esta clase de actitud, también están fuera de proporción.

Aun otras se salen del equilibrio con el asunto del dinero porque gastan todo lo que tienen. Cuando esto sucede, recurren a las tarjetas de crédito y compran con ellas, y cuando quieren salir de las deudas reprenden al "demonio de la deuda". Quieren que un milagro les resuelva su problema de falta de disciplina.

Este es en demasiadas ocasiones nuestro problema. Nos metemos en problemas y queremos salir por medio de algún método milagroso. Luego vamos y hacemos otro desastre y queremos salir de la misma manera. Seguimos de esta forma y nunca nos queremos responsabilizar por nuestros propios errores. Lo que necesitamos es algo de equilibrio y debemos ejercer algo de auto-disciplina.

No podemos andar en necedad toda la vida sin aceptar que habrá consecuencias. Dios nos ha dado sabiduría, y Él espera que hagamos uso de ella.

Yo creo en resistir al diablo como Santiago 4:7 nos lo indica, pero también creo en la sumisión a Dios como indica la misma escritura. No podemos desobedecer a Dios, y así desatar consecuencias desagradables, para después resistir al diablo pensando que eso logrará la desaparición de los resultados que no nos parecen o no nos agradan.

Tardé mucho en aprender esta lección. De recién convertida, me enseñaron sobre mi autoridad sobre Satanás y se me dijo que debía ejercer esa autoridad y no permitir que Satanás trajera cosas malas a mi vida. Esta nueva información me emocionó y de inmediato quise ejercer mi autoridad sobre el diablo, sólo para darme cuenta de que en realidad no me estaba dando ningún resultado. Por fin aprendí que no podía abrirle la puerta al enemigo y simplemente resistir las circunstancias que yo misma había provocado. Tuve que aprender a someterme a Dios, haciendo esto, y sólo después de haberlo hecho, tendría verdadera autoridad para resistir al enemigo.

Esta es una lección importante que todos debemos aprender. Si nos comportamos de una manera no muy sabia y segamos circunstancias desagradables, tenemos que tomar la responsabilidad para nuestras acciones incorrectas y hacer lo necesario para rectificar el mal que hemos cometido.

Por ejemplo, si alguien no administra bien sus finanzas y termina con problemas financieras, tendrá que pagar sus deudas. Esto quizá requiera de mucha disciplina y hasta de un tiempo de no comprar más que lo meramente necesario. No es el momento de sentir auto-lástima o desanimarse. Gastar más de lo que son tus ingresos acarrea problemas, y el único remedio es gastar menos.

Toma tiempo caer en deuda, y tomará más tiempo salir de ella. Tardamos años en crear el problema y nos impacientamos con Dios si no nos libra milagrosamente en escasas semanas.

Dios es misericordioso. En ocasiones sí nos librará de los problemas que nosotros mismos hemos creado, pero en otras ocasiones Él no nos librará de ellos porque si lo hace, nunca aprenderemos a evitar caer en ellos.

El equilibrio se debe mantener

El equilibrio es algo se tiene que mantener y fomentar. No es algo que una vez establecido allí, nunca más se moverá. Podemos tener equilibrio el lunes, y para el miércoles estar muy fuera de proporción.

El equilibrio no se logra sobre todas las áreas de una misma vez. Hay miles de áreas en nuestra vida, y cada una tiene que ser equilibrada y sostenida en ese estado por medio de mantenimiento regular y del cuidado adecuado.

Un carro no puede seguir funcionando correctamente si no recibe mantenimiento y cuidado regularmente. Las llantas comenzarán a desbalancearse. La máquina no funcionará bien. El nivel de aceite bajará y se ensuciará causando fricción, y así se gastarán las partes del motor. Tarde o temprano cada área del vehículo se verá afectada y dejará de funcionar.

Haz los ajustes necesarios

Hermanos, yo mismo no pretendo haberlo ya alcanzado; pero una cosa hago: olvidando ciertamente lo que queda atrás, y extendiéndome a lo que está delante, prosigo a la meta, al premio del supremo llamamiento de Dios en Cristo Jesús.

Filipenses 3:13,14

Si nuestro deseo es vivir un vida equilibrada, es necesario que regularmente nos examinemos y regulemos las diferentes áreas para mantenerlas en equilibrio. El equilibrio se mantiene por medio de los ajustes que hagamos en nuestra vida. Esto implica cambio.

A veces, es difícil que nos acostumbremos a hacer las cosas de una manera distinta. Vemos áreas de nuestra vida que necesitan cambiar, pero cuando Dios intenta cambiarlas, nos ponemos muy nerviosos.

La verdad es, que para poder seguir adelante, tenemos que aprender a dejar ciertas cosas.

En la vida no existe ninguna cosa tan segura como el cambio. Siempre habrá algo en nuestra vida que necesita ser cambiado, y eso no nos gusta. Queremos seguir hacia lo que está por delante, pero en realidad nunca queremos dejar lo que queda atrás porque así es más cómoda la situación. Nos sentimos seguros haciendo las cosas como siempre las hemos hecho, aun si nuestra forma de hacerlas nos ha perjudicado. Si esa es la realidad, ¡es tiempo de cambiar!

Cuando estemos dispuestos a dejar nuestra manera de hacer las cosas y aceptar la forma en que Dios las hace, estaremos en el camino a ser todo lo que Dios tiene para nosotros.

NO ERES INVENCIBLE

Entonces el suegro de Moisés le dijo: No está bien lo que haces. Desfallecerás del todo, tú, y también este pueblo que está contigo; porque el trabajo es demasiado pesado para ti; no podrás hacerlo tú solo.

Éxodo 18:17,18

No me sorprendería en lo más mínimo saber que Dios nos está diciendo exactamente lo mismo a ti y a mí.

Nos gusta pensar que somos invencibles. Nos molesta si alguien nos dice que algo es demasiado para hacerlo solos.

Cuando Dios le habló a Moisés a través de su suegro, es precisamente lo que le estaba diciendo: "Esto es demasiado para ti; no puedes con todo esto solo".

Siempre he sido el tipo de persona que piensa poder hacer todo cuanto me proponga a hacer. Estaba plenamente convencida que podía hacer todas las cosas con Cristo quien me fortalece.[3] Y si alguien se atrevía a decirme lo contrario, más propósito había en mí para lograrlo.

Ahora, sí es verdad que el cristiano debe contar con mucha determinación y propósito para lograr lo que Dios quiere, pero Satanás siempre llega para oponerse a nosotros tratando de detenernos de cualquier manera que puede. Si tenemos la actitud de poder hacer **lo que sea**, sin importar lo que sea, estamos fuera de equilibrio, y tarde o temprano Dios tendrá que comprobárnoslo diciendo: "No, tú no puedes hacer todo. Tú sólo puedes hacer la parte para la que te he ungido".

Cuando Dios llama a alguien, le unge para hacer una tarea específica, pero también coloca a otras personas a su alrededor para hacer **parte** de ese trabajo. Por eso le dijo a Moisés por medio de su suegro: "Tú no puedes hacer todo tú mismo".

Por muchos años yo hacía todo en mi ministerio menos dirigir la alabanza y eso solamente porque no tengo una voz como para hacer eso. Pero todo lo demás lo hacía yo sola. Enseñaba en todas las sesiones, atendía a todas las personas que pasaban para ser ministradas e imponía manos en cada persona, aunque fueran mil o mil quinientas, como en ocasiones lo eran. Entre cada reunión yo salía a saludar y platicar con las personas que llegaban a la mesa de ventas, firmaba libros y hacía casi todo cuanto me pedían. Finalmente tuve que reconocer que si seguía a ese paso, físicamente no soportaría.

Una de las maneras de salirte del equilibrio es preocuparte por complacer a las personas. Así como Moisés, tuve que aprender que no podía hacer todo yo sola—y ni siquiera debería intentar hacerlo todo—porque Dios había ungido a otras personas para ayudarme.

Pide ayuda

Viendo el suegro de Moisés todo lo que él hacía con el pueblo, dijo: ¿Qué es esto que haces tú con el pueblo? ¿Por qué te sientas tú solo, y todo el pueblo está delante de ti desde la mañana hasta la tarde?

Éxodo 18:14

Cuando Dios le habló a Moisés a través de su suegro le preguntó: "¿Por qué te sientas solo?"

Hay tantas personas que se sienten solas en sus posiciones de liderazgo, tratando de hacer todo por sí mismos. Si Dios nos ha llamado a algún ministerio, nos mandará la ayuda requerida para llevarlo a cabo.

Puede ser que no lo hagan exactamente como nos gustaría que lo hicieran. Quizá no hagan el trabajo perfectamente bien como nosotros mismos lo haríamos.

En mi ministerio, tanto mi familia como mi esposo, me animaban a hacer muchas cosas porque las hacía bien. Pero llegué a tener algunos problemas físicos y por desesperación, tuve que cambiar muchas cosas.

Es sorprendente como, cuando tenemos que cambiar a la fuerza, Dios unge a una persona para hacer lo que nosotros ya no podemos hacer personalmente.

Cuando podemos hacer esto, y dejarlo en las manos de Dios, Él puede levantar a personas que, aunque no sean perfectas, pueden tomar algo del peso que está sobre nuestros hombros.

Si siempre estamos buscando a la persona perfecta para ayudarnos, Dios nunca nos podrá dar a nadie. Dios nos tendrá que recordar nuestra condición cuando comenzamos nosotros en su obra.

TOLERA LA TENSIÓN

Oye ahora mi voz; yo te aconsejaré, y Dios estará contigo. Está tú por el pueblo delante de Dios, y somete tú los asuntos a Dios. Y enseña a ellos las ordenanzas y las leyes, y muéstrales el camino por donde deben andar, y lo que han de hacer. Además escoge tú de entre todo el pueblo varones de virtud, temerosos de Dios, varones de verdad, que aborrezcan la avaricia; y ponlos sobre el pueblo por jefes de millares, de centenas, de cincuenta y de diez. Ellos juzgarán al pueblo en todo tiempo; y todo asunto grave lo traerán a ti, y ellos juzgarán todo asunto pequeño. Así aliviarás la carga de sobre ti, y la llevarán ellos contigo. Si esto hicieres, y Dios te lo mandare, tú podrás sostenerte, y también todo este pueblo irá en paz a su lugar. Y oyó Moisés la voz de su suegro, e hizo todo lo que dijo.

Éxodo 18:19-24

Cuántas veces le dije a Dios: "¿No sé cuánto tiempo soportaré esta tensión?"

Aprendí que si permitía que otra persona me ayudará con el peso, lo soportaría mucho más tiempo. También aprendí que si no me preocupaba tanto por complacer a todos, siempre tratando de que todo mundo estuviera contento y dándoles todo lo que pedían, me mantendría por mucho más tiempo. Aprendí que si me preocupaba por ser alguien que complacía a Dios, entonces Él me ungiría para lo que tenía que hacer, pero no podía ungirme cuando yo sólo me preocupaba por complacer a los hombres.

Dios no se ve obligado a ungir a alguien si Él no nos dijo que lo haría. Jesús es el Autor y el Consumador,[4] pero no tiene que terminar algo que Él no comenzó.

El suegro de Moisés le dijo que si hacía lo que Dios le mandaba, podría soportar la carga.

Dios no nos da más de lo que podemos soportar o aguantar. Si Él nos da algún trabajo, también nos dará la fuerza necesario para cumplirlo. Y no creo que Dios desee vernos medio muertos siempre; recuerda, Jesús dijo que Él había venido para darnos vida y vida en abundancia, hasta rebosar.[5]

Fíjate como en la segunda parte de Éxodo 18:23 dice: . . . *tú podrás sostenerte, y también todo este pueblo irá en paz a su lugar.*

Creo que eso significa que Dios pone a personas ungidas alrededor de nosotros para ayudarnos, y si no las usamos, terminarán frustradas; no tendrán paz. Pero al usarlas de la manera en que Dios nos manda, nosotros podremos soportar la carga, y ellas estarán contentas y realizadas porque sus dones se desarrollarán y estarán creciendo.

Fíjate en tu entorno. ¿Necesitas ajustar algo para poder mantener el equilibrio? Si haces esos ajustes, como lo hizo Moisés, tendrás mucho más paz y gozo y estarás cerrándole la puerta al enemigo.

LA INEVITABLE REALIDAD DE SER PODADO

> *Y creó Dios al hombre a su imagen, a imagen de Dios lo creó; varón y hembra los creó. Y los bendijo Dios, y les dijo: Fructificad y multiplicaos; llenad la tierra, y sojuzgadla, y señoread en los peces del mar, en las aves de los cielos, y en todas las bestias que se mueven sobre la tierra.*
>
> Génesis 1:27,28

La falta de equilibrio impide tener una vida fructífera. Y si hay algo que Dios pide de nosotros es que demos fruto. La primera instrucción que recibieron Adán y Eva de Dios fue la de *fructificad y multiplicaos.*

Dios quiere que seamos creyentes que lleven mucho fruto. En Juan 15:8, Jesús dijo: *En esto es glorificado mi Padre, en que llevéis mucho fruto, y seáis así mis discípulos.* En ese mismo capítulo, en el primer y segundo verso, Jesús habló de podar, diciendo: *Yo soy la vid verdadera, y mi Padre es el labrador. Todo pámpano que en mí no lleva fruto, lo quitará(*podará*); y todo aquel que lleva fruto, lo limpiará (*podará*), para que lleve más fruto.*

Esto de quitar o podar es algo muy feo para muchos de nosotros. A nadie le gusta pensar en esta clase de palabras.

Ocurre que cuando los árboles frutales producen demasiado fruto y se comienzan a ladear o torcer, es necesaria una podada. De la misma manera, nuestras vidas se pueden ladear o torcer, y Dios nos tiene que podar algunas cosas.

Antes había un arbolito en el jardín de nuestra casa. Cada año echaba una ramitas muy bonitas y tiernas, llenas de hojitas, en la base de su tronquito. Pero estas ramitas le chupaban toda la vida, y no aportan valor al resto del árbol. Cada año teníamos que buscar las tijeras podadoras y cortar esas ramitas bonitas pero inútiles.

Dios quizá tenga que podar algunas cosas muy bonitas, de las que tenemos mucho cuidado y por las que tenemos afecto. Dios sabe cual es su diseño completo para nosotros. Cuando Dios trata con algún área de nuestra vida para removerla, lo mejor es dejársela porque Él sabe lo que hace.

"Ay, Señor, si dejo de ir, seré la única persona que ya no asista". Puede ser que Dios esté removiendo cierta cosa de nuestra vida para que podamos pasar más tiempo con Él. Si pasamos más tiempo con Dios, puede ser que recibamos lo que deseamos.

Duele cuando Dios saca las tijeras podadoras y remueve las cosas que brotan y crecen sin ninguna forma o propósito. He aprendido un secreto respecto a esta clase de recorte y lo quiero compartir contigo.

En Juan 15:1,2 Jesús dice que si damos fruto, Dios nos recortará para que produzcamos. Y si no damos fruto, Él nos podará para dar mejor fruto.

¡El secreto es que, demos fruto o no, seremos recortados, seremos podados! Yo no sé tú, pero yo prefiero ser recortada por tener demasiado fruto que ser recortada por no llevar ningún fruto.

LIMÍTATE

Todo aquel que lucha, de todo se abstiene; ellos, a la verdad, para recibir una corona corruptible, pero nosotros, una incorruptible.

1 Corintios 9:25

¿Cómo esperamos obtener equilibrio en nuestra vida si no nos restringimos?

Yo tengo que lograr un equilibrio en mi trabajo. Yo puedo trabajar frente a mi computadora hasta doce horas sin parar mas que para ir al baño o a tomar algo. No es bueno que yo haga eso, pero es fácil hacerlo cuando estoy trabajando en algún estudio o libro, soy intensa. Me meto en lo que estoy haciendo y vierto mucha energía espiritual y emocional en el proyecto, cualquiera que sea.

Dave me lo ha dicho una y otra vez: "No te quedes sentada allí todo el día. Trabaja siete u ocho horas, pero con algunos descansos. Cuando hayas trabajado bien todo el día, déjalo y haz otra cosa. Si no lo haces así, terminarás pagando el precio".

Él tiene toda la razón. Si no me restrinjo, si no me abstengo, termino exhausta sentada frente a mi escritorio y hasta me quedo dormida en esa posición.

Necesito usar un poco de sabiduría y levantarme cada dos horas, más o menos, para estirarme un poco. ¿Por qué no lo hago? Porque quiero conquistar el proyecto o trabajo. No me gusta parar, aun si es para un pequeño descanso. Aunque una parte de mí quiera seguir trabajando, otra parte sabe que hacer eso no es muy prudente.

Tú y yo nunca gozaremos de ningún éxito verdadero si no utilizamos la sabiduría. ¿Qué es la sabiduría? Como ya mencioné, se define como sentido común, y el sentido común nos dice que si no nos restringimos, nos meteremos en problemas.

LAS ÁREAS QUE NECESITAN RESTRICCIONES

Hice una lista de algunas de las áreas en las necesitamos restringirnos, las áreas en las que necesitamos equilibrio.

La primera es en la **dieta**.

Si no me obligo a comer bien, siempre estaría comiendo las cosas que me gustan mucho comer. Claro que esto no es prudente porque el cuerpo humano no fue diseñado para vivir de confituras y bocadillos. No podemos comer sólo helados, repostería, dulces o frituras y esperar seguir con buena salud.

Existen muchas dietas y no estoy diciendo que seguir alguna de ellas sea malo o que no bajarás de peso, pero al final de cuentas no creo que nadie pueda estar saludable si no come una dieta balanceada. Si Dios no deseara que comiéramos de los cuatro grupos alimenticios, no los hubiera creado.

Cada uno de nosotros debe conocer su propio cuerpo, lo que necesita y lo que es mejor para él.

Yo he descubierto que si necesito bajar algunos kilos rápidamente, lo mejor es dejar las grasas. Pero también he aprendido que mi cuerpo necesita mucha proteína. Quizá esto tiene que ver con el tipo de trabajo que hago y la cantidad de energía que uso. Me han dicho que cuando doy una sesión larga y ardua de enseñanza es como hacer ocho horas de trabajo físicamente duro por causa de la energía mental y emocional que se requiere. Entonces, para cuando termino de dar cinco o seis sesiones de enseñanza, he gastado mucha energía. Sé que para sentirme bien y recuperarme de esas reuniones, necesito ingerir mucha proteína.

Puedo bajar de peso cuando no como grasas, pero no me siento bien ya que el nivel de azúcar me baja demasiado.

Un día casi me desmayé en la habitación de mi hotel. No sabía qué me pasaba. Cuando oré y busqué a Dios, me di cuenta de que no había comido proteína por muchos días. Aunque me gusta mucho comer cosas como ensaladas y pastas, no debo comer siempre así. No debo olvidar la carne. La requiero.

Me encontraba enferma y reprendiendo demonios, pero mi problema no eran los demonios—eran las pastas—.

Permíteme darte otro ejemplo de la necesidad de mantener el equilibrio en nuestra dieta.

Mi administradora general pesa unos 42 kilos y es muy bonita. Ya que ella no puede comer azúcar y cuida lo que come, fue que descubrió unas barritas muy buenas.

Ella me lo platicó y pronto yo las llevaba a todos lados y comía una cuando tenía necesidad de algo y no podía comer. Eran sabrosas y nutritivas.

Después de un tiempo, la chica me contó que ella había comenzado a comerse tres o cuatro barritas por día y le provocaron una erupción en la piel. Resulta que contenían mucha crema de maní a la cual era alérgica.

Sí, es posible salirse del equilibrio con la dieta. Como ya vimos, también es posible salirse de proporción en cuanto al **dinero** que se gasta o aun en las **actividades espirituales**.

Una mujer creyente que tenga un esposo que no lo es o que sea nuevo en los caminos del Señor, puede echar a perder su matrimonio si se involucra demasiado en actividades espirituales como orar, asistir a estudios bíblicos o hablar sin cesar de Dios cuando debiera estar poniendo más atención en las necesidades de su esposo. No es para decir que nunca debe mencionar a Dios, pero también debe hablarle sobre otros asuntos porque él no se encuentra en el mismo lugar que ella espiritualmente hablando.

Los hombres tienen necesidad de diversión, y ellos quieren a un compañero, o compañera, para divertirse. En otras palabras, se quieren divertir.

En nuestro matrimonio, yo puedo pasar más tiempo sin jugar al golf que Dave. Para mantener mi matrimonio en buen estado, he descubierto que es mejor que vaya a jugar al golf de vez en cuando con mi esposo porque es lo que a él le agrada.

Dave es un gran hombre de Dios, pero no estaría contento si yo me la pasara todo el día predicándole. Necesita otras cosas en su vida aparte de la oración, la lectura bíblica y las predicaciones.

La verdad es que todos requerimos de otras cosas. Depende de la personalidad de cada individuo la cantidad de ellas.

Si estás casado con una persona menos espiritual que tú, y siempre intentas ser espiritual, tendrás problemas porque no habrá equilibrio en esa área de tu vida.

El equilibrio también es necesario en el área de la **mente**. Algunas personas no piensan lo suficiente, y otras personas piensan demasiado.

Recuerdo que hace años, cuando nos levantábamos Dave y yo, a él le gustaba oír música y a mí me gustaba pensar. Yo pensaba, y Dave era feliz mientras yo me sentía miserable. Debí haberme fijado en eso, era una pista.

Algunas personas planifican demasiado, y otras no planifican lo suficiente.

El equilibrio es necesario en cuanto a la **boca**. Algunas personas no hablan bastante, y otras hablan excesivamente.

Me pone nerviosa estar con personas que no hablan porque no dicen nada. De hecho, es trabajoso para mí porque tengo que hablar por los dos. Me cansa el pensar lo que tengo que decir.

De la misma manera que yo debo disciplinarme para no hablar demasiado, algunas personas debieran disciplinarse para hablar más. Para que así descansen las personas que tienen que hablar siempre por los dos.

Finalmente, es necesario tener en buena proporción **nuestra opinión de nosotros mismos**. De vez en cuando tenemos un concepto exageradamente alto de nosotros mismos, y a veces pensamos muy mal de nosotros mismos.

En Romanos 12:3 se nos enseña que no debemos tener un concepto más alto que el que debemos tener, no debemos tener una opinión exagerada de nuestra propia importancia, aunque sí debemos valorar nuestra habilidad con sobrio juicio. Sin embargo, en 2 Samuel 9:8 vemos a un joven llamado Mefi-boset que se adjudicaba la imagen de perro muerto, y en Números 13:33 vemos a diez espías con una autoimagen de langostas.

Es posible pasar mucho tiempo en nosotros mismos, volviéndonos egoístas; pero también es posible ignorar nuestra persona y nuestras necesidades hasta el punto de sufrir grandes problemas emocionales.

Hace tiempo compartía con una ministra muy conocida, una persona que cuenta con un ministerio poderoso. Ella me relató cómo por treinta años ella trabajó constantemente ministrando, aconsejando y ayudando a alcohólicos y personas de la calle, mientras cuidaba a su propia familia, entre otras responsabilidades.

Conforme pasaban los años, ella se repetía las siguientes palabras: "Estoy bien, estoy bien". Súbitamente un día se desmoronó porque en realidad no estaba bien.

Las personas decididas y de voluntad muy fuerte, pueden continuar por largos periodos de tiempo haciendo todo para todos, cuando de repente el clamor eruptivo de "¡¿Qué de **mí**?!, ¡¿Qué pasó **conmigo**?!" escapa de su interior.

Necesitamos hacer algo por nosotros mismos ocasionalmente, algo especial que nos haga sentir bien. No tiene que ser algo que realmente necesitemos.

Para nosotras las damas, puede ser algo tan sencillo como pintarnos las uñas o comprar alguna alhajita, cualquier cosa que nos haga sentir especial.

Para los varones, puede ser comprar algo que tenga que ver con su pasatiempo preferido. A Dave le gusta comprar, de vez en cuando, un palo de golf. Ya tiene varios de cada tamaño, pero siempre le gusta conseguir otro.

Todos necesitamos hacer algo por nosotros mismos de vez en cuando.

Después de terminar una serie larga de conferencias, quedo físicamente, mentalmente, emocionalmente y espiritualmente exhausta. Lo que me ayuda cuando me siento así (y te puedes reír si gustas) es ir de compras.

No hago algo raro o necio, como tratar de ver cuánto dinero puedo gastar, endeudarme, o algo por el estilo. Puede ser que no compre algo para mí. También me gusta comprar para otras personas. Pero el simple hecho de salir, alejarme del trabajo, pensar en otra cosa, me ayuda a entrar otra vez en equilibrio.

Me gusta ir de compras, como a la mayoría de las mujeres; eso ministra a mis emociones. Dios nos dio nuestras emociones, y aunque no debemos de ser gobernados por ellas, sí debemos mantenerlas en buena condición para estar emocionalmente sanos. También debemos mantener nuestra salud física, mental y espiritual.

DOS LADOS DE LA VIDA

Recibidle, pues, en el Señor, con todo gozo, y tened en estima a los que son como él; porque por la obra de Cristo estuvo próximo a la muerte, exponiendo su vida para suplir lo que faltaba en vuestro servicio por mí.

Filipenses 2:29,30

En Filipenses 2:25-30 encontramos a un hombre llamado Epafrodito que se enfermó por causa de trabajar demasiado. Se encontraba en angustia emocional y extrañaba su hogar. Probablemente tenía mucho tiempo fuera de su casa y quizá se encontraba solo. Estuvo tan grave que casi se murió, pero el apóstol Pablo nos dice que Dios se compadeció de él y lo rescató. En este pasaje, Pablo les escribía a los filipenses para decirles que a Epafrodito, lo mandaba de regreso a casa para descansar y para recuperarse.

Se me hace interesante que, aunque él recibió la sanidad de Dios, de todos modos tuvo que tomar tiempo para descansar.

Vemos claramente el mismo principio en la historia de cuando Jesús resucitó de entre los muertos a la jovencita. En Lucas 8:40-56 encontramos el relato del líder religioso judío llamado Jairo que pidió a Jesús por la sanidad de su hija moribunda de doce años.

Para cuando llegaron a la casa de Jairo, la niña había muerto. Sin embargo, Jesús la resucitó de entre los muertos. En cuanto se levantó de la cama, Jesús les dijo que le dieran algo de comer.

A través de estas dos historias pude ver que existen dos lados de la vida: uno que es el lado espiritual y el otro que es el lado natural. Y los dos requieren equilibrio. Jesús se había encargado del lado espiritual en la vida de la niña, pero les dio instrucciones a los padres para el cuidado del lado natural de su vida.

Esto me dice que Dios espera que usemos, tanto nuestro sentido común, como nuestra espiritualidad. Podemos ver ilustrado este principio en la vida de un profeta del Antiguo Testamento.

Estar fuera de equilibrio acarrea problemas

> *Acab dio a Jezabel la nueva de todo lo que Elías había hecho, y de cómo había matado a espada a todos los profetas. Entonces envió Jezabel a Elías un mensajero, diciendo: Así me hagan los dioses, y aun me añadan, si mañana a estas horas yo no he puesto tu persona como la de uno de ellos. Viendo, pues, el peligro, se levantó y se fue para salvar su vida, y vino a Beerseba, que está en Judá, y dejó allí a su criado.*
>
> 1 Reyes 19:1-3

¿Cómo es posible que un hombre como Elías, que el día anterior pudo burlarse de 450 profetas de Baal y posteriormente encargarse de matarlos, sea intimidado y huya atemorizado por las amenazas de una sola mujer llamada Jezabel?

Dudo mucho que Jezabel fuese tan temible. Creo que te puedo comprobar que la razón por la que huyó en pánico fue por su completo y total cansancio.

Hace poco un hermano me dijo que se había tomado unas cuantas semanas de descanso. Relató que después de unos siete días descansando se fijó que su creatividad comenzaba a aumentar. Aun nuestra habilidad creativa es afectada cuando estamos muy fatigados. Yo sé, por experiencia personal, que mi fe es afectada cuando estoy muy cansada; tampoco tengo deseos de orar al sentirme así.

Cuando estamos completamente fatigados y exhaustos, les respondemos de manera distinta a las personas a como les responderíamos estando descansados. Respondemos de una manera más emocional. Nos sentimos y ofendemos fácilmente. Andamos de mal humor y tendemos a enojarnos y frustrarnos cuando la más mínima cosa sale mal.

Hoy en día muchos de los problemas experimentados en las relaciones, son el resultado de no tener equilibrio y proporción, y en muchas ocasiones el desequilibrio es el resultado de simple cansancio.

Muchas familias en la actualidad requieren de dos ingresos, el de padre y el de madre, para sobrevivir. Después de haber trabajado todo el día, llegan a casa para cuidar a sus hijos, hacer de comer, lavar ropa, comprar mandado, reparar la casa y sigue la lista.

Pronto se sienten cansados, y si siguen así, llegarán a sentirse exhaustos porque si son cristianos, en muchos de los casos, estarán tomando compromisos en la iglesia también—y pueden ser compromisos que el Señor nos los llevó a tomar—. Si no tienen cuidado, se sentirán incapaces de cumplir con todo. Todo mundo querrá que hagan algo, y esto provocará sentimientos de frustración y conflicto.

Sé de lo que te hablo porque en mi vida he pasado por eso. No sólo soy una ministra con un ministerio internacional que atender, también soy esposa, madre de cuatro hijos adultos, abuelita y amiga, entre otras responsabilidades y relaciones que tengo que cuidar.

Puedo llegar a sentir que me parto en pedazos, por tener tantos pendientes. De hecho, una de mis nietas me escribe notitas y las pega en el parabrisas de mi carro diciendo: "Abuelita, te extraño, y me gustaría pasar tiempo contigo". En la escuela tuvo que escribir sobre "Si pudieras dar un regalo invisible a un ser querido, ¿qué le darías?". Su respuesta fue la siguiente: "Yo le regalaría tiempo a mi abuelita porque siempre está tan ocupada".

Es verdad. Estoy sumamente ocupada. Todos lo estamos, y por eso es que necesitamos equilibrio en nuestra vida. Esto quizá implique dejar algunas de las cosas que no queremos dejar, pero que nos causarán problemas si no permitimos que Dios las quite de nuestra vida.

Puede ser un segundo trabajo que tomamos con la excusa de poder hacer más por la familia. Pero puede ser que en realidad la familia **necesite** y **quiera** más de nuestra presencia que de cualquier cosa material que pudiéramos darles.

Elías y los profetas de Baal

Examinemos detenidamente la historia de Elías.

Y acercándose Elías a todo el pueblo, dijo: ¿Hasta cuándo claudicaréis vosotros entre dos pensamientos? Si Jehová es Dios, seguidle; y si Baal, id en pos de él. Y el pueblo no respondió palabra. Y Elías volvió a decir al pueblo: Sólo yo he quedado profeta de Jehová; mas de los profetas de Baal hay cuatrocientos cincuenta hombres. Dénsenos, pues, dos bueyes, y escojan ellos uno, y córtenlo en pedazos, y pónganlo sobre leña, pero no pongan fuego debajo; y yo prepararé el otro buey, y lo pondré sobre la leña, y ningún fuego pondré debajo. Invocad luego vosotros el nombre de vuestros dioses, y yo invocaré el nombre de Jehová; y el Dios que respondiere por medio de fuego, ése sea Dios. Y todo el pueblo respondió, diciendo: Bien dicho.

1 Reyes 18:21-24

Aquí vemos que el profeta Elías le ha dado instrucciones al rey Acab, el esposo de la reina Jezabel, de reunir a los 450 profetas de su Baal en cima del monte Carmelo.

Una vez reunidos todos, Elías da algunos retos a los profetas de Baal.

En 1 Reyes 18:25-29 (citado posteriormente) Elías hace los preparativos para que el Único y Verdadero Dios muestre su poder. Elías, al hacer esto, usó muchísima energía física para cumplir el reto.

ELÍAS DA UN DESAFÍO

Entonces Elías dijo a los profetas de Baal: Escogeos un buey, y preparadlo vosotros primero, pues que sois los más; e invocad el nombre de vuestros dioses, mas no pongáis fuego debajo. Y ellos tomaron el buey que les fue dado y lo prepararon, e invocaron el nombre de Baal desde la mañana hasta el mediodía, diciendo: ¡Baal, respóndenos! Pero no había voz, ni quien respondiese; entre tanto, ellos andaban saltando cerca del altar que habían hecho. Y aconteció al mediodía, que Elías se burlaba de ellos, diciendo: Gritad en alta voz, porque dios es; quizá está meditando, o tiene algún trabajo, o va de camino; tal vez duerme, y hay que despertarle. Y ellos clamaban a grandes voces, y se sajaban con cuchillos y con lancetas conforme a su costumbre, hasta chorrear la sangre sobre ellos. Pasó el mediodía, y ellos siguieron gritando frenéticamente hasta la hora de ofrecerse el sacrificio, pero no hubo ninguna voz, ni quien respondiese ni escuchase.

1 Reyes 18:25-29

Después del desafío de Elías, los profetas de Baal trataron de conseguir una respuesta de su dios. Toda la mañana lloraron y gritaron, pero Baal, su dios, no les respondió.

Al mediodía, Elías comenzó a burlarse de ellos, diciendo: "Griten más recio. Puede ser que esté meditando o que se haya ido". Una traducción dice: "Quizá su dios fue al baño o se ha ido de viaje. Quizá duerme y hace falta que lo despierten".[6] Es decir, Elías le estaba metiendo mucha energía al encuentro. En realidad estaba dejando en ridículo a los profetas de Baal, y eso exigía de mucho esfuerzo.

EL TURNO DE ELÍAS

Entonces dijo Elías a todo el pueblo: Acercaos a mí. Y todo el pueblo se le acercó; y él arregló el altar de Jehová que estaba arruinado. Y tomando Elías doce piedras, conforme al número de las tribus de los hijos de Jacob, al cual había sido dada palabra de Jehová diciendo, Israel será tu nombre, edificó con las piedras un altar en el nombre de Jehová; después hizo una zanja alrededor del altar, en que cupieran dos medias de grano. Preparó luego la leña, y cortó el buey en pedazos, y lo puso sobre la leña. Y dijo: Llenad cuatro cántaros de agua, y derramadla sobre el holocausto y sobre la leña. Y dijo: Hacedlo otra vez; y otra vez lo hicieron. Dijo aún: hacedlo la tercer vez; y lo hicieron la tercera vez, de manera que el agua corría alrededor del altar, y también se había llenado de agua la zanja.

1 Reyes 18:30-35

Cuando le tocó el turno a Elías, primero tuvo que reparar el altar que Jezabel había destruido. Enseguida hizo una zanja alrededor del altar. También mató un buey, lo cortó en pedazos y los colocó en el altar. Si tuviera que hacer ese trabajo yo, con el simple hecho de haber matado, cortado y colocado al sacrificio sobre el altar me hubiera agotado. También tuvo que reparar el altar aparte de preparar el sacrificio, y no olvidemos que se burló de los profetas de Baal todo el día.

Cuando fue su turno, mandó que algunas personas llenaran cántaros para verter agua sobre el altar y el sacrificio—no una, sino tres veces—. Me dio gusto que otras personas hicieran este trabajo, porque ya me estaba dando lástima Elías por todo el trabajo que ya había hecho.

Al finalizar los preparativos, Elías oró y clamó en el nombre de Jehová, tarea difícil en sí. Y todavía, Elías no había terminado.

EL SEÑOR RESPONDE CON FUEGO

Cuando llegó la hora de ofrecerse el holocausto, se acercó el profeta Elías y dijo: Jehová Dios de Abraham, de Isaac y de Israel, sea hoy manifiesto que tú eres Dios en Israel, y que yo soy tu siervo, y que por mandato tuyo he hecho todas estas cosas. Respóndeme, Jehová, respóndeme, para que conozca este pueblo que tú, oh Jehová, eres el Dios y que tú vuelves a ti el corazón de ellos. Entonces cayó fuego de Jehová, y consumió el holocausto, la leña, las piedras y el polvo, y aun lamió el agua que estaba en la zanja. Viéndolo todo el pueblo, se postraron y dijeron: ¡Jehová es el Dios, Jehová es el Dios! Entonces Elías les dijo: Prended a los profetas de Baal, para que no escape ninguno. Y ellos los prendieron; y los llevó Elías al arroyo de Cisón, y allí los degolló.

1 Reyes 18:36-40

Después de leer todo este relato, ¿no te sientes cansado?

Yo sí.

Nunca me había puesto a pensar en todo lo que hizo Elías aquel día. Después de haber terminado una competencia que duró todo el día, con los profetas de Baal, bajó el monte hasta llegar el valle donde degolló a cada uno de los 450 profetas, que era el castigo prescrito por la ley para falsos profetas.[7]

Tuvo que haber estado completamente agotado después de todo lo que hizo—física, mental y espiritualmente—.

Pero como si eso fuera poco, también fue a profetizarle al rey Acab y a orar por la lluvia.

Elías corre

Entonces Elías dijo a Acab: Sube, come y bebe; porque una lluvia grande se oye. Acab subió a comer y a beber. Y Elías subió a la cumbre del Carmelo, y postrándose en tierra, puso su rostro entre las rodillas. Y dijo a su criado: Sube ahora, y mira hacia el mar. Y él subió, y miró, y dijo: No hay nada. Y él le volvió a decir: Vuelve siete veces. A la séptima vez dijo: Yo veo una pequeña nube como la palma de la mano de un hombre, que sube del mar. Y él dijo: Ve, y di a Acab: Unce tu carro y desciende, para que la lluvia no te ataje. Y aconteció, estando en esto, que los cielos oscurecieron con nubes y viento, y hubo una gran lluvia. Y subiendo Acab, vino a Jezreel. Y la manos de Jehová estuvo sobre Elías, el cual ciñó sus lomos, y corrió delante de Acab hasta llegar a Jezreel.

1 Reyes 18:41-46

Después de todo lo que había hecho, ¡Elías corrió casi treinta kilómetros hasta la entrada a Jezreel—delante de Acab y su carro.

La unción puede venir sobre alguna persona y entonces puede hacer cosas tan increíbles y maravillosas como las que hizo Elías en ese capítulo. Pero eso no es para decir que al terminar, no quedaría cansadísimo.

Algunas personas me han dicho que hacen todo lo que yo hago en el ministerio, y nunca se cansan. Yo no quiero decir que son mentirosos, pero sí me pregunto acerca de ellos, porque yo sí me canso, y así también cualquier persona que cuente con un cuerpo físico.

No tengo edad como para jubilarme, pero sí soy abuela. Cuando la unción de Dios llega a mí, siento que puedo desbaratar ejércitos y asaltar muros.[8] Siento a veces que pudiera correr treinta kilómetros como lo hizo Elías. ¡Pero deberías verme después de haber hecho esas cosas!

Ninguna persona, por muy ungida que esté, puede seguir haciendo hazañas para siempre sin tener un tiempo de descanso y recuperación. Y si intenta hacerlo, es pedir que su cuerpo se debilite.

Epafrodito tuvo este problema. Había quedado completamente postrado por su trabajo en el reino de Dios.

Le pasó lo mismo a Elías.

Cuando regresó el rey Acab al palacio, le contó todo lo sucedido a la reina Jezabel. Al escuchar la reina todo cuanto había hecho y dicho Elías, le mandó un mensaje diciéndole que tomaría su vida.

La reacción de este gran hombre de Dios, verdugo de 450 falsos profetas, que además había corrido delante de un carro tirado a caballo por una distancia de treinta kilómetros, fue espantarse y huir de una sola mujer. Viajó 128 kilómetros para escapar, dejó a su siervo y siguió él solo.

Elías estaba fuera de equilibrio. Estaba cansado y desanimaba. Se encontraba deprimido, y quería estar solo. Esta es una lección importante para todos nosotros. Al cansarnos demasiado y desequilibrarnos, una de las primeras consecuencias es la depresión y el desánimo.

Cansados, nada parece tener buen aspecto

> *Y él se fue por el desierto un día de camino, y vino y se sentó debajo de un enebro; y deseando morirse, dijo: Basta ya, oh Jehová, quítame la vida, pues no soy yo mejor que mis padres.*
>
> 1 Reyes 19:4

Vemos que Elías se vuelve muy negativo, y esto sucede muy seguido cuando estamos muy cansados.

Si nos sentimos agotados, la vida parecerá no tener nada bueno. Parece entonces que nadie nos ama, que nadie nos ayuda, que nadie se preocupa por nosotros. Pensamos que hacemos todo el trabajo solos. Sentimos que abusan de nosotros, que somos mal usados, mal entendidos y maltratados. La mayoría de las veces cuando sentimos tener muchos problemas muy graves, no es sino cansancio total.

Elías se encontraba tan agotado que lo único que deseaba hacer era morir, así que le pidió a Dios que le quitara la vida. Pero Dios no contestó su petición porque sabía que no era lo que en realidad necesitaba.

La respuesta de Dios para Elías

Y echándose debajo del enebro, se quedó dormido; y he aquí luego un ángel le tocó, y le dijo: Levántate, come. Entonces él miró, y he aquí a su cabecera una torta cocida sobre las ascuas, y una vasija de agua; y comió y bebió, y volvió dormirse. Y volviendo el ángel de Jehová la segunda vez, lo tocó, diciendo: Levántate y come, porque largo camino te resta. Se levantó, pues, y comió y bebió; y fortalecido con aquella comida caminó cuarenta días y cuarenta noches hasta Horeb, el monte de Dios.

1 Reyes 19:5-8

Cuando termino con una de mis conferencias que duran una semana, y llego a mi casa en la noche del sábado o temprano el domingo, siempre llego con hambre. No quiero algo ligerito como fruta; quiero una fuerte comida porque eso me ayuda a restaurarme.

¿Cómo fue que el Señor por medio de su ángel, ayudó a Elías a regresar al punto de tener la fuerza necesaria como para emprender la siguiente parte de su ministerio? Le proveyó de dos comidas y una muy larga siesta.

Fue todo lo que le dio. Y 1 Reyes 19:8 nos dice que con la fuerza que le impartió esa comida, ¡Elías caminó cuarenta días y cuarenta noches en su viaje hasta Horeb! No encontramos ninguna cosa espiritual o sobrenatural en esto. Elías estaba agotado por todo lo que había hecho el día anterior y lo que había transcurrido desde entonces. Su cuerpo estaba completamente agotado y sus emociones desmoronadas. No se estaba comportando como solía comportarse. Estaba asustado, deprimido, desanimado y hasta quería morirse.

El Señor le dijo: "Estás cansado. Necesitas una buena comida y un buen descanso". Y tras sentirse refrescado, viajó al monte Orbe y la palabra del Señor vino a él. Con esta fresca y nueva palabra de Dios, salió de nuevo a hacer la obra del Señor.

Capítulo 16

Personas ordinanrias con metas extraordinarias

Y a Aquel que es poderoso para hacer todas las cosas mucho más abundantemente de lo que pedimos o entendemos, según el poder que actúa en nosotros. . .
Efesios 3:20

Dios usa a personas ordinarias con metas y visiones extraordinarias. Eso es lo que yo soy—una mujer normal con una meta y una visión—. Pero el simple hecho de decir que soy una personal normal no es para decir que estoy satisfecha con ser alguien común. Yo no sirvo a un Dios promedio, por eso no tengo que ser una persona promedio—tampoco tú tienes que serlo—.

El promedio está bien. No es malo, pero tampoco es excelente. Excelente es ser lo suficiente bueno para pasar, y yo no creo que Dios quiere que nosotros seamos esa clase de personas.

Yo creo que cualquier persona común, ordinaria, puede ser usada **grandemente** por Dios. Podemos hacer cosas grandes y maravillosas, cosas que nos asombrarían aun a nosotros mismos, si creemos que Dios puede usarnos y si tenemos la osadía de tener una meta y visión extraordinaria. Y lo que quiero decir con extraordinaria es que sea algo que no tenga sentido. Tenemos que creerle a Dios para esto.

Efesios 3:20 nos dice que Dios puede hacer más abundantemente cualquier cosa de lo que pudiéramos **atrevernos** a esperar, pedir o pensar, según su poder que opera en nosotros. Dios lo hace por su poder, pero lo hace a través de nosotros, así que tenemos que cooperar con Él. Eso significa que tenemos que ser atrevidos y osados en nuestra fe y en nuestras oraciones.

Algunos no estamos creyendo o pidiendo lo suficiente. Necesitamos estirar nuestra fe para llegar a lugares nuevos. Debemos ser personas ordinarias con metas extraordinarias.

DIOS TE ESCOGIÓ DELIBERADAMENTE

Pues mirad, hermanos, vuestra vocación, que no sois muchos sabios según la carne, ni muchos poderosos, ni muchos nobles; sino que lo necio del mundo escogió Dios, para avergonzar a los sabios; y lo débil del mundo escogió Dios, para avergonzar a lo fuerte; y lo vil del mundo y lo menospreciado escogió Dios, y lo que no es, para deshacer lo que es, a fin de que nadie se jacte en su presencia.

1 Corintios 1:26-29

Pablo nos dice claramente lo que escoge Dios y por qué. Él nos dice que Dios escoge lo que para el mundo es necio para avergonzar al sabio, y lo que el mundo llama débil para avergonzar al fuerte.

Dios no me escogió por accidente. No fue algo que simplemente sucedió y Dios ya no pudo cambiar la situación ni usar a otra persona.

Cuando Dios pensó hacer "Life In The Word Ministries", creo que Él buscó en donde se encontraba el más grande desorden, a una persona que le amara y tuviera un corazón recto ante Él, alguien trabajador, alguien con determinación y diligencia, alguien con disciplina que tratara de usar un poco de sentido común, alguien que no se diera por vencido tirando la toalla fácilmente.

No poseo dones extraordinarios. La única cosa que hago muy bien es hablar. Tengo una boca, y la uso. En el Cuerpo de Cristo yo soy una boca.

Aun así, mi voz es poco usual. ¿Quién pensaría que Dios la usaría para propagarla por todos lados? No digo correctamente las cosas. No siempre pronunció correctamente las palabras ni sé siempre cuál frase usar. Me maravilla que no tengamos que salir muy pulidos y exactos según el mundo, para poder ser usados por Dios.

Si Dios unge algo, funcionará; por eso, las personas me escuchan. Buscan la unción. Si así lo desea, Dios puede ungir a un asno.[1] Él escoge y unge a la persona que Él desea. No se basa en nuestra apariencia, nuestra educación, nuestras posesiones ni nuestros talentos. Se basa en la actitud de nuestro corazón, en si estamos dispuestos a cumplir con algunos requisitos necesarios en las personas que desean ser usadas por Dios.

Ahora, veamos las cualidades que Dios busca en las personas que Él escoge.

¿QUIÉN ES USADO POR DIOS?

1. Dios usa a las personas que son fieles sobre las cosas pequeñas.

Muchas personas no quieren las cosas pequeñas. Quieren comenzar con las cosas grandes desde el principio.

No te podría decir cuántas reuniones he dirigido en los más de veinte años de mi ministerio. Tengo archiveros llenos de los mensajes que he sacado para compartir en esas reuniones. He pasado miles de horas estudiando la Palabra de Dios.

La Biblia nos dice que Dios escoge lo que el mundo rechaza, lo que el mundo desprecia, lo que el mundo ve como insignificante, sin valor e inútil. Él toma las cosas que el mundo valora y las deshace. Las cosas que comienzan como nada, Él las exalta y hace algo importante de ellas.[2]

Así que, si creemos ser algo, más vale que tengamos cuidado porque como hemos visto, La Biblia dice que el Señor es el que levanta y abate. También nos dice que la piedra que desecharon los edificadores ahora ha llegado a ser la cabeza del ángulo.[3]

Cuando comencé a predicar el Evangelio, fui rechazada por muchos de mis amigos porque ellos no creían que una mujer debería de predicar. Ellos me dijeron que no lo podía hacer. El único problema era que ya lo estaba haciendo. Experimenté mucho rechazo, y fue algo muy difícil para mí. También era muy doloroso. Pero Dios me ha bendecido.

Lo que quiero decir es que si tú y yo nos mantenemos fieles a lo que Dios nos manda hacer, llegará el momento en que Él se encargará de exonerarnos y premiarnos por las situaciones difíciles que hemos sobrellevado por ser obedientes a Él. De hecho, personalmente yo creo que Dios nos dará doble bendición por nuestro sufrimiento.[4]

2. Dios usa a las personas que le darán toda la gloria a Él.

El versículo 29 del capítulo 1 de 1 Corintios nos dice el porqué Dios escoge a las personas y cosas que Él usa—para que ningún mortal se pueda jactar en su presencia—.

Yo nunca olvido de dónde provengo. Si se me olvida, Dios tiene la manera de recordarme que no soy la gran cosa. Una persona importante es sólo alguien insignificante que se encuentra lejos de casa. En cuanto regresa a casa ya no es tan importante porque todos le conocen.

Cuando las personas le preguntan a mi hijo menor, Dan, qué se siente tener por mamá a Joyce Meyer, él les replica: "Ella es mi mamá". Él no se queda impresionado por quien soy; para él soy sencillamente su mamá.

Las personas que nos conocen bien no piensan que somos la gran cosa; las personas que piensan eso son aquellas que no nos conocen.

3. Dios usa a las personas que quieren llevar fruto para Él.

Dios usa a las personas que llevarán fruto para Él, y también tendrán que recibir las podadas.

Si nuestro deseo es ser líderes en el reino de Dios, entonces tenemos que estar dispuestos a permitir que Él trate con nosotros, y ese proceso no será siempre algo placentero; de hecho, será doloroso. No será de nuestro agrado, pero tenemos que confiar en Dios.

Declaré en la primer parte de este libro que yo no creo que exista alguna persona que haya nacido para ser líder. Yo creo que los líderes se hacen, se desarrollan; los líderes no nacen. Probablemente exista muchísimas personas que tienen talento para ser líderes, pero no le permiten a Dios hacer lo necesario en sus vidas y así prepararlos para llenar una posición de liderazgo. No se quedan sobre la rueda del Alfarero ni en el fuego del Refinador. Quieren todo de inmediato.

Todos somos impacientes. Somos como los hijos que salen de viaje con sus padres y de momento preguntan: "¿Ya llegamos?" ¿Cuál es nuestra respuesta a ellos? "Llegaremos cuando lleguemos".

Puede ser que esto hoy sea una "palabra a su tiempo" para nosotros.[5] Llegaremos si no nos desesperamos con Dios. Él sabe cuando es el momento apropiado. Eso es lo que significa la escritura en Gálatas 6:9 al decir: *No nos cansemos, pues, de hacer bien; porque a su tiempo segaremos, si no desmayamos.*

Es seguro que llegaremos a donde Dios quiere que estemos, **si** seguimos siéndole fieles.

4. Dios usa a las personas dispuestas a terminar lo que comienzan.

Muchas personas son muy buenas para comenzar, pero no sirven para terminar.

La razón es muy sencilla. Las emociones nos impulsan a comenzar. Siempre nos apoyan en las cosas nuevas. Recibimos una palabra de Dios o alguien nos da una profecía, y salimos corriendo con muchas ganas. La pregunta es, ¿cuánto tiempo seguiremos corriendo una vez que se agoten las emociones?

Recuerdo la primera vez que asistí a una iglesia interdenominacional, tenía poco tiempo allí cuando llegó un profeta a ministrar. Estuvo orando e imponiendo manos sobre todos los que pasaban y yo pasé a que orara por mí. Cuando me impuso las manos, dijo: "Te veo imponiendo manos sobre muchos millares de personas, y ellas se caen bajo el poder del Espíritu Santo".

Yo me emocioné muchísimo. Para mí, la palabra era confirmación de algo que Dios ya me había estado hablando. Me vi tan emocionada que creo que hasta asusté al pobre hombre. Después de varios años sentía todavía emoción, pero era de otro tipo. Ya no era de anticipación; era de desesperación porque todavía estaba esperando ver cumplida aquella palabra. Sentía que **ya no soportaba esperar un momento más**.

El principio de algo casi siempre es emocionante. Pero los que comienzan la carrera con emoción no son los que ganan; son aquellos que no se apartan y cruzan la meta cuando ya nadie está emocionado, cuando ya nadie echa porras, cuando sus emociones ya no les sostienen, cuando sienten que no pueden más, cuando parece que nunca llegarán al final, cuando lo único que les queda es aquella palabra que recibieron de Dios que fue la que comenzó todo. Ahí es donde se percibe la separación entre los que sí lograrán hacerlo y los que se quedarán hablando de poder hacerlo toda su vida.

Es necesario actuar sobre lo que decimos, y no simplemente quedarnos hablando sobre las cosas.

5. Dios usa a los que se quedan en el camino angosto

Mateo 7:13 y 14 son de mis versos preferidos. En ellos Jesús está hablando sobre el reino de los cielos: *Entrad por la puerta estrecha; porque ancha es la puerta, y espacioso el camino que lleva ala perdición, y muchos son los que entran por ella; porque estrecha es la puerta, y angosto el camino que lleva a la vida, y pocos son los que la hallan.*

Él está diciendo que es fácil caer en la tentación, caer en el pecado, ser destruidos. Es fácil entrar a la corriente del mundo y flotar en la lancha del mundo junto con todos los demás. Una cosa es segura, nadie se encontrará solo en el camino espacioso. Tendrán muchos compañeros los que anden en ese camino.

En el mundo se encuentran muchas personas sin compromiso hoy en día, personas dispuestas a dar cualquier concesión y a vivir en su condición actual de ser personas promedios simplemente viviendo la vida.

Es fácil dejarse llevar por la corriente. Sin embargo, los que entran por la puerta estrecha, tendrán que tolerar mucha presión. Satanás hará difícil su decisión de vivir una vida recta y justa—los que intentan hablar correctamente, actuar correctamente, pensar correctamente y usar correctamente su dinero, aquellos que dejan de vivir de manera egocéntrica y egoísta, quienes deciden ser radicales para Dios. El diablo quiere hacerles imposible esta manera de vivir. Su propósito y plan es presionarnos hasta el punto del desánimo y depresión, hasta el punto de darnos por vencidos.

Por esta causa es tan necesario e importante aprender a **resistir** al diablo y seguir en las cosas de Dios. Le resistimos sometiéndonos a Dios y siguiendo sobre el camino estrecho.

Una de las cosas que Satanás usa para desanimarnos y hacernos caer en la depresión, es hacernos sentir que somos los únicos que enfrentamos pruebas y tribulaciones. Cuando la verdad es otra: No conozco a muchas personas que no estén pasando por algo.

La Biblia nunca nos promete que no pasaremos por fuertes tribulaciones.[6] Lo único que promete es que nunca tendremos que pasarlas solos.[7] Y también promete que cuando pasemos por el fuego, saldremos sin siquiera el olor a humo sobre nosotros.[8]

Dios usa a las personas que se mantienen en el camino estrecho, y puede ser que a las únicas personas que encuentres en ese camino sean el Señor y tú, pero sigue adelante y no hagas lo que el mundo hace. Aunque nadie coma platique contigo, no te involucres en los chismes en tu trabajo, no critiques y no seas negativo como todos los demás. No tengas una relación con alguien porque te sientes solo. Mejor usa esa época en tu vida para acercarte al Señor. Conócelo más y más.

6. Dios usa a las personas que toman sabias decisiones

La Biblia habla de la sabiduría y del poder de la sabiduría de pasta a pasta. Creo que sería bueno leer más seguido el libro de Proverbios y ponerlo por obra, ya que la mayoría de lo que habla es sabiduría, y sin sabiduría nunca lograremos hacer nada.

Muchas personas poseen dones, pero no tienen sabiduría. Hay algunas otras personas que tienen sabiduría, pero no la usan.

Cada uno de nosotros necesita ejercer la sabiduría en el trato con las personas y en nuestra propia conducta. Necesitamos sabiduría en nuestras relaciones. Salen lastimadas tantas personas porque le cuentan algo a un amigo, y ese amigo los traiciona. Se enojan entonces con su amigo, pero si hubieran cerrado su boca desde el principio, no se hubiera dado tal situación. Necesitaban haber usado la sabiduría.

Sé esto porque me ha pasado en más de una ocasión. Una vez Dios me dijo: "Joyce, si no quieres que tus amigos te traicionen o hieran tus sentimientos, entonces necesitas cerrar tu boca. Deja de contar todo lo que yo te he dicho". Este es un principio muy sencillo de la sabiduría.

Si vamos a ser líderes delos que trabajan con otras personas, tenemos que usar la sabiduría en nuestro trato con esas personas.

He descubierto que las personas no trabajarán contigo si no sabes tratarles bien. Tengo que usar la sabiduría en mi trato con mis empleados. Pienso que si les trato bien, seguirán trabajando conmigo. Por ejemplo, si les pago bien, no se irán en búsqueda de otro trabajo. Es sabio ser bueno con las personas que no quieres perder.

En Deuteronomio 30:19, Moisés les dijo a los israelitas: *A los cielos y a la tierra llamo por testigos hoy contra vosotros, que os he puesto delante la vida y la muerte, la bendición y la maldición; escoge, pues, la vida, para que vivas tú y tu descendencia. . .*

Me gusta mucho este versículo porque por medio de él el Señor nos está diciendo: "Pongo delante de ustedes dos caminos—el camino espacioso y el camino estrecho—. Y te estoy dando una pista sobre cuál debes escoger".

Dios nos dice que debemos escoger vida, debemos escoger el camino estrecho. Nuestra decisión no debe ser muy difícil.

Dios quiere que tomemos la decisión correcta porque no nos afectará solamente a nosotros, sino también a todos los que nos rodean, incluyendo a nuestros hijos. Es claro que debemos escoger la vida para que nosotros y nuestros hijos vivamos.

Nuestros hijos aprenden de lo que nos ven hacer a nosotros. Si no somos generosos, tampoco ellos serán generosos. Si nosotros criticamos, también criticarán. Si somos personas negativas, ellos serán personas negativas. Enseñamos más con nuestras acciones y por nuestras decisiones, de lo que jamás podríamos enseñar con nuestras palabras.

7. Dios usa a las personas que dan un buen ejemplo a los demás

Una cosa que tienes que reconocer es que algunas personas son buenas administradoras, pero no quiere decir que pueden liderar. Los buenos administradores toman buenas decisiones porque operan según ciertas reglas. Pero un buen líder no hace las cosas solamente según las reglas; ellos lideran por su ejemplo. Dios quiere buenos líderes, personas que, por su ejemplo personal, lleven a otros por los caminos de la justicia.

En 1 Corintios 11:1, el apóstol Pablo escribió: *Sed imitadores de mí, así como yo de Cristo.* ¡Este es un dicho muy osado e increíble!

¿Qué nos está diciendo Pablo, en realidad, en este verso? Está diciendo lo mismo que dijo en 1 Corintios 4:16: *Por tanto, os ruego que me imitéis.* A los creyentes en Corinto les estaba diciendo: "Fíjense en mi vida, y yo les enseñaré cómo quiere Jesús que vivamos".

Dios quiere que tengamos una confianza firme, sabiendo que estamos haciendo todo lo que nos toca para obedecer a Dios, a tal grado que sabemos que no tenemos nada que ocultarle a nadie. Dios quiere que tengamos la confianza de que si alguien modela su vida según la nuestra, se parecerán a Jesús tanto en actitud como en comportamiento.

Me encanta Romanos 5:19: *Porque así como por desobediencia de un hombre lo muchos fueron constituidos pecadores, así también por la obediencia de uno, los muchos serán constituidos justos.*

Este verso nos dice que un solo hombre o una sola mujer puede afectar al mundo entero. Si esto es cierto, por consiguiente uno de nosotros podrá afectar su colonia, vecindad, el lugar donde trabaja, los amigos que tiene—si es que tomamos las decisiones correctas—.

Adán afectó a millones de personas que vinieron después de él con su mala decisión. Jesús tomó la decisión correcta y afectó a millones que vivieron después de Él. Él logró que todo cambiara. Todo iba en sentido contrario, pero Él llegó dijo: "Yo les mostraré una nueva manera de vivir".

Dave y yo nos maravillamos, cómo cuando estamos siguiendo el plan de Dios, toda nuestra vida marcha bien y en bendición, y si no lo hacemos, todo es un caos. Eso debe ser evidente a todo el mundo. La Biblia nos lo repite vez tras vez.

En el Salmo 119:6, el salmista escribe: *Entonces no sería yo avergonzado, Cuando atendiese a todos tus mandamientos.* En otras palabras: "Si leo tu Palabra y hago lo que Tú mandas, todo en mi vida me ayudará para bien, todo saldrá bien".

¿Por qué procuramos cambiar lo que Dios dice, añadiendo algo, esperando que de alguna manera Dios obre según nuestro plan y no el suyo? ¿Cuándo aprenderemos que Dios es más inteligente que nosotros? Simplemente debemos escucharle.

Dave y yo hemos visto que la Palabra de Dios es como un parámetro en nuestra vida. Dios dice: "Mientras no te salgas de los parámetros que he marcado, todo saldrá bien. El enemigo no podrá llegar hasta ti. Tendremos buena relación y comunión. Serás prosperado, y estarás alegre y en paz. No habrá condenación porque tus pecados te serán perdonados. Pero al salirte de estos parámetros, encontrarás toda clase de maldad, violencia, enemigos horribles y agresivos que te destruirán".

Si Dios nos dice esto, y nosotros escogemos salirnos de esos parámetros, ¿de quién es la culpa?

Fue lo que hicieron los israelitas vez tras vez. Cuando el rey servía a Dios, el pueblo le servía y la nación entera gozaba de bendiciones. Llegaba el momento en que eran tantas las bendiciones que el rey comenzaba a pensar que venían por causa de él. Y pronto dejaban a Dios para servir a otros dioses. Cuando esto pasaba, toda clase de mal venía sobre ellos, y entonces reconocían que habían pecado.

Si nuestro deseo es ser bendecidos y usados por Dios, es necesario que nos mantengamos sobre el camino estrecho. Si una persona ordinaria tiene un estilo de vida de obediencia esto animará a que otras personas ordinarias busquen hacer cosas extraordinarias. Debemos tener influencia sobre la vida de otros. Enseñarles que pueden afectar para bien al mundo, que tienen un destino que Dios les ha dado para cumplir.

DE NUEVO SOBRE EL CAMINO

Porque somos hechura suya, creados en Cristo Jesús para buenas obras, las cuales Dios preparó de antemano para que anduviésemos en ellas.

Efesios 2:10

Somos la hechura misma de Dios. Nos creo con sus propias manos. Cuando llegamos a estar desordenados, es necesario ser reconstruidos en Cristo Jesús. Tuvimos que nacer de nuevo para seguir adelante y hacer las buenas obras que Dios había predestinado y planeado para nosotros, antes de que Satanás tratará de destruirnos.

El hecho de que tú y yo tengamos problemas en la vida o simplemente, que cometamos errores, no significa que el plan de Dios haya cambiado. Sigue en pie, sólo falta que nosotros nos pongamos de nuevo en el camino.

SÉ ÚTIL

Así que, hermanos, os ruego por las misericordias de Dios, que presentéis vuestros cuerpos en sacrificio vivo, santo, agradable a Dios, que es vuestro culto racional.

Romanos 12:1

¿Sabes lo que es ser consagrado a Dios? Significa estar apartado para el uso exclusivo de Dios.

Hace años la revelación de que yo no me pertenecía a mí misma llegó a mí. He sido comprada por un precio.[9] He recibido una marca, al igual que recibe el ganado una marca de identificación y propiedad.

Esto es cierto para todos nosotros. Hemos recibido la marca del Espíritu Santo.[10] Nosotros no somos propietarios de Dios, por lo tanto, nuestra actitud no debe ser la de indicarle a Dios lo que nosotros queremos y cómo le puede hacer para dárnoslo. No podemos comenzar cada día entregándole a Dios la lista de lo que necesitamos para ser felices durante el día.

Pasé años haciendo eso. Oraba: "O, Dios, si no tengo más dinero, no soportaré. Tienes que hacer algo". Fue durante los años que me encontraba en el desierto. Si estamos viviendo así, no vivimos en la Tierra Prometida. Para pasar del desierto a la Tierra Prometida, es preciso que nos consagremos, dediquemos y disciplinemos.

A veces nuestro problema es que pensamos en lo que no podemos hacer, en lugar de ver lo que sí podemos hacer.

Podemos hacer todo lo que Dios nos pide. Lo que Él requiere de nosotros es que seamos útiles, y todos podemos hacer eso. Quizá no podemos hacerlo todo, pero sí podemos terminar lo que comenzamos. Podemos quedarnos sobre el camino estrecho. Podemos tener compromiso y disciplina. Podemos trabajar arduamente, caminar en sabiduría y tratar de asegurar que nuestros pensamientos y palabras sean agradables a Dios, mientras, confiamos que Él obre su buena voluntad y perfecto plan para nuestra vida.

DIOS TIENE UN BUEN PLAN PARA TÍ

Porque yo sé los pensamientos que tengo acerca de vosotros, dice Jehová, pensamientos de paz, y no de mal, para daros el fin que esperáis.

Jeremías 29:11

Ahora, lo más importante no es cómo comenzamos sino cómo terminamos. Algunos comienzan con mucho éxito, pero nunca terminan. Otros son lentos para comenzar, pero terminan muy bien.

Hemos visto la verdad de esto en nuestra oficina. Algunas personas llegan y en cortas semanas parece que ya pudieran manejar toda la oficina. Antes de que aprendiéramos, nos impresionaban esta clase de personas y las poníamos en posiciones de autoridad y responsabilidad antes de conocerlas muy bien. En cada ocasión salían mal. Después de un tiempo trabajando, ya se querían ir a otro lugar. Eran incontrolables; no se sometían a la autoridad. Poseían dones y talentos, pero no contaban con el espíritu y corazón correcto.

Por otro lado, algunas personas han llegado a la oficina que se veían muy lentas en aprender cualquier cosa. Pero Dios nos decía: "Sólo dales un poco de tiempo".

Les dábamos más tiempo y de repente encontraban su lugar. Ahora, algunas de ellas son personas claves, comprobando que importa más cómo terminamos que cómo comenzamos. En realidad, no es tan importante que nos hayamos caído mucho en el proceso de aprendizaje. Según Proverbios 24:16, . . . *Porque siete veces cae el justo, y vuelve a levantarse. . .*

Dios tiene un plan para cada uno de nosotros. Es nuestro destino. Pero, como ya hemos dicho, son posibilidades no un hecho. Aun cuando alguien profetice cosas maravillosas a nosotros en el nombre del Señor, así como aquel profeta hizo conmigo, lo que se profetiza es el corazón, el deseo y la voluntad de Dios para nosotros. No es para decir que seguramente se cumplirá lo profetizado, porque si no cooperamos con Dios, y decidimos caminar opuestamente a la voluntad de Dios, no se cumplirá.

Dios tiene un plan para nuestra vida, y nosotros tenemos parte en asegurar que se cumpla ese plan. Si no cooperamos, Dios no podrá hacer nada en nuestra vida.

En el primer capítulo de este libro vimos el tema del potencial. **Yo creo que nuestra primera prioridad es cooperar con Dios cada día de nuestra vida para desarrollar nuestro potencial**. Debemos aprender algo cada día. Debemos descubrir algo cada día. Cada día debemos avanzar un poco más que el día anterior.

Es importante reconocer que ningún otro humano sobre la faz de la tierra, estará interesado en desarrollar nuestro potencial. Claro que sí queremos ayudar a que otros alcancen su potencial, en especial nuestros hijos y nietos. Pero la verdad es que nosotros somos los responsables por nosotros mismos, nadie lo puede hacer por nosotros. Debemos descubrir los dones y talentos que Dios nos ha dado, descubrir lo que tenemos capacidad de hacer, y dedicarnos a la tarea de desarrollar esos dones, talentos y capacidades hasta el máximo.

Dios tiene un plan para cada uno de nosotros. Es un buen plan, un plan único, grande, no un plan mediocre.

CAMINA CONTRA LA CORRIENTE

John Mason ha escrito dos libros muy buenos y te los recomiendo. Uno se titula *El enemigo llamado promedio,*[11] y el otro *Conquistando al enemigo llamado promedio.*[12] Me gustaría compartir algunos de los principios que aprendí de estos libros.

"Conoce tus límites, y luego ignóralos".[13] Yo estoy consciente de lo que no puedo hacer. Pero también sé lo que sí puedo hacer. He tomado la decisión de enfocarme en las cosas que sí puedo hacer y no en las que no puedo hacer.

Demasiadas personas se enfocan en lo que no pueden hacer, en todo lo que hacen incorrecto y nunca en lo que hacen bien. Pierden de vista que sirven a un Dios grande por concentrarse en sus errores.

Hebreos 12:2 dice: . . . *puestos los ojos en Jesús. . .* Sucede que nuestra falta de habilidad nos distrae. Debemos fijar nuestros ojos en Jesús y no en nuestras inhabilidades o faltas.

Si sólo puedes hacer una cosa, proponte hacerla muy bien. Decide hacer lo mejor que puedas eso que sí puedes hacer.

John Mason dice: "El objeto menos provechoso que jamás ha sido creado, es la excusa".[14]

Una de las razones principales de que las personas no hagan nada es que inventan excusas: "No puedo". "Es demasiado difícil". "No tengo quien me ayude". "No tengo dinero". La madre Teresa llegó a la India con tres pesos y Dios, y no salió tan mal.

No podemos conformarnos con el estado actual de las cosas porque en la mayoría de los casos están mal.

John Mason también dice: "Haz lo que las personas digan que es imposible de hacer",[15] "Nunca hagas caso de tus temores",[16] y "No te quedes sentado esperando lo te venga. Sal en pos de lo que deseas".[17] Tienes que esforzarte por alcanzar lo que deseas.

Piensa. ¿Qué estás haciendo con tu tiempo, tu energía, tus talentos, tus habilidades y con tu vida? ¿Simplemente sigues a todos los demás por el camino espacioso?

¡Camina contra la corriente!

No hagas lo que todos están haciendo. Da vuelta a tu bote y rema contra la corriente. Ir contra la corriente requiere de mucha energía y decisión, no así de sencillo como dejar que tu barco flote con la corriente.

¡Despierta y busca una visión!

> *Por lo cual dice: Despiértate, tú que duermes, Y levántate de los muertos, Y te alumbrará Cristo. Mirad, pues, con diligencia cómo andéis, no como necios sino como sabios, aprovechando bien el tiempo, porque los días son malos. Por tanto, no seáis insensatos, sino entendidos de cuál sea la voluntad del Señor.*
>
> Efesios 5:14-17

¿Sabes cuál es la voluntad de Dios para ti? ¿Cuentas con una visión? ¿Sabes lo que harás con tu vida? Pues deberías de saberlo.

Obviamente, un joven, al comenzar su vida posiblemente no sabrá con seguridad lo que tiene para su futuro, y eso no tiene nada de malo. Simplemente debe comenzar a hacer algo, y pronto se aclarará lo que debe hacer con su vida.

Pero a los cuarenta o cincuenta años, ya deberías de saber cuál es el rumbo para tu vida. Esto no es para menospreciar a nadie; es sencillamente la verdad.

Yo tengo más vida por detrás de la que me queda por delante. Si a estas alturas no supiera algo, sería muy triste. ¡Sin embargo, hay personas de mi misma edad que todavía no saben lo que quieren ser cuando sean grandes!

Dios me dio este pasaje hace muchos años, cuando recibí el llamado al ministerio. En aquellos días mi condición era tal, que después de hacer que mis hijos durmieran su siesta, me sentaba en el sillón y lloraba por dos horas. Era todo lo que sabía hacer en aquel entonces. Me encontraba enfadada con Dave un noventa por ciento del tiempo. Tenía una mala actitud y toda clase de problemas en mi vida, sin embargo daba un estudio bíblico cada martes en mi hogar. Amaba a Dios, pero contaba con muchas áreas que no había entregado al señorío de Dios.

El Señor me comenzó a mostrar los pasajes de la Escritura que he compartido en este libro. Y uno de ellos es esta porción de Efesios que nos habla de no ser "insensatos", que significa ser necios o sin entendimiento.

DEBES SABER LO QUE ESTÁS HACIENDO—Y POR QUÉ

Es muy importante que seamos personas con un entendimiento de lo que estamos haciendo y porqué lo estamos haciendo. No podemos perder de vista nuestra meta. Es posible que hace diez años tuvieras una meta, un propósito, y ahora sigas con esa misma meta. En el pasado, puede haber sido ungida por Dios, y en el presente ya no contar con esa unción.

Si el caballo tiene siete años de haber muerto, es hora de desmontarlo.

Permíteme compartir una anécdota verídica para ilustrar esta verdad.

"Este es un cuento ocurrido en Rusia cuando gobernaban los Zarinos. En el parque del palacio de St. Petersburg, existía un hermoso jardín, y en aquel jardín estaba un banco, y a un costado del banco, dos guardias. Cada tres horas se cambiaban los guardias. Nadie sabía porqué. Un buen día el joven y ambicioso teniente, nuevo jefe de los guardias del palacio, se preguntaba sobre esta interrogante. Finalmente, encontró a un. . . un viejito, el historiador del palacio.

"—Sí, —replicó el anciano— yo recuerdo. Durante el reinado de Pedro el Grande, hace 200 años, el banquito recibió una capa de pintura. El Zar temía que las damas del palacio pudieran ensuciarse de pintura fresca. Así que, mandó que un guardia tomara su posición al costado del banquito. La orden nunca fue rescindida. En 1908, el número de guardias se duplicó por temor a la revolución. Desde entonces, el banquito cuenta con dos guardias".[18]

De vez en cuando es bueno preguntar: "¿Por qué estoy haciendo esto?"

Frecuentemente, le digo a nuestro equipo de administración: "Necesitan revisar sus sistemas. Varias veces al año, deben evaluar cada sistema en su departamento. Deben evaluar cada reporte que generen para asegurar que alguien lo esté leyendo y que todavía se necesite. Puede ser algo que hace seis años Dave y yo necesitábamos, pero ni siquiera nos fijamos en eso ahora. No usen mal su tiempo haciendo algo que no es necesario".

8. Dios usa a las personas que no se dan por vencidas

Es tan cómodo ir a la deriva, pero tenemos que seguir adelante. Vivir sin esfuerzo nunca es efectivo. Todos piensan que entre más podamos asir sin esfuerzo, mejor será la vida; pero eso es una mentira.

Esta manera de pensar puede llegar a ser un problema, porque por muy fácil que sea tu vida, siempre tendrás de qué quejarte.

Hablando de la vida sin esfuerzo y su efecto, considera esta historia: "Algunas abejas fueron llevadas al espacio exterior para estudiar su reacción al estar en un ambiente sin gravedad, sin peso. En el ambiente sin gravedad, pudieron flotar sin esfuerzo. El reporte sobre es experimento se resume en estas palabras: **Les encantó el paseo, pero murieron** (énfasis mío).[19]

Pensamos que nos agradaría una vida sin trabajo, donde todo fuera fácil, pero eso nos mataría. Fuimos creados para trabajar, para esforzarnos. Aunque no lo reconozcas, fuimos creados para involucrarnos, para participar y para luchar. No debemos luchar contra todo, pero tampoco fuimos creados para ser personas que se dan por vencidas fácilmente.

En Lucas 18:1 leemos estas palabras: *También les refirió Jesús una parábola sobre la necesidad de orar siempre, y no desmayar.*

En esta parábola Jesús cuenta la historia de la viuda que le insiste al juez injusto, cansándolo por sus persistentes peticiones, clamando por justicia para su caso. La conclusión de Jesús fue ésta: "Si esta mujer pudo cansar a un juez injusto hasta que le hizo justicia, ¿no crees que Dios hará lo mismo por ti, si no te cansas de pedir su ayuda?"

¿Y qué de la mujer con el flujo que seguía acercándose, abriéndose paso en medio de la multitud, entre ella y Jesús diciéndose: "Si tan sólo puedo tocar la orilla de su manto, seré sana"? Jesús la alabó por su decisión y por no permitir que la multitud que le rodeaba y mantenía fuera de su alcance la intimidara.[20]

¿Qué de Zaqueo, un hombre tan bajito que no podía ver a Jesús cuando pasaba, que subió a un sicómoro donde Jesús le vio y le dijo que se bajara porque Él iba a su casa?[21] ¿Por qué escogió Jesús a Zaqueo? Reconoció en Zaqueo un cualidad que busca en todos nosotros. Zaqueo, en lugar de fijarse en sus faltas, buscó la forma de alcanzar su objetivo, su meta.

Pudo haber dicho Zaqueo algo como: "Me gustaría ver a Jesús, pero estoy demasiado bajito". Mucha gente se queda en el **pero:** "Me gustaría hacer eso, **pero**... Desearía tener aquello, **pero**... Me encantaría ser un líder, **pero**... "

Debemos rehusar darnos por vencidos. Recuerda, Pablo dijo que olvidar lo que quedaba atrás y **proseguir** a la meta era lo más importante que él hacía.

Si nuestro deseo es ser un líder, tendremos que hacer lo mismo. Es necesario completamente rehusarnos a tirar la toalla, sin importar lo que pase.

NO TE DESANIMES

Aconteció en el cuarto año de Joacim Hijo de Josías, rey de Judá, que vino esta palabra de Jehová a Jeremías, diciendo: Toma un rollo de libro, y escribe en él todas las palabras que te he hablado contra Israel y contra Judá, y contra todas las naciones, desde el día que comencé a hablarte, desde los días de Josías hasta hoy.

Jeremías 36:1,2

En este tiempo de su vida, Jeremías se encontraba confinado en su casa. Algunas personas podían visitarle, pero a él no le era permitido salir. Seguía recibiendo palabras del Señor y escribiéndolas. Dios la daba una palabra y él la escribía en el rollo. Uno de sus siervos después llevaba el mensaje por toda la tierra, ya que Jeremías no lo podía hacer. Vemos que a Dios no lo detiene la incomodidad, siempre encuentra otra forma de hacer las cosas.

Como en aquellos días no existían las computadoras e impresoras, las máquinas de escribir ni aun las plumas modernas o los cuadernos de papel, escribir era algo muy tedioso. Y si se quería hacer más de una copia, todo lo tenían que hacer a mano, y era un trabajo largo, cansado y esmerado.[22]

Al recibir una palabra de parte de Dios, Jeremías le mandaba hablar a su secretario, Baruc, quien escribía lo que Jeremías le dictaba.

El rey se dio cuenta del rollo, y mandó traerlo al palacio para ser leído. Conforme el asistente lo leía, el rey cortaba lo leído y lo aventaba al fuego que tenía justo frente a él ya que era invierno.[23]

Al rey obviamente no le agradó lo que había escrito Jeremías debido a su propia vida injusta, y como él no quería cambiar, cortó y quemó de hoja en hoja el rollo de Jeremías, hasta destruir todos sus profecías.

¿Te imaginas cómo sintió Jeremías cuando supo lo que había pasado con todo su trabajo? ¿Te puedes indentificar con esa experiencia? ¿Nunca se ha metido el diablo a destruir algo por lo cuál has trabajado largo y arduamente?

¡Hazlo de nuevo!

Y vino palabra de Jehová a Jeremías, después que el rey quemó el rollo, las palabras que Baruc había escrito de boca de Jeremías, diciendo: Vuelve a tomar otro rollo, y escribe en él todas las palabras primeras que estaban en el primer rollo que quemó Joacim rey de Judá.

Jeremías 36:27,28

Así que, ¿cuál fue la reacción de Dios al terrible dilema y desánimo de Jeremías?

"Jeremías, consíguete otro rollo y escribe todo de nuevo".

En otras palabras: **Hazlo otra vez.**

Si tú y yo queremos ser líderes en el reino de Dios, es necesario que estemos dispuestos a hacerlo—y volver a hacerlo, y volver a hacerlo, y volver a hacerlo, si es necesario—. Tienes que hacerlo hasta lograr una victoria, hasta alcanzar y cumplir el llamado de Dios para ti.

CONCLUSIÓN

Si tu deseo es ser usado por Dios como líder, es posible. Dios siempre está buscando a personas que pueden ser ascendidas—y tú puedes ser una de ellas. Tú cuentas con increíble potencial y capacidad; lo único que te resta es desarrollarlo. El proceso del desarrollo significa permitir que Dios te cambie. Puede ser que sea un proceso doloroso, pero será de beneficio para ti a largo plazo. Recuerda que al permitir que Dios desarrolla las cualidades de liderazgo en ti, estás invirtiendo en el futuro. Sí es posible cumplir el plan de Dios para ti, pero tú tienes que decidir ser nada menos que lo que Dios desea. La clave más importante para llegar a ser todo lo que Dios tiene para ti, es no darte por vencido.

¿Un buen líder nace o se hace? Algunas personas sí nacen con cualidades de liderazgo que necesitan ser fomentados. Pero tampoco no debes ver al liderazgo como algo que sólo unas cuantas personas muy talentosas pueden alcanzar. A Dios le place usar personas ordinarias para hacer cosas extraordinarias.

Personas ordinarias con metas extraordinarias que hacen un compromiso extraordinario de ayudar a un número extraordinario de personas, pueden también llevar a otras personas ordinarias a hacer cosas extraordinarias.

Desarrolla hasta el máximo tu potencial. Conforme hagas esto, lleva a otras personas a desarrollar sus talentos. Sé todo lo que puedes ser. Luego ayuda a otro ser todo lo que él pueda ser.

Oración para tener una relación personal con el Señor

El deseo de Dios es que tú recibas su don de salvación. Más que cualquier otra cosa, Jesús te quiere salvar y llenar con su Espíritu Santo. Si nunca has invitado a Jesús, el Príncipe de Paz, a ser tu Señor y Salvador, te invito que lo hagas en este momento. Haz la siguiente oración, y si eres sincero al hacerla, tú podrás experimentar una vida nueva en Cristo.

Padre,

Amaste tanto al mundo que diste a tu único Hijo para morir por nuestros pecados para que cualquier persona que creyera en Él no se perdiera, sino tuviera la vida eterna.

Tu Palabra dice que somos salvos por la gracia por fe, como un regalo de parte de ti. No podemos hacer nada para ganarnos la salvación.

Yo creo y confieso con mi boca que Jesucristo es tu Hijo, el Salvador del mundo. Yo creo que Él murió en la cruz por mí y que llevó todos mis pecados, pagando el precio por ellos. Yo creo en mi corazón que tu levantaste de entre los muertos a Jesús.

Pido que perdones mis pecados. Yo confieso a Jesús como mi Señor. Según tu Palabra, ¡ya soy salvo y pasaré la eternidad contigo! Gracias, Padre. ¡Estoy tan agradecido! En el nombre de Jesús oro, amén.

Vea Juan 3:16; Efesios 2:8,9; Romanos 10:9, 10; 1 Corintios 15:3,4 ; 1 Juan 1:9; 4:14-16; 5:1, 12, 13.

NOTAS

INTRODUCCIÓN

[1] Véase Gálatas 5:22,23.

CAPÍTULO 1

[1] Marcos 10:27

[2] Véase I Tesalonicenses 2:13

[3] Mateo 18:19

[4] El Espíritu Santo es la fuerza divina de Dios que llega a nuestro espíritu al nacer de nuevo, cuando recibimos a Su hijo Jesús como nuestro salvador. El Espíritu Santo induce, guía y obra en nosotros a través de nuestro propio espíritu por medio de ayudarnos a recibir y experimentar el poder de Dios de manera mayor. (Véase Juan 16:13). Él es poderoso y capaz de hacer en nosotros lo que nunca podríamos hacer nosotros por nuestra fuerza. Cuando seguimos tras el Espíritu, estamos dependiendo de Dios.

[5] *Diccionario enciclopédico Larousse*

[6] Véase Gálatas 3:16, 19

[7] *Diccionario enciclopédico Larousse*

[8] Zacarías 4:10

[9] Véase Génesis 2:7

[10] Véase Génesis 1:26, 27

[11] Juan 10:10

[12] Juan 8:44

[13] Deuteronomio 1:2

[14] Véase Santiago 4:5,6; Hebreos 4:16; Efesios 2:8

[15] Véase I Timoteo 3:4, 5

CAPÍTULO 2

[1] Roger K. Burke, Consulting Editor, *Health, Physical Education and Recreation Reprint Series* (United States of America: Brown Reprints, 1970), pp.273,477.

[2] "Figurativo. El aceite era símbolo del Espíritu . . . de Dios, como la

vida espiritual que proviene de Dios y llena el ser natural de la criatura con el poder de la vida divina. Ungir con aceite, entonces, era símbolo del enpoderamiento del Espíritu de Dios para las funciones del oficio al que se consagraba una persona." *New Unger's Bible Dictionary* (Chicago: Originally published by Moody press, 1988), s.v. "oil" (aceite). Usado con permiso.

[3] 2 Corintios 3:2

[4] Números 20:3-13

[5] Efesios 4:22-24

[6] Santiago 1:2, 3

[7] Éxodo 18:21

[8] 2 Timoteo 2:15

[9] Mateo 25:20-25

[10] Filipenses 3:14

[11] 1 Corintios 15:58

Capítulo 3

[1] Mateo 24:27-44; Apocalípsis 19:11-16

[2] Véase "Hechos 2:17". "La expresión [los postreros días] entonces significaba *los tiempos futuros* generalmente hablando. Pero, como la venida del Mesías era para el judío el evento más importante de eras venideras . . . la frase llegó a significar de ese evento específicamente . . . Los postreros días, o el último período del mundo, eran los días del Mesías. A base de esto, y ciertamente la frase no lo implicaba, no suponían la finalidad de mundo en ese momento. Pensaban exactamente lo opuesto. Anticipaban un largo y próspero reinado del Mesías, y la promesa de que su reino sería eterno los llevaba a esta expectativa. . ." Albert Barnes, D.D., *Barnes' Notes*, Base de datos electrónico (derechos de autor 1997 por Biblesoft). Todos los derechos reservados.

[3] *Diccionario Manual Ilustrado Larousse*, "estabilidad".

[4] *Wycliffe Bible Commentary*, editado por Charles E. Pfeiffer y Everett r. Harrison, base de datos electrónico (Moody Press, copyright 1962). Todos los derechos reservados. Véase "Romanos 8:4-15".

[5] Joyce Meyer, *Controlando sus emociones* (Lake Mary: Casa Creación, 2001).

[6] Mateo 23:1-3.

[7] Véase Hebreos 13:7.

[8] Véase Proverbios 16:18.

Capítulo 4

[1] Véase Romanos 5:8-10; 1 Corintios 15:3,4.

[2] Hebreos 13:8.

[3] Véase Efesios 1:11, 12.
[4] Romanos 8:29.
[5] 1 Pedro 5:8.
[6] Proverbios 17:17.
[7] Salmo 62:8
[8] Véase Romanos 6:10, 11.
[9] Mateo 26:41.

CAPÍTULO 5

[1] 1 Pedro 3:4.
[2] 1 Corintios 9:4-12.
[3] 1 Corintios 3:13-15.
[4] Véase 1 Crónicas 28:9; Apocalípsis 2:23.
[5] Véase 2 Samuel 11; 24:10.
[6] Hebreos 11:6.
[7] "... por un lado, Él (Dios) destacó la vergüenza de su falta de fe con el regalo milagroso del agua, y por el otro lado castigó a Moisés y Aarón por la debilidad de su fe"; *Keil & Delitzsch Commentary on the Old Testament: New Updated Edition,* Base de datos electrónico (copyright 1996 por Publicadores Hendrickson, Inc.) Usado con permiso. Todos los derechos reservados.
[8] Romanos 1:17.
[9] Véase Salmos 23:3.
[10] Juan 8:32.
[11] Santiago 1:22.
[12] Andrew Murray, D.D., *Humility: the Beauty of Holiness* (Fort Washington, PA: Christian Literature Crusade, Edición de 1961, nueva imprenta 1980, edición de bolsillo, editado y nueva imprenta 1991).
[13] *Diccionario Manual Ilustrado Larousse, novena edición* (México, D.F.: Larousse, S.A., 1996), "presunción".
[14] 1 Samuel 16:7.
[15] Tito 1:15.
[16] Véase Mateo 5:13,14.

CAPÍTULO 6

[1] Mateo 6:14,15.
[2] Lucas 6:27-38.
[3] Génesis 37, 39.
[4] Génesis 41:40.
[5] Génesis 42-45.
[6] 2 Crónicas 16:9.
[7] Hechos 7:59,60.

[8] 1 Corintios 13:4-8.
[9] Números 12:1,2.
[10] Mateo 7:12.
[11] Génesis 12:1.
[12] Filipenses 3:13,14.
[13] Isaías 43:18,19.
[14] "Ninguna persona con un defecto físico y/o una enfermedad podía servir como sacerdote (Levítico 21:16-21). La perfección física era símbolo de la salud espiritual del sacerdote y la santidad de su corazón." *Nelson's Illustrated Bible Dictionary* (derechos de autor c. 1986 por Thomas Nelson Publishers). Todos los derechos reservados. Usado con permiso.
[15] Mateo 15:14.
[16] Proverbios 28:1; 2 Timoteo 2:24.
[17] Salmos 18:39.

Capítulo 7

[1] Isaías 61:3.
[2] Hebreos 11:6.
[3] Santiago 1:22.
[4] 1 Corintios 14:33.
[5] Lucas 1:26-38.
[6] Lucas 2:19.
[7] Salmos 138:8.
[8] Hebreos 11:6.

Capítulo 8

[1] Véase Mateo 25:31-40.
[2] Salmos 115:17.
[3] Véase Juan 11:44.
[4] 2 Timoteo 1:6,7.
[5] Eclesiastés 9:10.
[6] Hageo 1:7.
[7] Romanos 12:5,6.
[8] Véase 1 Samuel 16:1-13.
[9] 1 Samuel 2:6,7.
[10] Mateo 25:21,23.
[11] Romanos 8:37.
[12] Filipenses 4:13.
[13] 2 Corintios 2:14.
[14] Apocalipsis 1:18; Mateo 28:18-20; Efesios 1:17-23; Juan 8:44; Deuteronomio 28:13; Juan 3:16.

[15] 1 Timoteo 6:12.

CAPÍTULO 9

[1] Nehemías 8:10.
[2] Véase Mateo 23:27.
[3] Véase Juan 3:3-15.
[4] Marcos 9:21.
[5] 1 Juan 3:8.
[6] Gálatas 5:22,23.
[7] Lucas 1:26-38.
[8] Mateo 6:14,15.
[9] Mateo 6:12 (paráfrasis del autor).
[10] Véase Salmos 133:1-3.

CAPÍTULO 10

[1] "Lidia era. . .'alguien que adoraba a Dios'. . . La frase que describe su religión, normalmente se refiere a un prosélito [nota del autor: alguien que se había convertido al judaísmo]. . . .Tenía la costumbre de reunirse en un lugar de oración a la orilla del río, una localidad conveniente para las limpiezas exigidas por la ley judía, y allí Pablo y sus compañeros la conocieron." *International Standard Bible Enciclopedia*, Original James Orr Edición 1915, Base de datos electrónica (Derechos reservados 1955-1996 por Biblesoft). Todos los derechos reservados.

[2] "Nazaret era conocido como un lugar muy malo. El ser de Galilea o ser Nazareno era algo de despreciable (Juan 7:52). . . . Por eso Natanael preguntó si era posible que el Mesías saliera de un lugar notoriamente malo. Era común esta forma de juzgar las cosas: no por examinar la evidencia sino a base de prejuicios. . . ." *Barnes' Notes*, Juan 1:46.

[3] Efesios 6:5-8.
[4] Deuteronomio 28:1-14.
[5] *Nelson's Illustrated Bible Dictionary*, "temor".
[6] Mateo 12:34.

CAPÍTULO 11

[1] *Diccionario Enciclopédico Larousse* edición 1997, "prueba" (nombre).
[2] *Diccionario Enciclopédico Larousse* edición 1997, "probar" (verbo).
[3] Mateo 26:34-75.
[4] Santiago 1:12.
[5] Isaías 61:3.
[6] *El comentario de Adam Clarke*, Base de datos electónica (registrado en 1996 por Biblesoft). Todos los derechos reservados. "Salmo 118:22"; "Mateo 21:42".

[7] Juan 7:5.

[8] Véase Hebreos 9:28.

[9] Juan 15:18-20.

[10] Hebreos 10:30.

[11] Proverbios 18:24.

[12] "A través de todo el Antiguo Testamento él (Satanás) buscó la destrucción del linaje mesiánico. Cuando el Mesías se hizo hombre, Satanás trató de eliminarlo (Apoc. 12:4,5). . . Satanás lleva al pecado por varios métodos. A veces usa una sugerencia directa, como en el caso de Judas Iscariote (Juan 13:2,27). . . en ocasiones es por la debilidad de uno mismo (1 Corintios 7:5)". *Nelson´s Illustrated Bible Dictionary*, tema "SATANÁS".

[13] Mateo 26:48,49.

[14] 2 Samuel 15:1-14.

[15] Génesis 37,39.

[16] "Miriam, siendo profetisa. . . la hermana de Moisés y Aarón, tuvo el primer lugar entre las mujeres de Israel; y a Aarón se le puede considerar el líder eclesiástico de toda la nación. Pero. . . retaron la especial vocación de Moisés y la autoridad exclusiva que Dios le había dado. Miriam fue la instigadora, ya que su nombre es primero en el relato (Números 12:1), y el castigo fue sólo para ella. . ." *Barnes' Notes,* Números 12:1.

Capítulo 12

[1] Juan 11:4.

Capítulo 13

[1] Isaías 14:15.

[2] Mateo 26:39.

[3] Véase 1 Corintios 16:9.

[4] Hebreos 12:3.

[5] Véase 1 Samuel 24:1-7.

[6] "Job es un modelo de la integridad espiritual—una persona que se mantuvo en su fe,aún sin entender la razón de su sufrimiento—". *Nelson´s Illustrated Bible Dictionary,* "JOB".

[7] Véase Marcos 6:16-27; "Juan fue el precursor de Jesús no sólo en su ministerio y mensaje (Mateo 3:1, 4:17) sino también en su muerte". *Nelson,* "JUAN EL BAUTISTA".

[8] Lucas 2:46,47.

[9] Lucas 2:40.

[10] Lucas 2:52.

[11] William Smith, LL.D., revisado y editado por F.N. y M.A. Peloubet, *A Dictionary of the Bible* (Nashville: Thomas Nelson, 1962),

"JESUCRISTO", pg. 308. "Jesús comenzó su ministerio a los treinta años de edad aproximadamente. . ."

[12] Lucas 2:51.

CAPÍTULO 14

[1] "La imagen y semejanza no sería necesariamente intelectual, su mente, su alma, deben haber sido formadas según la naturaleza y perfección de su Dios. Aunque todavía posee capacidades extraordinarias la mente humana, eran aún más en el momento de proceder de la mano de su Creador. Dios estaba ahora produciendo un espíritu, y este espíritu se formó según la perfección de su propia naturaleza. Dios es la fuente de donde brotó ese espíritu, así que, el arroyo debe asemejarse al manantial que lo prudujo". *Adam Clarke's Commentary*, Base de datos electrónico (propiedad literaria en 1996 por Biblesoft). Todos los derechos reservados. "Génesis 1:26".

[2] Romanos 9:20,21.

[3] *Diccionario Larousse*, "carisma".

[4] *Diccionario Larousse*, "carácter".

[5] Efesios 6:6.

[6] 1 Samuel 2:7.

[7] Deuteronomio 28:2.

[8] Mateo 7:16.

CAPÍTULO 15

[1] *Diccionario Manual Ilustrado Larousse* edición 1997, "equilibrio".

[2] *Diccionario Manual Ilustrado Larousse* edición 1997, "equilibrar".

[3] Filipenses 4:13.

[4] Hebreos 12:2.

[5] Juan 10:10.

[6] 1 Reyes 18:27 (parafraseo del autor).

[7] "Lo que hizo Elías era justificado por el mandato explícito de la Ley, que los israelitas idólatras fuesen muertos, y como profeta bajo una teocracia pudo ejercer el derecho de implementar la Ley cuando el rey no lo hiciera". *Barnes' Notes,* 1 Reyes 18:40.

[8] Salmos 18:29.

CAPÍTULO 16

[1] Vea Números 22:21-33.

[2] Vea 1 Corintios 1:27,28.

[3] Como vimos en el capítulo anterior, la *cabeza del ángulo* del Salmo 118:22 parece haber sido una referencia a David originalmente. David, rechazado por Saúl y los otros líderes israelitas, después fue escogido por

el Señor para gobernar a Israel. Jesús, la Cabeza del Ángulo (Mateo 21:42), fue rechazado y crucificado por los judíos pero resucitó de entre los muertos para redención del pecado del mundo. Basado en *Adam Clarke's Commentary*, Base de datos electrónico (derechos literarios 1996 por Biblesoft). Todos los derechos quedan reservados. "Salmo 118:22"; "Mateo 21:42". También Efesios 2:20.

[4] Isaías 61:7.

[5] Vea Proverbios 15:23.

[6] Vea 1 Pedro 4:12,13.

[7] Vea Isaías 43:2.

[8] Vea Daniel 3:27.

[9] Vea 1 Corintios 6:20.

[10] Vea Efesios 4:30.

[11] John Mason, *Un enemigo llamado promedio* (Caribe Betania Editores).

[12] John Mason, *Conquering an Enemy Called Average (Conquistando el enemigo llamado promedio)* (Tulsa: Insight International, 1996).

[13] Mason, *Conquering (Conquistando)*, p. 15.

[14] Mason, *Conquering (Conquistando)*, p. 35.

[15] Mason, *Conquering (Conquistando)*, p. 77.

[16] Mason, *Conquering (Conquistando)*, p. 93.

[17] Mason, *Conquering (Conquistando)*, p. 117.

[18] Paul Lee Tan, Th.D., *Encyclopedia of 7,700 Illustrations* (Rockville, MD: Assurance Publishers, 1979), p. 1504.

[19] Dave Grant, *The Great Lover's Manifesto* (Eugene, OR: Harvest House Publishers, 1986), p. 13.

[20] Mateo 9:20-22.

[21] Lucas 19:1-5.

[22] "Superficies, como lo eran pieles de animales y piedra, en las que se grababa información en los tiempos bíblicos. . .Una pluma de lengüeta (3 Juan 13), una pluma de metal, o algo apincelado se usaba para escribir sobre materiales más suaves (Job 19:24; Jeremías 17:1). La tinta que usaban era negra, en ocasiones con un contenido metálico. Usualmente hecha de cenizas, mezcladas con aceite y resina de bálsamo". *Nelson's Illustrated Bible Dictionary*, "WRITING MATERIALS".

[23] Jeremías 36:22,23.

BIBLIOGRAFÍA

Burke, Roger K. *Health, Physical Education and Recreation Reprint Series (Serie De Salud, Educación Física Y Recreación).* Estados Unidos de América: Brown Reprints, 1970.

Grant, Dave. *The Great Lover's Manifesto (La Declaración Del Gran Amante).* Eugene, Oregon: Harvest House Publishers, 1986.

Diccionario Manual Larousse. Barcelona/México/París/Buenos Aires: Larousse-Bordas, 1996.

Mason, John. *Un enemigo llamado promedio* (Caribe Betania Editores).

Mason, John. *Conquering an Enemy Called Average (Conquistando a un enemigo llamado promedio).* Tulsa: Insight International, 1996.

Murray, Andrew, D.D. *Humility: the Beauty of Holiness (Humildad: la hermosura de la santidad).* Fort Washington, Pennsylvania: Christian Literature Crusade, edición de 1961, 1980, Pocket Companion Edition, Unabridged, editado 1991.

Tan, Paul Lee, Th. D. *Encyclopedia of 7,700 Illustrations (Enciclopedia de 7,700 anécdotas).* Rockville, Maryland: Assurance Publishers, 1979.

Vine, W.E. *Vine's Diccionario completo de palabras del Antiguo y el Nuevo Testamento.* Nashville: Caribe Betania Editores, 2000.

Lectura recomendada

Blanchard, Ken. *Mision Posible,* McGraw-Hill Book Company, 1996.

Briner, Bob y Ray Pritchard. *Jesús el líder modelo: Su ejemplo y enseñanza para hoy,* Editorial Mundo Hispano, 1997.

Maxwell, John C. *Las 21 cualidades indispensables de un líder,* Caribe Betania Editores, 2000.

Ziglar, Zig. *Nos veremos en la cumbre,* Editorial Diana, 1997.

Sobre la autora

Joyce Meyer ha venido enseñando la Palabra de Dios desde 1976 y en ministerio a tiempo completo desde 1980. Como pastora asociada en la iglesia Life Christian Center en St. Louis, Missouri, desarrollaba, coordinaba y enseñaba una reunión semanal conocida como "Vida en la Palabra". Después de más de cinco años, el Señor lo terminó, guiándola a establecer su propio ministerio y llamarlo "Vida en la Palabra, Inc."

La transmisión radial y televisiva de "Vida en la Palabra" de Joyce se transmiten a través del mundo. Sus casetes de enseñanza son disfrutados por muchos a nivel internacional. Viaja extensamente dando conferencias de Vida en la Palabra.

Joyce y su esposo, Dave, administrador de Vida en la Palabra, han estado casados por más de 33 años y tienen cuatro hijos. Los cuatro están casados y tanto ellos como sus cónyuges trabajan junto a Dave y Joyce en el ministerio. Joyce y Dave residen en St. Louis, Missouri.

Joyce cree que el llamado de su vida es establecer creyentes en la Palabra de Dios. Dice: "Jesús murió para liberar a los cautivos, y demasiados cristianos llevan vidas mediocres o derrotadas". Habiéndose encontrado en la misma situación hace muchos años, y habiendo encontrado la liberación para vivir en victoria mediante la aplicación de la Palabra de Dios, Joyce anda equipada para liberar a los cautivos y para cambiar cenizas por belleza. Joyce cree que cada persona que camina en victoria sirve de ejemplo para que otros puedan hacer lo mismo. Joyce lleva una vida transparente y sus enseñanzas son practicas y pueden ser aplicadas a la vida diaria.

Joyce ha enseñado acerca de la sanidad emocional y temas relacionados en reuniones por todo el mundo, ayudando a muchos miles. Ha grabado más de 200 distintos álbumes de audio casetes y es autora de más de 40 libros que ayudan al Cuerpo de Cristo en diversos tópicos.

Su "Paquete de sanidad emocional"* contiene más de 23 horas de enseñanza sobre el tema. Los álbumes incluidos en este paquete son: "Confianza"; "Belleza por Cenizas"; "Controlando sus emociones"; "Amargura, resentimiento y falta de perdón"; "Raíz de rechazo"; y una cinta de 90 minutos con Escritura y música, titulada "Sanando a los acongojados". El "Paquete mental"* de Joyce tiene cinco diferentes series de audiocasetes sobre el tema de la mente.

Algunos de los libros en español por la autora son: *Controlando sus emociones*, *¡Ayúdenme, siento desánimo!*, *¡Ayúdenme, siento soledad!*, *¡Ayúdenme, siento miedo!*, *¡Ayúdenme, siento estrés!*, *¡Ayúdenme, siento preocupación!*, *¡Ayúdenme, siento depresión!*, *¡Ayúdenme, siento inseguridad!*

**Disponibles en inglés.*

Para localizar a la autora:
Joyce Meyer Ministries
P.O. Box 655
Fenton, Missouri 63026
Tel: (636). 349-0303

En Canadá:
Joyce Meyer ministries Canada, Inc.
Lambeth Box 1300
London, ON N6P 1T5
Tel:(636) 349.0303

En Australia:
Joyce Meyer Ministries-Australia
Locked Bag 77
Mansfield Delivery Centre
Queensland 4122
Tel: (07) 33491200

En Inglaterra:
Joyce Meyer Ministries
P.O. Box 1549
Windsor SL4 1GT
Tel: 01753-831102

www.joycermeyer.org

Por favor, cuando escriba, incluya su testimonio o ayuda recibida como resultado de leer este libro. Su solicitud de oración es bienvenida.